어떻게 살 것인가

설정 스님의 인생 법문

어떻게 살 것인가

설정 스님 · 박원자 지음

나무를 심는 사람들

머리말

우리가 가야 할 진실한 자리

아집我執이 사라지고 탐욕과 다툼이 없어져서 명성과 이익을 위해 살지 않아야 진실하고 완전한 사람으로서 삶의 여정에 들게 된다.

오직 이때가 되어서야 내재內在의 연꽃이 활짝 피는데 이는 우리가 꼭 가야 할 곳이다.

그곳은 고통도 미래도 희망도 지혜도 우매함도 없다.

당하當下에 꽃이 피는 고요하고 상서로운 자리이다.

사람들은 글로 된 책은 읽을 줄 알면서도 글로 되지 않은 세상의 책들은 읽을 줄 모른다.

삼라만상森羅萬象 두두물물頭頭物物은 그대로 진리의 참모습이며 진실한 실상들이 아닌가.

심혈을 기울여 가만히 보고 들으면 하늘과 땅 사이, 가는 곳마다 모두 글로 되지 않은 책들로 가득하다.

이 책들이야말로 무언의 경구요 우리들의 진정한 스승이요 길잡이다.

산허리에는 물안개 피어오르고
꽃들은 흐드러졌다
시냇물 소리 잔잔한데
새들의 합창소리 신선한 관현악이어라

2016년 봄날

설정

대담자 서문

인생을 묻고 싶었던 선지식을 만나다

스님들을 만나 인생을 묻고 글을 쓰는 일을 업으로 하고 살아온 지 어느덧 25년이다. 그 세월은 늘 행복함으로 충만했고 내 인생도 아름답게 변화했다고 감히 고백하고 싶다. 그러한 행복한 시간의 강물을 건너오면서 가장 최근에 만나 뵙고 인생을 물은 선지식이 덕숭총림 수덕사 방장이신 설정 스님이다.

스님과의 첫 만남은 십오륙 년 전 문경 봉암사에서였다. 먼 산에 눈길을 둔 채 선방 툇마루에 앉아 계시는데 얼굴에 웃음이 하나 가득이었다. 온통 흰 눈썹에 온화하고 환한 미소, 모든 것을 다 내려놓은 듯 무심하고 고요했던 분위기를 잊을 수 없다. 큰 병고를 치른 뒤 선방에서 안거를 나고 계시던 중이었다는 걸 이번에 인터뷰를 하면서 알았다. 그날 스님을 먼발치에서 뵈면서 언젠가 한번 찾아뵙고 싶다는 생각을 했는데, 한 생각을 내는 순간 하늘이 움직이기 시작한다는 금언이 십 년 후 현실이 되었다. 몇 년 전 선지식들에게 인생을 물은 책 『인생을 낭비한 죄』를 준비하면서 스님을 떠올렸다. 책의 주제인 인생을 낭비하지 않고 사는 방법에 대해 누구보다 좋은 말씀을 해 주실 것 같아 수덕사로 달려갔다.

"어떻게 사는 것이 잘 사는 것일까요?"

아무런 준비 없이 객을 맞았으나 스님의 진솔한 말씀은 흐르는 물처럼 막힘이 없었고, 두 시간 말씀을 듣는 동안 마음이 확 트이면서 용기와 희망이 샘솟았다.

"인생은 정성을 다해 사는 것 외에 다른 것이 없습니다. 나의 참생명을 드러내기 위해 끊임없이 정진하십시오."

스님께서 하신 원고지 50매 분량의 말씀은 읽고 또 읽어도 처음 듣는 듯 새로웠다. 삶에 용기와 지혜가 필요할 때마다 스님이 하신 말씀들을 상기하면서 좀 더 깊은 인터뷰를 통한 책으로 많은 사람들이 용기를 얻고 희망을 품었으면 좋겠다는 욕심을 냈다. 스님의 상좌인 주경 스님을 만나 이러한 생각을 전했더니, '그러잖아도 은사스님의 삶과 법문을 담은 책을 내 드리고 싶었는데 잘되었다.'며 뜻을 함께했다.

그런데 정작 스님께서 흔쾌히 동조하지 않으셨다. 아직 구경究竟의 경지에 이르지 못했으며, 일생을 담은 책을 내기에는 모순이 많은 사람이라는 것이 그 이유였다. 부처님 경전으로 책은 충분하지 않느냐고 하시는 스님의 허락을 받는 데 적지 않은 시간이 걸렸다.

"진실하고 사람답게 잘 살고 싶은 사람들을 위해 좋은 말씀을 해 주십시오."

나의 간곡한 부탁을 스님은 중생에 대한 자비심으로 끝내 물리치지 않으셨다.

"그렇다면 지금 우리 사회와 승가가 안고 있는 문제점이 무엇이며 어떻게 풀어가야 할지에 대해서 얘기해 봅시다."

지금, 여기에 몰입해서 최선을 다하고 사는 것이 인생의 핵심이자 행복임을 증명이라도 하듯 2년여에 걸쳐 이루어진 열네 번의 인터뷰는 매번 열정적이고 감동 깊었다.

"우리가 사는 게 뭡니까? 자기 자신을 되돌아보는 삶을 살아야 합니다. 나는 어떤 존재이고 무엇을 해야 하는 존재인가, 삶의 보람은 무엇이며 나의 사명은 무엇인가, 이걸 확실히 알고 사는 것이 잘 사는 삶입니다."

이 책은 인생이라는 광활한 무대에서 우리가 어떻게 살아야 할지, 승가에 들어온 출가자들의 사명은 무엇인지, 누구나 지니고 있는 참생명을 드러내기 위해서 우리는 무엇을 해야 하는지에 대해 정성을 다해 말씀해 주신 것을 그대로 기록했다.

총 4부로 이루어진 이 책의 근간은 우리 삶의 영원한 테마인 '어떻게 살 것인가'(2부)에 있지만, 스님의 삶과 수행에 대한 이야기가 자연스럽게 큰 축을 이루었다. 용기와 위로가 필요한 세상 사람들을 위해서 기꺼이 속내를 꺼내 보인 스님의 삶은 결코 쉽고 편하게 살지 않으리라는 자신의 좌우명을 실천한 신념과 열정의 흔적이었다.

스님은 1954년 열네 살에 출가해서 승가 안팎의 격동의 시기를 거치면서 강원과 대학을 마쳤다. 수덕사 본사 주지와 조계종 종회의장을 역임하면서 부처님과 세상으로부터 받은 은혜를 갚는 세월을 살았고, 생사를 넘나든 병고를 이겨 낸 뒤 출가 본사인 덕숭산 수덕사로 돌아와 후학들과 함께 매 안거마다 치열하게 정진하고 있다. 출가에서부터 총림의 방장으로 수행의 현장에 있는 현재까지의 삶을 1부에 담았다. 그리고 승가에게 전하는 스님의 간곡한 메시지를 3부에, 수덕사의 수행 전통의 뿌리인 경허 선사의 삶과 사상을 스님의 말씀을 통해 기록한 것을 4부에 담았다.

적지 않은 세월 스님들의 삶을 글로 써 온 작가로서 근현대 한국 불교 역사의 현장을 통과해 온 스님들에 대한 일차적인 기록이 한적한 것에 대해 아쉬움을 느껴 왔다. 생존해 계실 때 생생한 증언을 통해 기록을 남겨 두는 것이 포교의 중요한 부분이라고 본다. 그러므로 이 책이 가지는 중요한 의미는 불교 역사의 한복판을 가로질러 온 스님에 대한 일차적 기록에 있다. 그리고 우리에게 주어진 지금 이 순간의 삶을 어떻게 살 것인가에 대한 스님의 인문학적 메시지가 담겨 있어 삶을 잘 살아가고 싶은 사람들에게 도움이 될 것이다.

설정 스님은 스님들 사이에서 가장 스님다운 스님으로 평을 받고 있고, 또 후학들이 가장 좋아하고 존경하는 스님으로 꼽힌다. 그러한 스님을 가까이에서 뵙고 인생에 대한 깊은 이야기를 들을 수 있었던 행운을 함께 나누고 싶은 것도 이 책을 내는 이유 중의 하나다. 많은 분들이 스님의 삶과 말씀을 통해 위로와 용기를 얻을 수 있다면 더할 수 없는 보람이 되겠다. 다만 대담자의 부덕함으로 인해 스님의 내면의 향기를 다 전하지 못함을 아쉽게 여기며 이 책을 펴낸다.

끝으로, 만나 뵐 때마다 온 정성과 최선을 다해 작가의 질문에 답을 해 주신 설정 큰스님께 진심으로 감사드리며 깊은 삼배를 올린다. 스님을 뵈면서 쉽고 편한 길을 가지 않고 최선을 다해 사는 삶이 어떤 것인지를 배웠고, 선지식은 자신을 버리고 온전히 뭇 생명을 위해 사는 사람이라는 것을 깨달았다.

2016년 4월 세상의 꽃들이 만발한 날
이 책을 읽고 모든 생명이 행복하기를 바라며
박원자 두손 모음

나는 어떤 존재이고 무엇을 해야 하는 존재인가?
삶의 보람은 무엇이며 나의 사명은 무엇인가,
이걸 확실히 알고 사는 것이 잘 사는 삶입니다.

차례

| 3부 |

수행자가 가야 할 길

| 4부 |

수덕사의 경허 선사(鏡虛禪師, 1849~1912)

1부

쉽고 편하게 살지 않으리라

설정 스님의 삶과 수행

1

길을 찾다

세간에선 수덕사를 한국선의 종갓집이라 이르고 수행 전통을 대표하는 총림이라 부르는 데 이의를 달지 않는다. 덕숭총림 4대 방장인 설정 스님은 지금 덕숭산 아래 능인선원에서 후학들과 함께 정진 중이다. 젊은 후학들과 함께 똑같이 하루 여덟 시간 정진하고 일하며 농사를 짓는다.

선원에 들어서면 양명한 기운이 감싸, 산이 5백 미터 남짓이어도 탁 트인 전망은 해발 2천 미터에 와 있는 것처럼 시원하다. 어느 장소에서 보거나 일출과 일몰이 화려한 곳이다.

정혜사 능인선원은 한국선의 중흥조라 일컬어지는 만공 선사가 개당했다. 선사가 덕숭산중에 주석할 때는 훗날 만 산중의 주인 노릇을 했던 스님들이 만공 스님을 뵙고 인가를 받아 나갔다. 만공 스님 이후 능인선원에 스님들이 구름처럼 모이는 이유가 지금의 방장스님 때문이라고 입을 모은다. 선원에 앉아 살고 싶어 하고, 살고 간 수행자마다 감동을 받아서 사는 자세를 다시 수정하거나 용기를 갖는 그런 큰 도량이 되었다.

하루가 시작되면 정혜사에서 가장 먼저 일어난다는 방장 설정 스님. 더운 한여름, 인터뷰가 진행된 첫날, 아침부터 비가 내리다 정오쯤 개었다. 비 갠 오후의 정혜사는 맑은 분위기였다. 스님께선 점심 공양 후 휴식 시간에 정혜사 능인선원 뜰 앞 보리수 아래에서 선방에서 안거를 나고 있는 젊은 스님들과 담소를 나누고 계셨다. 자유로워 보였다. 환한 얼굴로 후학들과 함께 있는 격의 없는 모습에서 스님의 담백한 성품이 느껴졌다. 2500년 전 부처님 당시나 그 후 조사스님들이 수행처에 모여 공부하고 난 뒤 쉬면서 어울려 이야기를 나누는 모습이 저러하지 않았을까 하는 생각이 잠시 스쳐 지나갔다. 불자들이 삼보三寶의 하나인 승보僧寶에 귀의하는 현장을 보는 듯 경건하고 아름다웠다. 스님과 찻상을 앞에 놓고 마주 앉아 두 시간 동안 인터뷰가 이뤄졌다.

십여 리 눈길을 맨발로 걷다

1941년 11월 충남 예산군 덕산면 대동리에서 태어난 스님은 다섯 살 때 한학을 깊이 공부한 부친에게 한글과 『천자문』을 배워 떼었다. 그리고 서당에 다니면서 『동몽선습』, 『통감』 등을 배웠다. 그날 배운 걸 하루에 두 장씩 외우는데, 논두렁 밭두렁을 쏘다니면서 놀다가 들어와서는 벼락치기로 잠깐 외우곤 했어도 나이 많은 동급생들보다 뛰어났다. 아버지는 서당에서 공부하는 것으로 만족했으나 어머니가 신학문을 시켜야 한다고 주장해서 반나절은 학교에 가고, 반나절은 서당에 다녔다. 그러다가 열 살에 한국동란이 일어나는 바람에 더는 학교에 나가지 못했다.

여덟 살 때는 소아마비를 앓아서 한 해 동안 학교에도 가지 못했다. 가족들이 대소변을 받아 낼 만큼 중증이어서 아무도 나을 거라고 생각하지 못했다. 그러나 아버지의 친구 분인 침의 대가에게 보름마다 침을 맞은 결과 기적처럼 일어나 다시 걸을 수 있게 되었다. 자칫 불구의 몸이 될 뻔했던 그 일을 두고 스님은, '전생에 살생의 업을 많이 지은 것 같다.'고 했다.

열한 살 때의 일이다. 사르륵사르륵 눈이 내리던 어느 겨울날, 아버지께서 불렀다. 늘 밖으로 다녀 집에 잘 계시지도 않던 분인데 그날따라 집에 좌정하고 있으면서 식구들의 숨을 죽이게 한 날이었다. 집에 계시는 날엔 기침 소리 하나로 가족들을 벌벌 떨게 하던 엄한 분이셨다. 아버지 앞에 서자 낮은 목소리로 물으셨다.

"들으니 네가 남의 물건에 손을 댔다는구나. 어찌 된 일이냐."

"그런 일 없습니다."

아버지가 다시 물었다.

"바른대로 말해라."

"안 그랬습니다!"

두 번째 대답에 살짝 억울한 감정이 들어가 목소리가 높아졌다. 어려서부터 머리가 비상하고 총명해 기대를 많이 한 아들이 남의 물건에 손을 대었다는 데엔 그냥 있을 수 없어 아들을 부른 것이었는데, 아들이 목소릴 높이자 아버지도 살짝 마음이 상했다. 남의 것을 훔친다는 것은 수치 중의 수치라고 여겼던 아들이 자신을 정면으로 바라보며 목소리를 높이자 매를 들었다. 어른에게는 얼굴을 정면으로 바라보고 얘기해도 불경스럽게 여기던 시절이었다. 어머니가 베를 짜는 데 쓰던 굵고 가는 막대기 몇 개가 부러져 나갔다. 맞아도 결코 도망을 가지 않는 성격의 아들은 그날도 역시 매를 피하지 않고 그대로 서서 맞았다. 아버지도 물러서지 않았다. 형들은 많이 맞으며 컸어도 별로 자신에게 매를 대지 않았던 아버지에게 그날은 많이 맞았다. 아버지의 오해로 억울하게 매를 맞고 생각했다.

'아, 나는 집과 인연이 없는가 보다.'

집을 나왔다. 낮부터 내린 눈이 칠팔 센티쯤 되었을까 제법 많이 쌓여 있던 저녁나절이었다. 집과 반대편 쪽으로 무작정 눈길을 걸었다. 맨발이었다.

처음엔 떨어져 나갈 것같이 아팠던 발이 시간이 흐를수록 감각이 무뎌져 아무런 느낌이 들지 않았다. 십여 리는 그렇게 걸었을 것이다. 어디 이웃집이라도 간 줄 알고 있다가 시간이 지나도록 아들이 돌아오지 않자, 식구들이 온 동네를 뒤진 끝에 집을 나간 것을 알고 쫓아와 들쳐 업고 집으로 뛰었다. 눈 위에 찍힌 발자국을 보고 쫓아왔다고 했다. 길을 되짚어 집에 도착하자 업혀 온 아들을 보고 당황하는 아버지의 모습이 보였다. 이미 동상에 걸려 발이 유리 조각이 박힌 것처럼 부풀어 올라와 있었다.

"쥐눈이콩을 물에 불려라."

의술에도 밝았던 아버지는 아들이 발을 잘리게 될지도 모른다는 위기감에서 그렇게 식구들에게 일렀다. 아버지는 불린 콩을 자루에 넣고 그 자루에 아들의 발을 담그게 했다. 가족들이 번갈아 밤새도록 간호를 하자 탱탱하게 부풀어 오른 발이 조금씩 가라앉았다. 며칠 동안 동상에 걸린 발을 콩 주머니에 넣고 지낸 끝에 발이 잘려 나가는 화를 면했다.

그 일이 있고 난 후 아버지는 아들이 목에 칼이 들어와도 아닌 것은 아니고, 자신이 옳다고 생각한 일엔 물불을 가리지 않고 달려들어 끝장을 보아야 직성이 풀릴 만큼 적극적이고 곧은 성정을 지닌 아이란 걸 간파했다. 아버지 또한 일본인들이 전쟁에 패망하고 물러나면서 적산 가옥이며 재산을 주려 했을 때도 티끌 하나 받지 않고 물리칠 만큼 강직한 성품을 지닌 분이었다.

'사람은 어떠한 경우에도 강직하게 살아야 한다. 그것이 장부다운 삶이다.'

무언으로 그렇게 가르쳤던 아버지는 아들이 절에 들어가 집에 돌아오지 않아도 묵묵히 바라만 보았고, 수덕사를 자주 찾던 발걸음을 소원히 했다. 아흔다섯 살까지 장수하면서 출가의 길을 강직한 걸음으로 걸어가는 아들을 조용히 지켜보았다.

이 사건 이후, 부모님은 아들을 어려워했고, '주워 온 아이'라고 동생을 늘 놀려 댔던 두 형들의 태도도 확 변했다. 앞뒤통수가 불룩하게 나온 동생에게 '앞뒤 꼭지 삼천 리, 돌아서면 육천 리, 또 돌아서면 구천 리.' 하고 놀리면서, '너는 우리 집 식구가 아니야. 우리들은 납작한데 너는 뒤통수가 나왔잖아.'라고 놀린 형들이었다. 진짜 나는 주워 온 아이일까, 그렇게 믿을 정도로 동생을 놀려 대던 형들은 그 일 이후 그런 말이 쏙 들어갔을 뿐 아니라, 동생을 무서워했다. 그로부터 세 해 뒤 가족의 곁을 떠나 출가했다.

수덕사로 출가하다

저 열한 살 때 보인 '강직함'은 스님의 일생을 관통해 온 소신과 철학이었을 거라는 생각을 하면서, 열네 살에 출가해서 60여 년을 출가의 길에서 계신 스님께 먼저 출가란 무엇인가부터 물었다.

"출가란 세속의 모든 인연을 버리고 떠나 세속의 즐거움, 즉 오욕五慾(재물욕, 명예욕, 식욕, 이성욕, 수면욕)을 생각하지 않고 사는 것입니다. 그러므로 수행자는 일가친척을 떠나 마음속에 오욕을 생각하지 않는 사람입니다. 출가자엔 네 가지 부류가 있어요. 첫째가 머리를 깎고 몸은 출가했는데 마음이 출가되지 않은 사람들입니다. 출가해서 절에 왔는데도 오욕을 떠나지 못한 사람들을 말합니다. 그 다음이 몸은 출가하지 않았는데 마음으로 출가한 사람들입니다. 세속에 살면서도 몸과 마음을 청정히 하면서 삶을 잘 꾸려 나가는 사람인데, 이 출가가 소중한 거예요. 세 번째는 몸도 마음도 다 출가한 사람들을 말하는데, 이는 진출가에 가깝습니다. 네 번째는 마음이 열려서 생사를 초월해 부처님처럼 모든 중생을 구제할 수 있는 위치에 간 사람들을 말합니다. 이를 진출가라고 해요. 세 번째에 해당하는 출가자만 되어도 근사한 것인데, 요즘 그런 사람이 많지 않아 승가에 어려움이 많습니다."

"사람이 가는 길은 천차만별입니다. 출가의 길은 아무나 가기 어려운 특수한 길이라는 생각이 드는데 여타의 인생길과 다른 것이 있다면 무얼까요?"

"세속의 삶은 이른바 유한한 시간 속에서 상대적인 삶을 영위한다면 출가의 삶은 그것에서 벗어나는 것을 목적으로 합니다. 그걸 해탈이라고 하지요. 해탈은 모든 구속에서 벗어난다는 의미로, 열반과 같은 뜻이지요. 그런데 결국 해탈의 길은 승과 속을 막론하고 누구나 가야 할 길입니다. 구속을 좋아하는 사람은 없으니까요."

그렇다면 예순 해 이상의 시간을 출가의 길에 서 계신 스님께선 모든 구속에서 벗어나셨을까, 자유를 억압하는 그 모든 속박에서 벗어나려면 어떻게 해야 하며, 해탈의 경지는 어떠할까를 여쭤 보고 싶었지만 뒤로 미루고 출가하게 된 동기부터 들었다.

"음력 4월 이튿날이 부친의 생신입니다. 열네 살이던 해(1954)에 아버님을 따라 수덕사에 아버님 생신불공을 드리러 왔다가 지금까지 집에 돌아가지 않고 있습니다.(웃음) 아버님을 따라 수덕사에 자주 다니면서 스님들과 안면을 익혔고 또 스님들이 잘 대해 주셨어요. 아버님이 한학을 깊이 공부하시고 『주역』에 상당히 밝으셔서 당신의 아들이 속가에 살 사람이 아니라는 것을 알고 계셨던 것 같습니다. 어려서 경기를 많이 하고 기관지가 나빠서 기침을 많이 했어요. 그래서였는지 스님들도 '저 아이는 속가에 살면 마흔 살 전에 죽는다.'는 말씀들을 하셨어요. 내가 칠남매(3남4녀)의 넷째로 막내아들이긴 했지만, 아버님은 나를 늘 데리고 주무셨어요. 오래 식구들과 살 사람이 아니라고 생각하셨던 것 같아요. 절에 와서 살아야겠다는 생각은 하지 않았는데 몸이 그러다 보니 자연스럽게 들어와 살지 않았나 싶습니다."

"아버님께서 만공 선사께 수계하셨다고 들었습니다. 수덕사와 인연이 깊으시네요."

"집이 수덕사가 있는 덕산면에 있었고, 당시 만공 스님께서 워낙 대단하신 분이었으니까요. 아버님은 한학에 능함은 물론 풍수지리에도 밝으셨습니다. 조계종 종정을 지내신 서암 스님, 여기 수덕사 2대 방장을 지내신 벽초 스님, 이런 분들이 우리 집에 오셨다가 쉬어 가시곤 했습니다.

그분들이 집에 오시면, '저 아이는 중 상相이니 절에 가서 살아야겠다.'는 말씀을 자주 하셨어요. 내가 집에 돌아가지 않자 어머니는 몸이 약한 나를 어떻게 하면 데려갈 수 있을까 하고 형님과 함께 자주 절로 찾아왔어요. 그러면 법당에 숨어 있고는 했는데, 『천수경』도 외울 틈이 없을 정도로 절에 일이 많아서 몸이 고되었는데도 왜 그랬는지 모르겠습니다."

수덕사에 들어가자마자 곧 밥을 짓는 공양주가 되었다. 봄가을로 수학여행 오는 학생들에게 밥을 지어 주느라고 불을 때면 큰 가마솥 뚜껑이 올라가도록 밥을 많이 했다. 한 번에 한두 가마니씩은 보통이었다. 물이 가득 담긴 큰 양동이를 들을 수 없을 정도로 몸집이 작았는데도 금세 밥을 짓는 데 도사가 되었다. 밥솥 밑 한 번 눋지 않았다. 무슨 일을 하든 무심히 달려들어 최선을 다하는 성격은 공양간에서도 빛을 발한 것이다. 저녁 설거지를 끝내고 나면 황토를 바른 부뚜막이 다 뭉개졌다. 그러면 다시 황토 물을 칠해 정리해 놓고 다음날 새벽 세시면 일어나 도량석을 돌았다. 새벽 별빛 아래 두 손을 합장하고 선배스님들 뒤를 따라가며 온 마음으로 염불 소리를 들었다.

집에선 안 해 보던 밥도 짓고 반찬도 만들어 스님들을 드시게 했다. '공양주를 정성껏 하면 복이 되어 공부하는 데 장애가 없다.'는 어른스님들의 말씀을 듣고는 그대로 했다. 사숙뻘 되는 혜옥 스님, 원주 소임을 보던 보산 스님, 수일 스님 등이 이런 얘기를 들려주었다.

"만공 스님께선 얼굴이 까맸는데, 공양주를 하고 나서 얼굴이 희어졌단다. 어느 날, 만공 스님이 부엌 조왕전 앞에 물을 떠 놓고 절을 하니까 수염이 하얀 할아버지가 나타나서 '네가 무엇 때문에 절을 하느냐?' 하고 물었단다. 그래서 만공 스님께서 '얼굴이 희어졌으면 좋겠습니다.' 하고 대답했더니 '걱정 마라, 내가 그렇게 해 주마.' 그러고는 얼굴에 무언가를 칠해 주었다는 거야. 그 뒤 만공 스님의 얼굴이 희어지고 잘생겨지셨다는구나. 그러니 너희들도 정성껏 공양을 지어 올리면 소원을 이룰 수 있을 것이다."

어른들 말씀을 한 점 의심 없이 그대로 믿는 순수무잡한 나이였다. 조왕전 앞에서 '저도 좀 병을 앓지 않고 건강했으면 좋겠습니다.' 하고 기도했다. 부처님께서 어린 행자의 소원을 들어주셨다. 수덕사에 있는 동안 건강하게 출가 생활을 할 수 있었다.

"출가에 대한 생각이 막연하고 단순했죠. 하여튼 '무슨 일이든 정성스럽게 잘하면 된다.'는 말씀들을 많이 하셨는데, 살아 보니 모든 일을 정성껏 하라는 그 말씀보다 더 소중한 가르침이 어디 있겠나 하는 생각이 듭니다. 이곳 수덕사가 문자로써 교敎를 세우지 않고, 본성(본 마음)을 깨치면 바로 깨달음의 경지에 이를 수 있다는 '불립문자不立文字 견성성불見性成佛'을 내세우는 선禪의 종갓집이다 보니 책도 없는 데다 책을 보는 것을 좋아하지 않는 분위기여서 『천수경』이나 염불, 도량석, 쇳송〔鐘聲〕 등을 다 들어서 외웠습니다. 당시 종수 스님이라는 분이 새벽 예불 때 도량석을 했는데, 그분 뒤를 따라가면서 자연스럽게 다 외웠죠."

정혜사에서 선지식들과 정진하고 일하다

수덕사에서 행자 생활을 마치고 원담 스님을 은사로 계를 받고 정혜사로 올라갔다. 정혜사는 한국선의 중흥지로 한말 경허 선사가 꺼져 가던 선의 불씨에 불을 지핀 도량이다. 경허 선사의 3대 제자인 수월, 혜월, 만공 스님도 여기서 깨달음을 성취했고, 금봉, 고봉, 금오, 전강 스님 등 기라성 같은 많은 선사들이 이곳을 거쳐 갔다. 그곳에서 정진하는 스님들을 보면서 참선과 농사가 하나인 선농일치의 삶을 몸으로 익혔고, 수행자로서의 근기를 알아보고 감탄했던 정신적 스승 금봉 스님도 만났다.

"일 년 정도 수덕사에서 지내다가 수계를 하고 열여섯 살에 정혜사로 올라오니까 스무 분가량의 스님들이 진지하게 살고 계셨습니다. 조실인 금봉 스님을 비롯해 전강 스님, 금오 스님, 지금 인천 용화사 조실이신 송담 스님, 돌아가신 탄성 스님 등 한국 불교를 대표하는 분들이 계셨어요. 여든이 넘으신 대강백 강고봉 스님이 선방의 입승立繩을 보고 계셨습니다. 강고봉 스님은 해인사에서 강주를 지내신 분인데, 경허 선사와 만공 스님의 기개가 살아 있는 덕숭산 가풍이 자신에게 맞는다고 하시면서 정혜사에 계셨죠. 활달한 호걸이셨어요. 지금 대강사이신 우룡 스님과 고산 스님을 배출하신 분이죠. 우룡 스님이 법당을 관리하는 노전을 봤고 우룡 스님의 상좌 덕민 스님은 입승스님의 시자를 봤습니다. 우룡 스님의 은사가 강고봉 스님이시니까 정혜사에서 삼대가 함께 산 셈이죠."

예전에 『나의 행자시절』을 취재하기 위해 덕민 스님(현 불국사 승가대학 학장)을 찾아뵈었을 때 스님은 당시를 이렇게 회고한 적이 있다.

열세 살 때 우리 스님을 만나러 범어사를 나와 수덕사로 갔더니 참하게 생긴 조그만 승려 하나가 물었다.

"워디서 왔어?"

낙엽을 때서 사시마지 준비를 하고 있던 설정 스님이었다. 그는 먼 길을 온 내가 힘들어 보였던지 누룽지 밥을 끓여 주었다. 나보다 늘 한 수 위였던 그와는 그 후 티격태격 정을 쌓으며 도반이 되었다. 그날 그에게 누룽지 밥을 얻어먹고 우리 스님이 머물고 있는 정혜사로 올라갔다. 당시 정혜사 선방에는 금봉 스님이 조실로 계셨고 전강 스님, 호명 스님 등이 머물고 있었다. 우리 노스님인 고봉 스님은 해인사 강주 자리를 내놓고 정혜사로 가서 입승을 보고 있었고 우리 스님이 노전을 보며 참선을 하고 있었다. 그 후 해인사에서 공부할 때 설정 스님과 다투다가 힘

1957년 12월 은사스님이신 원담 스님과 함께 정혜사에서. 왼편의 앉아 있는 동승이 설정 스님이다.

이 달리면 고산 스님을 찾아가 하소연했는데 그럴 때면 스님께서 설정 스님을 혼내 주곤 했다.

부엌에서 밥을 짓고 있던 열네 살 소년 행자가 스승을 찾으러 먼 길을 온 소년에게 충청도 사투리로 물었던 "워디서 왔어?" 말씀을 구수하게 잘하시는 덕민 스님의 회고를 들으면서 나는 영화의 한 장면처럼 그 정경이 마음에 들어왔었다. 어디 그뿐인가. 그렇게 만난 두 소년이 강원을 함께 다니면서 공부를 탁마하고 때론 다투기도 하면서 어른스님들께 꾸중을 듣는 장면은 잘 그린 풍경화처럼 선명하고 아름답게 다가온다.

설정 스님은 정혜사에 올라와서도 공양주를 하면서 시간 나는 대로 대중스님들 틈에 앉아 참선을 했다. 금봉 스님께서 화두로 '만법귀일萬法歸一 일귀하처一歸何處(만 법은 하나로 돌아가는데 그 하나는 어디로 돌아가는가)를 주었다. 닭이 알을 품듯 정성껏 화두를 품고 고양이가 쥐를 잡듯 화두 하나에 집중하라고 하셨다. 순수한 나이니까 다른 생각 없이 앉으면 시간 가는 줄 모르고 화두에 집중이 되었다. 여름엔 일이 많아 안거를 나도 공부에 집중하기 힘들었지만 겨울엔 오롯이 집중해서 공부할 수 있었다. 한 주 동안 잠을 자지 않고 정진하는 용맹정진(음력 12월 1일~8일)도 어른스님들과 함께했다. 이레, 열흘, 때로는 스무하루 동안 계속되는 경우도 있었다. 수행자들에게는 마의 시간으로 통하는 그 기간엔 선방 기둥에 등을 대고 조는 스님들도 있었고, 무언가를 깨달았다고 아는 소리를 해서 조실스님에게 불려가 주장자로 맞는 스님들도 있었다.

정혜사에서 공양주와 반찬을 만드는 채공을 하면서 공부하던 어느 날 새벽, 대중스님들이 아침으로 먹을 죽을 끓였는데 다 끓이고 나서 푸려고 보니 지네가 빠져 있었다. 공양 시간은 다가오는데 죽 한 솥을 다 버릴 수가 없었다. 입승스님인 송담 스님에게 가서 사실대로 말했다.

"나 말고 솥에 지네가 빠졌다는 것을 아는 사람이 있느냐?"

"없습니다."

"그러면 건져 내고 내 오너라."

대중스님들이 어린 공양주가 끓여 온 죽을 한 그릇 다 비웠을 때, 송담 스님이 마음을 졸이며 앉아 있던 어린 공양주에게 "죽을 아주 맛있게 끓여 줘서 고맙다."고 말해 주었다. 그런 일을 경험하면서, 수행자는 모든 것을 수용하는 큰마음을 지닌 사람이라는 것을 알았고, 큰마음을 지닐 때 지혜와 자비가 나온다는 것을 배웠다.

"수계를 하고 얼마 되지 않았을 때인데, 하안거 해제를 하고 수덕사 암자인 견성암 비구니 무량 노스님이 없어지셔서 찾아보니까 전월사로 올라가는 개울가 바위 위에 입던 옷을 깨끗이 빨아 널어놓고 바위 위에 앉은 채 돌아가셨어요. 그때 그 모습을 보고 참, 거룩하다는 생각을 했어요. 부처님 공부를 잘하면 저렇게 죽음도 자유자재로 할 수 있겠구나 하는 생각과 함께 정말 감동이 컸죠. 관을 동그랗게 짜서 앉은 모습 그대로 입관하고 화장을 하는 모습을 보면서 정진을 잘하면 저런 모습으로 죽음을 맞을 수 있다는 것이 강하게 뇌리에 박혔죠."

"눈으로 보이는 모든 것이 가슴에 그대로 들어오는 초심 시절에 그러한 노스님들의 정진력을 직접 보신 것이 수행자로서의 정체성을 확립하는 데 많은 도움이 되셨을 것 같아요. 그런데 그 시절엔 공부보다 일을 더 많이 하셨지요?"

"참선 공부에 좀 더 몰두했으면 좋겠는데, 사중에 일이 너무 많았습니다. '아, 일 좀 덜 하고 참선 공부만 했으면 좋겠다.' 그런 생각이 들 만큼 아침부터 밤까지 너무 일이 많았습니다. 수덕사에 딸린 논이 물에 떠내려가서 삼 년 동안 백여 마지기를 개간했어요. 겨울 결제 때는 정혜사에서 공부하며 살고, 여름 결제 때는 낮에도 공부를 잘하지 못했어요. 새벽에 내려가면 밤 아홉시가 되어서야 일이 끝났죠. 결제 때도 틈만 나면 일이었어요. 쌀, 보리, 채소 농사를 지어서 일체를 자급자족했습니다. 대중이 많이 사니까 쌀이 모자라 수학여행을 오는 학생들에게 먹여 주고 재워 주는 명목으로 쌀 한 됫박씩을 받아서 모자라는 쌀을 충당했죠. 사정이 그러다 보니 논 한 마지기라도 더 만들어야겠다 싶어서 개간을 시작해 한 사오 년은 그렇게 했을 겁니다.

온 대중이 나가서 일을 하면 먹는 거라도 잘 먹어야 하는데, 그때 절 안팎 모두가 말할 수 없이 곤궁하던 때였죠. 그러다 보니 밥을 많이 먹는 것도 대중공삿감이었습니다. 총무원장을 지내셨던 탄성 스님께서 미감米監 소임을 맡았는데 어찌나 철저한지 누구 하나 외출을 하면 그 사람이 먹을 쌀의 양을 계산하지 않고 밥을 할 정도였어요. 결코 더 주는 법이 없었죠. 밥이 눌면, 한 사람 분의 밥이 모자라기 때문에 기술적으로 밥을 잘 지어야 했습니다. 한 사람 것이 부족하면 자기 밥그릇에서 덜어서 한 그릇을 만들었죠. 차라리 죽은 물 한 그릇 더 부으면 괜찮은데 밥은 그게 안 되는 거예요.

그렇게 살았어도 신심이 깊었고 분위기가 좋았습니다. 어렵게 살았던 그 자체가 수행이었던 것 같습니다. 어른스님들께선 모든 일에 솔선수범하셨죠. 그때 익히고 배웠던, 음식을 아끼고 사중의 물건은 내 것이 아니라는 가치관이 형성되었죠."

요즘은 물질이 너무 풍부해져서 출가 정신이 해이해졌다는 이야기들을 많이 하는데, 물질이 여유롭지 않던 시대가 오히려 공부도 열심히 하고 정진하기에 좋았던 것 같다. 그때는 산불이 왜 그리도 자주 나던지 불을 끄고 돌아오면 먹을 것이 없어서 허기진 배를 물로 채웠다는 이야기를 여러 스님들께 들었다. 당시 스물여덟 살이었다는 탄성 스님이 맡았던 미감은 쌀을 감독하는 소임이다. 살기가 얼마나 어려웠으면 대중들이 먹을 쌀을 감독하는 소임이 다 있었을까 싶다. 최근에 정혜사 능인선원 소임자의 이름을 써 놓은 용상방龍象榜을 보니 '미감'이라는 소임은 없었다.

"개간할 때 보리밥이 나와도 그렇게 맛있을 수가 없었죠. 쌀을 바가지로 일면 돌이 한 주먹씩 나오고는 했어요. 수챗구멍에서 쌀이 반 동가리만 나와도 어른스님들께서 '음식물을 함부로 버리면 복이 감해진다. 이 쌀 한 알이 다 썩을 때까지 제석천왕이 하늘에서 보고 계신다.'는 말씀을 자주 하셨는데, 그 말씀이 그렇게 무서웠어요. 그러니 음식을 조금도 함부로 버릴 수가 없었죠. 금오 스님의 상좌이신 월조 스님이 한번은 밥을 뜨다가 주걱을 바닥에 떨어뜨렸어요. 보는 사람이 없을 줄 알고 흙 묻은 밥을 덮어 버렸는데 벽초 스님이 보시곤 물에 흔들어 건지고는 아무 소리도 안 하고 드시는 거예요. 그 모습을 보곤 당사자는 물론 곁에 있던 사람들도 얼어 버릴 수밖에 없었죠. 삼보정재三寶淨財를 함부로 하면 안 된다고 하는 무언의 교훈이 오늘날까지 가슴에 남아 있습니다."

금세기 최고의 도량석

"행자 때면 누구나 외우는 『천수경』을 외울 수 없을 만큼 일이 많았다고 하셨는데도, 스님의 염불 소리가 아주 좋았다고 들었습니다."

"그때 내가 목청이 좋았던 것 같아요. 금봉 스님께서 아침마다 문을 열어 놓고 내 염불 소릴 들으시고는 '염불 소리가 참, 좋구나. 저 아이가 과거에도 중이었구나.' 하셨어요."

사찰에서는 예불을 시작하기 전에 도량석道場釋과 종송鍾頌을 먼저 한다.

도량석은 도량을 청정히 하기 위해 행하는 의식으로 스님들이 깨어나는 시간인 새벽 세시에 봉행한다. 『천수경』이나 「화엄경 약찬게」, 「참선곡」, 「법성게」 등을 외우며 천천히 도량을 돌면 절에 사는 스님들과 일하는 사람들이 그 소리를 듣고 일어나 예불 준비를 한다. 이때 도량 주위에 있는 짐승과 미물곤충들은 도량석 소리를 듣고 안심할 수 있는 장소로 들어가 도량석을 도는 사람들의 발길에 밟히게 되는 것을 피하게 된다.

종송은 미망에 빠진 중생을 깨워 주며 지옥고를 받는 모든 혼령들에게 아미타불의 위신력과 극락세계의 장엄을 설하여 불보살께 귀의, 발원함으로써 왕생극락하게 하는 의식이다. 종송이 끝나면 사물인 북, 대종(아침 28회, 저녁 33회), 목어, 운판을 치고 법당에 있는 작은 종을 친 뒤에 예불을 모신다. 북은 소나 개, 고양이 등 가는 털을 가진 존재, 운판은 날개가 달린 모든 중생을 위해 친다. 목어는 물속에 사는 모든 생명을 위해, 종은 시방 우주법계의 모든 고통 받는 중생을 위해서 친다. 사람에게만 국한되지 않고 우주의 모든 생명을 전부 구제해 성불하게 하려는 불교의 참뜻이 반영된 의식이다.

이러한 깊은 뜻을 가슴으로 받아들여 반듯하게 성장하는 어린 사미가 도량석과 종송을 하면서 외우는 낭랑하고 성실한 염불 소리가 팔십이 넘은 조실 금봉 스님을 탄복하게 했던 것이다. 금봉 스님은 만공 스님의 수법 제자로 만공 선사 문하의 기라성 같은 선승들 가운데 만공 스님의 뒤를 바로 이어 정혜사 조실이 된 분이다. 서른세 살의 나이에 통도사 조실을 할 만큼 대단했던 전강 스님이 평소에 가장 존경했던 사형이라고 한다. 금봉 스님은 정혜사를 떠나 해인사 조실로 있다가 1959년 가을 어느 날 자신을 모시던 시자를 떼어 놓고 홀로 계곡으로 올라가 목욕을 한 뒤 바위에 앉아 그대로 열반했다. 덕숭산의 조실이 만공-금봉-혜암 선사로 이어졌으니, 금봉 스님이 당시 어떠한 선지식이었는지 짐작할 수 있다.

인터넷을 검색해 보면 '금세기 최고의 도량석'이라는 제목 아래, 덕숭산 조실스님도 반했던 설정 스님의 염불 소리가 올라와 있다. 청아하면서도 칼칼하고 집중된 절절함이 느껴진다.

"어렸을 때는 무엇에도 물들지 않아 순수하고 자유롭던 때니까 목청이 좋았어요. 인터넷에 올라와 있는 것은 사십대 초반 여기 수덕사에서 주지할 때 녹음한 소리예요. 결핵을 앓고 난 후여서 젊었을 때보다는 소리가 안 좋죠. 5, 60년대 해인사에서 함께 살았던 도반들이 가야산회를 만들어 지금까지 모이고 있는데, 한번은 그 모임에 갔더니 내가 한 새벽 도량석을 녹음한 걸 틀어 주어서 알았습니다. 어느 스님이 당시 최신식 녹음기로 녹음했다고 해요. 젊었을 때는 『금강경』, 『천수경』을 녹음하자고 사람들이 많이 찾아왔는데, 염불을 팔아먹는 것 같아서 모두 거절했어요."

스님의 강원 도반인 무비 스님(조계종 전 교육원장)은 인터넷에 스님의 염불을 올려놓고 이렇게 부연 설명하고 있다.

금세기 최고의 도량석이라 스님들 사이에서 회자되는 설정 스님의 도량석입니다. 이미 30년 전에 하신 것이라고 합니다. 내용은 1) 사대주 2) 「화엄경 약찬게」 3) 『원각경』 「보안보살장」으로 되어 있습니다.

수행에 많은 도움이 되기를 기원합니다. – 무비 스님

불자들은 염불을 통해서 신심을 키우고 또 불교를 알아 간다. 염불 소리가 좋은 스님이나 도반들과 함께 큰 소리로 염불을 하면 그 자체로 정화가 되고, 시간이 흘러도 그 염불 소리가 귓가에 남아 있어 혼자 흥얼거리게 된다. 스님께서 그때, 『금강경』이나 『천수경』을 녹음해 놓으셨더라면 두고두고 좋은 교과서 같은 염불이 되었을 텐데 하는 아쉬움이 남는다. 요즘 『금강경』을 매일 읽으며 그 깊고도 깊은 가르침에 푹 빠져 있어서 더 그런 생각이 들었다.

정혜사를 떠나 강원으로 가다

"정혜사에서 공부하던 중 금봉 스님께서 강원으로 가길 권하셨다고 했는데 무슨 이유가 있었을까요?"

"금봉 조실스님께서 새벽 도량석과 쇳송(종송)이나 각종 예식을 올리는 염불 소리도 좋고 착실하니까 우리 스님(덕숭총림 3대 방장 원담 스님)에게 '너는 아직 젊으니까 저 아이를 내 상좌로 달라.'고 하셨다고 해요. 우리

1958년 정혜사 조실 금봉 스님의 『보장록』 불사 회향 기념 사진. 왼쪽 앞줄 네 번째 책을 펼쳐 읽고 있는 동자가 설정 스님이다.

스님이 그 말씀을 듣고는 이미 수계를 한 나를 불러 '너, 금봉 스님한테 계를 받아라.' 하시더군요. 그래서 내가 조실스님을 찾아가 '누구의 상좌라고 하는 명색이 무슨 의미가 있겠습니까? 제가 노스님을 잘 모시겠습니다.'라고 말씀드리자 무릎을 탁 치시면서 '바로 그거다.' 하고 좋아하셨습니다. 그러고는 우리 스님을 불러 '저 아이를 강원에 보내 공부시키라.'고 하시더군요."

"한평생 참선을 한 선사이셨는데 왜 강원에 가기를 추천하셨을까요?"

"조실스님께선 평소 '내가 학문이 조금만 있었으면 수많은 사람들에게 법문을 하고 교화를 더 할 수 있었을 것인데, 학문이 너무 짧아 아쉽다.'는 말씀을 종종 하셨어요. 내가 나이도 어리고 하니까 교학을 공부하고 나서 참선을 해도 늦지 않을 거라고 생각하신 것 같습니다. 금봉 스님께선 『보장록寶藏錄』이라는 법문집을 내셨는데, 당시 석판에 한 글자 한 글자씩 새기고 한 쪽씩 밀어서 책을 내는 것을 보았습니다. 나중에 해인사 선원 조실로 있다가 돌아가셨죠.

여기 정혜사에서도 '불립문자 견성성불'을 모토로 살았기 때문에 책을 보지 못하게 했어요. 정혜사에 올라와서 처음 공부한 것이 은사스님한테 배운 『초발심자경문』이었습니다. 해제 때 뒷방에서 가르쳐 주시면서 '하루에 세 줄씩 외울 수 있겠느냐?' 하시길래 '알겠습니다.' 하고 보름 만에 다 외워 버렸더니 깜짝 놀라시더군요. 그 후 평생 살면서 우리 스님한테 사무적인 얘기 말고는 걱정을 들은 일이 없습니다."

"행자 때 지은 복으로 한평생 출가 생활을 한다는 얘기를 많이들 하십니다. 은사스님께 그만큼 걱정을 안 끼치고 착실하셨다는 얘기인가요?"

"정혜사에서 살 때 어느 해 겨울이었는데, 무슨 일로 사형하고 좀 다투었어요. 스님께서 그 모습을 보시곤 아무 말씀 안 하고 입은 옷을 훌훌 벗고 장삼을 입으시더니 법당에 우리를 데리고 가서 '참회하자.' 하시고는 차가운 마룻바닥에서 절(108배)을 한 적이 있어요. 그때 상좌가 잘못하면 스승이 부처님께 대신 참회를 하는구나 하는 것을 깨닫고 그 후로 은사스님이 걱정하실 일은 하지 않았습니다. '왜 그렇게 하셨을까?'를 곰곰 생각하곤 그 후부터 언행을 조심하고, 가능하면 스님의 심기를 상하지 않게 해 드려야겠다고 생각하고 살았죠."

"스님께선 지금 선방에서 정진하고 계신데, 한창 참선 공부를 할 때 강원으로 가게 된 것에 대해 지금은 어떤 생각이 드시나요?"

"공부해서 일체종지一切種智(모든 현상의 전체와 낱낱을 아는 부처의 지혜)가 밝혀지면 그 안에 다 있는 것인데 그땐 그 생각을 못했어요. 수덕사는 만공 선사가 계실 때부터 '참선 공부를 해서 견성하고 중생을 제도해야 한다.'는 승행에 대한 철저한 사상적 교육이 있었고, 어려서부터 '불립문자 견성성불'이라는 선가禪家의 분위기에 젖어 있었기 때문에 그때 만약 누가 강력하게 정진만 하라고 해서 여기에 남아 철저하게 정진만 했더라면 선가에서 더 큰 삶을 살았을 텐데 하는 아쉬움이 남아 있습니다.

정신적인 스승이었던 금봉 조실스님께서 학문을 하라고 권하셨고, 또 그것에 전적으로 반대하지 않았던 은사스님의 영향도 있지만, 삼 년 동안 하루도 쉬지 않고 일을 했던 생활이 정신적으로 힘들었던 것 같습니다. 그래서 한가한 환경에서 공부만 했으면 좋겠다는 생각을 했지요. '머리가 나쁘지 않으니 교학 공부를 좀 하고 나서 참선을 해도 늦지 않다.'는 조실 금봉 스님의 말씀을 듣고 결정을 했는데, 나중에 잘못했다는 생각을 많이 했어요. 지금처럼 공부만 하는 선원 분위기였으면 가지 않았을 겁니다.

공부가 너무 잘되어서 아쉬운 마음도 있었지만 일도 너무 많고 금봉 스님께서도 강원에 가라는 말씀도 하시고 하니까 어린 마음에 강원에 가는 쪽으로 마음이 쏠린 거죠. 당시 분위기는 강원이나 학교에 진학하는 것이 용납되지 않았는데, 조실스님께서 권하시니까 대중스님들도 동의하고 은사스님도 허락을 해서 수덕사가 생기고 나서 처음 정식으로 강원에 갔습니다."

"어른스님들이 보기에 총명하고 착실해서 공부를 하면 일취월장할 것인데, 너무 일에 치여 공부를 제대로 할 수 없는 것이 안타까워서 공부할 기회를 주신 것 같습니다. 그래서 어느 강원으로 가셨나요?"

"직지사 조실을 지낸 관응 스님이 강사로 계셨던 직지사로 갔습니다. 처음에 가니까 대중스님이 30여 명 가까이 있고, 절에서 일하는 사람들 합해서 60여 명이 있었어요. 그때 녹원 스님이 군대에 다녀와서 있더라고요. 오늘날 직지사는 큰 규모이지만 그때는 물도 떠다 먹을 만큼 작은 규모의 사찰이었죠. 가자마자 밥을 짓는 공양주와 국을 끓이는 갱두를 시키면서, 두 가지를 잘해야 본방(강원)에 들어간다고 하더군요. 일이라면 수덕사에서 이미 도가 텄으니까 삼 개월 동안 일을 잘 해내고 정식으로 입방을 했는데, 서산 대사의 『선가귀감』을 배우고 있더라고요.

관응 스님께서 나를 잘 보셨던지 시자를 시키면서 그날 공부할 내용을 칠판에 써 놓게 하셨어요. 키가 작아서 걸상을 놓고 그 위에 올라가 글씨를 썼는데, '어떻게 저렇게 글씨를 잘 쓰느냐.'고 칭찬을 하시더군요. 그때 출가한 지 얼마 되지 않은 법안 스님, 송원 스님, 돌아가신 정무 스님, 이런 분들이 와 있었어요. 그렇게 한 칠 개월 정도 있다가 1959년도에 종단(종정 동산 스님, 총무원장 청담 스님)에서 중앙에서도 교육을 시켜야 한다고 관응 스님을 모셔다 지금 조계사 기념관 자리에 중앙총림을 열었죠. 그때 관응 스님과 함께 올라와 시봉을 하면서 있었어요. 그러다가 삼 개월 만에 해인사로 내려갔습니다."

"해인사로 가신 계기가 있었습니까?"

"내가 쪼그맣고 어렸으니까 밉상은 아니었던 것 같습니다. 절에 오는 보살님들 가운데 아들 삼자고 하는 사람이 많았습니다. 신경이 많이 쓰여 관응 스님께 말씀드렸더니, 보살님들에게 '공부하는 아이한테 그런 소리 하지 말라.'고 몇 번을 타일러도 소용이 없더군요. 나이가 어렸어도 출가자는 그런 인정에 휘말리면 공부하는 데 장애가 크다는 걸 알았기 때문에 다른 곳으로 옮겨 가야겠다고 생각했어요. 그때 마침 수덕사에서 같이 살던 강고봉 스님께서 해인사에 가 계시다는 얘기를 듣고 그리로 내려갔죠. 4·19, 5·16이 일어나면서 절 안팎으로 혼란했던 시기였기 때문에 강원에 가서도 상당히 방황을 많이 했어요."

"공부에 큰 도움이 안 되었습니까?"
"물론 강당講堂에서 경전을 한 번 스윽 훑었기 때문에 여러 좋은 기억은 가지고 있지만, 선가에 있으면서 정진에 매진하지 못한 아쉬움이 있어요."

"지금은 출가를 하면 행자 교육을 받고 나서 선원, 강원, 중앙승가대학, 동국대학교 등을 선택할 수 있는 시스템으로 되어 있는데, 스님께선 제자들의 근기에 따라 공부를 시키시겠지요?"
"그 사람의 취향과 근기에 따라 공부시키죠."

밖에서 대중스님들의 울력을 알리는 목탁 소리가 들려왔다.

"오늘은 여기까지 합시다. 저는 이제 노동 현장에 가 보겠습니다. 예전에 수덕사는 스님들이 직접 농사를 지어서 자급자족하고 살았어요. 승려들이 신도들에게 의존하지 않고 먹고 입고 생활하는 데 필요한 것을 자급자족하고 살면 구성원들이 건강하고 당당해져요. 옛 도반들은 나를 보고 나이 들어 너무 어렵게 산다고 하지만 나는 대중들과 함께 수행하고 일하며 사는 것이 재미있습니다."

2

젊은 시절의 도전과 방황

해인강원에서 공부하다

"해인사 강원은 1955년에 해인사 법보 전문 강원으로 당대 최고의 강백인 운허 스님을 강주로 모시고 개원되었다고 들었어요. 지금까지 천여 명이 넘는 학승들을 배출한 전통 깊은 강원이고, 또 예전에 경허 선사께서 해인사 조실로도 계셨잖아요. 정혜사에서 가신 강고봉 스님도 계시고 해서 기대가 크셨을 텐데, 강원에서의 생활은 어떠셨나요?"

"해인사는 '59년도에 들어가서 '68년에 나왔습니다. 중간에 나와서 범어사에 있기도 하고 군대에 다녀오기도 했지만 오래 머문 셈이지요. 해인사에 가서 공부할 때는 4·19가 일어나는 등 격동기여서 국가고 절이고 경제가 형편없었습니다. 일식 삼찬에 세끼 밥을 먹는 것도 여의치 않았어요. 비구, 대처 간의 분쟁이 오랫동안 지속되다가 1960년대 초에 지금의 조계종이 발족되었는데, 그동안 절의 재정은 피폐되고 반목이 깊어지는 과정을 거치다 보니 절이 안정되지 않았어요. 교육을 철저하게 받을 수 있는 여건이 되지 않았죠. 겨우 해인사, 통도사, 범어사 등에서 경전을 가르치는 강의가 유지되고 있었죠. 지금처럼 동국대나 중앙승가대학에서 교육을 받을 기회가 없었어요. 사회에 나와서 교육을 받고 싶어도 여건이 되지 않아서, 강원을 오가면서 갈등을 많이 하다가 강원을 졸업하고 군대에 갔죠."

"오로지 공부만 했으면 해서 정혜사를 떠나 강원으로 가셨는데, 시대적 상황으로 인해 여의치 않았군요."

"청담 스님이 주지로 계시던 1950년대 후반, 해인사의 형편은 일 년에 다섯 번 정도 두부를 먹고, 고추장도 어쩌다 한 번 먹을 정도로 어려웠어요. 그래도 수덕사보다는 일을 덜 했고 수학여행을 오는 학생들을 상대로 밥장사도 하지 않았어요. 해인사는 논이 상당히 많았어요. 야로면, 가야면, 숭산면 등 해서 한 팔백 마지기쯤 되었는데 마을 사람들에게 소작을 주고 있었죠. 그런데 그때가 자유당 시절이었잖아요. 농림부장관이었던 조봉암 씨가 토지개혁을 하면서 당시의 법이 사찰에 딸린 땅에 살고 있는 사람이 농사를 직접 짓지 않으면 절에 딸린 논을 농민들에게 다 내주어야 했습니다. 농사를 짓는 사람이 주인이라는 거죠. 해인사에서는 논을 빼앗기지 않으려고 50여 명의 대중스님들이 날마다 해인사 땅이 있는 야로면, 가야면, 숭산면에 나가 개간을 하고 농사를 지어서 수백 마지기를 지킬 수 있었죠."

"생계가 달려 있는 일이니 농민들이 순순히 물러서지 않았을 것 같아요."

"못자리를 해 놓고 모를 심으려고 하면 농민들이 단결해서 낫이나 칼, 톱, 몽둥이, 이런 걸 가지고 나와 달려들었어요. 동서남북에서 모여든 삼백여 명의 농민들이 이 면, 저 면을 다니면서 하루에도 몇 번씩 싸움을 하고 다녔죠. 우리는 빼앗길 수 없고, 농민들도 물러설 수 없으니 싸움이 계속되자 여론화가 되어서 '해인사의 땅은 보류하라.'는 이승만 대통령의 지시가 내려와 땅을 지켰습니다. 해인사와 범어사 정도 제외하고 다른 절들은 대부분 빼앗겼어요. 여기 수덕사도 마찬가지고요.

그런데 또 한편 산을 지키는 게 일이었어요. 해인사 밑에 도기 공장이 있었는데, 당시는 연탄이 없던 시절이라 모두 산에서 나무를 베어다가 나무를 때서 도기를 구웠거든요. 동네 사람들이 생계 수단으로 산에서 나무를 베어다가 도기 공장에 팔았기 때문에 나무를 베어 가지 못하도록 당번을 정해 산을 지켰습니다. 잡나무를 베어다가 목기를 만드는 데 썼고 소나무는 전부 도기 공장에 넘겼죠. 3,300정보町步(1정보는 3천 평)로 산이 넓었어요. 그 넓은 산을 다니다가 나무들이 비들비들 말라서 죽어 가는 게 보여서 가 보면 삼분의 이 정도 잘라진 겁니다. 일주

일이고 열흘이 지나 물기가 빠지면 사람들이 없는 밤에 와서 베어 가려고 했던 거죠. 그런 나무가 눈에 띄면 몇 날 며칠이고 밤이나 낮이나 그곳을 떠나지 못하고 지키고 있어야 했죠. 추우면 담요를 두르고 나무를 베러 오는 사람들을 기다리고 있으면 십여 명에서 열다섯 명 정도 되는 사람들이 와서 나무를 베어 내요. 그럼 우리는 그들이 나무를 베어서 내려갈 때까지 멀리서 기다리고 있다가, 일을 마치고 동네 어귀쯤 내려가면 그들을 붙들어서 나무를 베었다는 보관증을 받고 압수했죠. 당시 도기 공장이 세 군데 있었는데, 수백 평에서 베어 낸 나무가 한 번 불을 지피는 데 들어갔어요. 그걸 막으려고 하니까 도기 공장 사장에겐 우리가 공포의 대상이었죠. 그 와중에 어떻게든 나무를 베어 사업을 하려고 책임자들에게 금전이나 음식을 제공하는 등 여러 방법을 동원했지만 어림도 없는 일이었죠. 심지어 어떤 사람은 나무를 자기 집 방에 가져다 놓고 이불로 덮어 놓기도 했어요. 그런 일을 수없이 하면서 해인사의 나무를 지켜 낸 겁니다. 나는 지금도 해인사에 가면 푸른 숲을 보면서 '우리가 그때 어려움을 겪으면서 지킨 나무들이구나.' 하는 생각을 하곤 합니다."

"이래저래 스님께선 일복이 많으신 것 같습니다. 그때가 이십대 초반이었을 텐데, 요즘 출가자들로서는 상상하기 어려운 일들이 있었군요. 그렇게 선배스님들이 절을 지키려고 헌신한 덕분에 오늘날 후학들이 편히 공부할 수 있는 것 같아요."

"강원 학인들이 팔만대장경이 보존되어 있는 장경각을 지키면서 『반야심경』을 탁본해서 한 장에 백 원에 팔아 책을 사서 공부하며 어렵게 사는데, 4·19가 일어났어요. 무법천지가 되었죠. 절에 불만을 가졌던 부락민들이 몇 백 명 가까이 해인사로 쳐들어왔습니다. 농토를 지키고 산을 지키는 데 앞장섰던 나도 그때 맞아죽을 뻔했죠. 그들이 몰려들어 오며 '저놈 가만두면 안 된다.'고 했으니까요. 가사장삼을 입은 스님들이 정진하고 있는 선방에 들어와서는 정강이를 차고 얼굴에 침을 뱉으면서 무례하게 굴었죠. 당시 우룡 스님과 고산 스님이 대중의 기강을 맡는 입승과 대중의 질서를 바로잡고 통제하는 찰중 소임을 보셨는데, 그분들이 우리에게 '어떤 소행을 하더라도 절대 반응하지 말라.'고 이르셨어요. 과격해진 부락민들이 절에 불이라도 지르면 어떻게 하느냐고 하면서 젊은 우리들을 달랬습니다. 그들이 절에 어떤 일을 할지 몰라 참았지만, 앉아서 정강이를 걷어 차이고 침 세례를 받는데 젊은 혈기에 정말 참기 어려웠죠. 하루 종일 그러고 있는데, 진주에서 계엄군과 불교청년회가 들어오자 그들이 절에서 나갔어요. 며칠 있다가 절에 들어와 행패를 부렸던 동네 주민들을 불러다가 '절에 들어와 함부로 하지 않겠다, 절이 하는 일에 따르겠다.'는 각서를 만들어 동의를 받았죠. 그런 일들을 겪으며 해인사가 정돈되었습니다."

"해인사에서는 팥으로 메주를 쑨다고 해도 스님의 말을 믿었다는 얘기를 들었습니다. 스님께서 워낙 절을 지키는 데 철저히 앞장서고 승행을 흩트리는 일 없이 중심을 가지고 있으니까 그런 얘기를 한 것 같습니다. 해인사에 오래 사셨는데, 주민들과는 화해하고 잘 지내셨나요?"

"그랬죠. 내 개인과 관련된 일이 아니었으니까요. 절이 있어야 주민들도 잘 살아갈 수 있다는 인식을 갖게 하고 때로는 밥도 사 주면서 잘 지냈어요."

"해인사는 다른 총림에 비해 스님들의 기상이 강하다는 얘기들을 많이 합니다. 요즘도 해인사 새벽 예불에 들어가 보면 학인스님들 수십 명이 토해 내는 염불 소리가 마치 폭포수가 콸콸 쏟아지는 것처럼 들립니다. 그 뒤로 해인사는 안정이 되었나요?"

"1962년 불교정화운동이 끝나고 얼마 지나지 않아서 강원에서 공부할 때였는데, 하루는 밭을 매다 보니 소나무 껍질이 벗겨져 있는 게 눈에 띄었어요. 알아보니까 해인사에서 종단불사를 한다고 송진을 내다 팔기로 계획 중이었습니다.

학인들은 천년 고찰의 소나무를 베어 송진을 내고 산판을 하는 건 용납할 수 없다는 진정서를 총무원에 냈고, 그 여파로 청담 스님이 책임을 지고 주지직을 내놓으셨어요. 청담 스님은 불교정화운동의 대보살이셨어요. 종단 정책 사업을 하기 위해서 장경각 뒤와 옆, 그리고 남산을 깎아 도로를 내고 산판을 하려 했던 거죠. 청담 스님이 주지를 그만두시고 자운 스님이 주지로, 영암 스님이 총무로 오셨죠.

영암 스님께선 어려운 상황에 어떻게 하면 사중의 나무를 지킬까 고

민하시던 중에 아이디어를 내셨어요. 송진을 내기 위해 업자와 체결한 산판 계약서에 제시된 나무보다 더 많이 나무를 깎아 놓았는가를 확인하는 것만이 산을 지킬 수 있는 유일한 길이다 하시곤, 학인들을 50여 명 동원해서 세어 보게 했어요. 6천 본이 초과되었더군요. 그걸 증거로 계약 무효 소송을 내서 우리가 이겼어요.

해인사의 나무들은 그렇게 지켜진 겁니다. 언젠가 눈이 많이 내려 나무들이 부러졌다는 소식을 듣고 가슴이 아팠어요. 종회의장일 때 가야산에 골프장을 낸다는 말을 듣고 우리가 그 산을 어떻게 지켰는데 그러한 무모한 짓을 하느냐고 반대했죠. 그런 세월을 보내면서 애종심이나 공심이 마음속에 자리한 것 같습니다.

자운 스님은 계율 정신, 영암 스님은 공심의 교과서와 같은 분들이셨어요. 그런 어른스님들께 배운 게 많았죠. 대중생활을 통해 공심이 몸에 밴 사람과 그렇지 않은 사람의 차이가 아주 커요. 큰절에서 대중생활을 하면 어른스님들한테 사상적으로 배우는 것도 많지만 선후배 도반들과 함께 살면서 자신도 모르게 탁마되는 게 있어요. 상대방의 장단점을 보고 나를 돌아보면서 조약돌이 흐르는 물에 둥그러지는 것처럼 성격이 원만해지고 남한테 피해를 덜 주는 사람이 돼 가는 거죠. 종단에서 일할 때도 보면 많은 대중 속에서 여법하게 산 사람들은 행동이 달랐어요."

"많은 스님들이 도반, 선후배들과 함께 강원 생활을 하면서 승물을 들인 시간이 출가해서 가장 좋은 시절이었다고 회고하시더군요. 강원 시절에 당시 최고의 강백으로 알려진 운허 스님께도 경전을 배우셨죠?"

"운허 스님은 사상적으로 참 올바른 분이었죠. 격식에서 조금도 흐트러짐이 없던 분이고, 사사로움이 용납되지 않은 분이셨어요. 한번은 '대중울력을 할 때는 죽은 송장도 일어나야 한다.'는 말씀을 하셨어요. 대중생활을 제대로 해야 진정한 승려라는 강한 메시지였죠. 대구교도소에 법문하러 가실 때 스님을 모시고 간 적이 있는데, 그때 수감자들에게 '비록 한 번 실수를 해서 여기 있더라도 다시 마음을 가다듬어 살면 반드시 희망이 있다. 행복과 불행은 자신이 만드는 것이니 용기를 내라.'는 요지의 말씀을 하신 게 기억에 남아 있어요. 연세가 많으셨지만 불교 홍보를 위해서는 철두철미한 분이었죠.

나는 복이 많은 사람입니다. 학문적인 면에서는 운허 스님, 관응 스님, 지관 스님을 만나 공부했고, 행정적인 면에서는 영암 스님께 많은 것을 배웠어요. 선 쪽으로는 금봉 조실스님, 벽초 노스님, 우리 스님, 그리고 만공 선사의 제자인 춘성 노스님께 영향을 많이 받았어요. 춘성 노스님은 정혜사에서 오래 사셨고, 나도 자주 모시고 다녔는데, 그분은 정말 정진력이 뛰어나셨고 철저히 무소유의 삶을 산 분이에요. 대중들과 함께 잠자리에 들었다가 곧 다시 일어나 정진하신 분이죠. 연세가 많이 드셨는데도 요를 깔고 이불을 덮고 주무시는 걸 보지 못했어요. 개인의 명예나 이익을 위해 사신 분이 아니었어요. 철저히 공심을 가지고 산 활달무애한 도인이었죠."

"총무원장을 지낸 지관 스님이 당시 강사를 하셨는데, 지관 스님은 나중에 동국대 총장을 지냈고 금석문의 대가로도 알려져 있습니다."

"그때 지관 스님이 삼십대 초반이었는데, 무슨 일이든 계획을 세워 하나하나 철저히 실천하면서 사신 분이에요. 운허 스님과 자운 스님이 지관 스님을 키우려고 무던히 애를 쓰셨는데, 그런 어른스님들의 관심과 애정이 밑거름이 되어서 큰 인물로 성장한 분이죠. 성철 스님께서도 동국대 총장을 스님이 해야 한다는 생각을 가지고 있었어요. 한 사람이 어떤 자리에 간다는 것은 그만큼 주변 사람들의 보호와 지원이 필요한 거죠. 복을 많이 받은 분이에요."

"스님의 도반스님들 말씀으론 수업 시간에 지관 스님에게 칭찬을 많이 받았다고 하던데, 혹시 지관 스님께서 제자로 키우고 싶어 하지 않았나요?"

"그랬죠. 경전을 보면 자기 나름대로 보는 시각이 있잖아요. 나는 강사스님에게 애를 먹이는 축에 속했어요. 수업 전 반 학인들과 논강論講할 때 본 문제점을 하나하나 짚으면서 물어보았고, 강사스님과 의견이 엇갈릴 때는 철학적, 교리적으로 접근하면서 끝까지 물고 늘어졌으니까요. 그럴 때면 강사스님도 심란하셨을 거고, 동료들은 '저 물건은 걸렸다 하면 끝장을 내려 한다.'며 빨리 끝냈으면 했죠.

경전의 흐름을 보려면 기본이 되어 있어야 할 텐데, 어려서 서당에 다닌 것이 도움이 되었겠죠. 논강을 열여덟 명이 했는데, 내용은 그만

1961년 강원 시절, 『서장』을 마치면서 찍은 사진이다. 가운데 강사이신 지관 스님 좌우로 설정 스님과 전 포교원장 혜총 스님.

두고 한자도 해석하지 못하는 사람도 많았어요. 한번은 '누구에게나 불성이 있는데 왜 스님네들은 한쪽으론 부처 노릇을 하고 한쪽으론 중생 노릇을 하는지, 이에 대해 스님은 어떻게 생각하느냐'고 몰아붙인 적도 있어요. 내가 하도 질문을 많이 하니까 어떤 때는 그만 좀 하라고 하셨죠.(웃음)

그리고 나를 당신의 후계자로 삼고 싶어 하셨던 분은 관응 스님입니다. 스님 곁을 떠나고 나중에 그 얘길 들었는데, 아마 해인사로 오지 않고 스님 곁에 있으면서 공부했으면 관응 스님께 전강을 받았겠죠.

4·19 때 사중의 불미스러운 일로 폭력배들이 절에 들어와서 강원이 일시적으로 해산된 적이 있어요. 그래서 관응 스님이 계신 법주사로 가는데, 차비가 없어 보은에서 법주사까지 사십 리 길을 걸었습니다. 얼마나 배가 고프던지 함께 가던 도반 네 사람이 자장면 한 그릇을 사서 나눠 먹었던 기억이 납니다. 밀을 훑어 먹으면서 법주사에 가니까 대처승이 들어와 있더군요.

거기서 몇 달 공부하고 사회 학문을 공부해야겠다는 생각으로 서울 개운사로 갔더니, 대처승과 비구승이 반반씩 살고 있더군요. 낙산사 주지를 지낸 원철 스님이 도와 달라고 붙잡아서 거기 있다가, 대처승들과 실랑이를 벌이다가 경찰서에 끌려가 유치장에 들어가기도 했어요. 그러다가 해인사가 안정되어 그곳으로 돌아가 강원을 졸업했죠.

해인사에 있다가 중간에 5·16이 나자 마음에 바람이 나서 부산에 간 적도 있어요. 범어사에 계신 동산 스님, 월내 묘관음사에 계신 향곡 스님, 부산 선암사에 계신 석암 스님을 찾아뵙기도 했는데, 어쨌든 강원을 졸업하기 전까지 방황을 많이 한 셈입니다. 시대의 격동기를 거치며 살아온 우리들에 비해 요즘 스님들은 편한 환경에서 살고 있는 셈이지요."

스님께서 강원 시절을 혼란 속에서 보냈다고 했지만, 꼭 그런 것만은 아닌 것 같다. 정혜사 조실스님도 탄복하게 했던 스님의 염불 소리는 해인사에 가서도 빛을 발해 새벽 예불을 올릴 때면 모든 학인들을 대표해 이산 혜연 선사의 「발원문」을 읽고 염불을 선창했다고 한다. 당시 해인사에 살던 법정 스님도 '설정 스님의 축원이 최고의 축원이다!'라고 하셨다고 하니, 스님의 염불 소리가 발군이었음은 틀림없는 것 같다. 경전을 보아도 통찰력이 뛰어나 해석하는 깊이가 달랐다는 것이 당시 도반 스님들의 전언이다.

오월 단옷날이면 대중스님들이 탈 그네를 만들어 나무에 매달았고, 신속하면서 부드럽게 삭도질을 잘해서 삭발하는 날이면 스님한테 머리를 밀기 위해 줄을 섰다고 한다.

"해인사에 계실 땐 한창 젊은 시절이었으니까 많은 추억이 있었을 것 같아요. 우리들이 학창 시절에 재미난 이야기가 많은 것처럼 스님들도 그렇지 않을까요?"

"추억이 많아요. 스무 살이 채 안 되었던 그때부터 해인사에서 생활을 함께했던 사람들이 모이는 가야산회에 가면 재미있던 추억들을 이야기하면서 어린 시절로 돌아가곤 합니다. 먹을 게 없어서 암자의 고추장 단지를 서리해서 밤참 때 먹었고, 어른스님들 모르게 밤에 마을에 내려가 활동사진(영화)을 보기도 했어요.(웃음)"

『화엄경』을 배우는 대교과(강원에서 가장 학년이 높은 반)일 때 밤 아홉시까지 반 학인들과 논강을 하고 나면 배가 출출했다. 논강이란 학인들이 함께 모여 경전을 연구하고 토론하는 것인데, 다음 날 수업 시간에 강사스님 앞에서 각자의 해석을 피력하고 문제되는 것을 묻는다. 한창나이인데 밥을 많이 먹는 것도 공삿감이었고, 간식으로 먹을 거라곤 눈을 씻고 봐도 없을 때였다. 해서 학인들은 논강이 끝나고 나면 밤참으로 먹을 밥 몇 그릇을 공양간에서 밥하는 처사님에게 미리 부탁해 남들 눈에 띄지 않는 곳에 놓아두었다. 그리고 해인사에 딸린 암자에 내려가 미나리며 시금치, 고소 등을 좀 베어다 놓았다.

그런데 비빔밥에 넣을 고추장이 가장 큰 문제였다. 큰절엔 고추장 구경하기가 어려웠으니 암자로 고추장 서리를 하러 갈 수밖에 다른 방법이 없었다. 가위바위보를 해서 진 몇 사람이 본절 가까이에 있는 암자 장독대에서 작은 고추장 단지 하나를 서리해 놓았다. 그렇게 해서 밥을 비비면 한 사람당 몇 순갈씩 차례가 돌아갔는데 참기름도 없이 비빈 밥은 언제나 꿀맛이었다. 한번은 달밤에 고추장 단지를 서리해 오다가 돌에 발이 채여 넘어져 땅에 떨어트리고 말았다. 해서 그날은 깨진 고추장 단지 조각에 담아 온 고추장을 넣어 밥을 비벼 먹었다. 도반 한 사람은 마지막 몇 숟가락 남았을 때 꼭 침을 뱉어 자기가 먹어 버리곤 해서 미리 몇 숟가락 더 퍼 주기도 했다.

마을에서 활동사진을 방영하는 날엔 아침부터 노랫소리가 멀리 절까지 들려왔다. 한창 여행철인 봄가을이면 갈 데도 없어 호기심 많은 몇 사람이 어른스님들 몰래 활동사진을 보러 가기 위한 작전을 짜곤 했다. 나갈 때는 문이 열려 있어 괜찮은데 밤늦게 돌아올 땐 문이 닫혀 있어 담을 넘어야 하는데 야경을 도는 스님이 보통 귀가 밝은 게 아니어서 들킬 확률이 컸다. 당시 야경을 돌던 스님이 평양 분이었는데 유난히 사과를 좋아했다. 그래서 활동사진을 보러 가기로 한 학인들이 없는 돈을 털어서 밤에 돌아올 때 들키면 야경 도는 스님께 드릴 사과를 마련했다.

영화를 잘 보고 돌아와 한 사람이 등을 내어 주면 그걸 딛고 최대한 가볍게 담을 넘는데, 거의 마지막 한 사람이 담을 넘을 때쯤이면 귀신같이 야경 도는 스님이 나타나, '이놈의 자식들이….' 하고 몽둥이를 쳐들었다. 그러면 재빨리 준비한 사과를 내놓으며 '수고하십니다. 스님이 좋아하시는 사과 사왔어요. 드십시오.' 하면 '어드래?' 하면서 사과를 받고는 '빨리 들어가라우.' 하고 슬쩍 넘어가 주었다. 젊은이들의 호기심 어린 객기를 그렇게 눈감아 주었던 것이다. 그렇게 해서 본 영화가 〈아리랑〉, 〈춘향전〉 등이었다.

"계율에 때가 아닐 때 먹지 말라고 했거든요. 그걸 뻔히 알면서도 배는 고픈데 워낙 먹을 게 없을 때고 또 가장 높은 학년인 대교과일 때니까 가능했던 거죠.(웃음) 활동사진을 본 것도 몇 번 안 되지만 그렇게 재미있을 수가 없었어요. 엄청난 추억이었죠.

그리고 해인사의 자연 풍광이 참 아름다웠어요. 봄이면 벚꽃이 활짝 피었다가 뚝 떨어질 때면 가슴이 저려 왔고, 가을이면 온 산이 단풍으로 물들 때도 왠지 가슴이 쓰렸어요. 도반들에게 그런 얘기를 하면 무슨 추억이 있느냐고 물었는데, 나는 그 벚꽃들이 피고 지는 것을 보면서 내 삶도 저렇듯 활짝 만개했다가 어느 순간 깨끗이 사라졌으면 했고, 지는 단풍잎을 보면서는 저렇듯 아름답게 물들었다 떨어지는 인생을 살아야겠다고 생각했어요."

스님과 강원 생활을 함께한 혜총 스님(전 조계종 포교원장)은 당시를 이렇게 회고했다.

나도 염불을 꽤 잘하는 축에 들었지만 새벽 예불 때에는 언제나 설정 스님이 60퍼센트, 내가 40퍼센트 정도 염불을 선창했다. 머리가 명석해서 강사스님(지관 스님)께 '천재다.'란 얘기를 들었고, 강원에서 글을 배울 때, 한자로 된 경전 한 쪽을 딱 한 번 보고서 책을 덮고 외우면 설정 스님은 세 줄, 나는 두 줄을 외웠다. 염불이면 염불, 공부면 공부, 일이면 일 못하는 게 없는 팔방미인이었다. 50년대 말 60년대 초, 모두 가난했기 때문에 절에도 먹을 게 별로 없었다. 그래서 비가 오는 날이면 틈을 내서 나랑 설정 스님이랑 함께 자루를 들고 잣 서리를 하러 갔다. 해인사엔 잣이 많이 나서 업자들에게 도지를 주고 수확해 입찰하면 한 해 서른 여섯 가마 정도 나왔다. 많이 나올 땐 백 가마도 나왔는데, 사중의 큰 수입원이 되었다. 나무도 잘 타고 낫질도 잘하는 설정 스님이 나무에 올라가 잣송이를 따서 밑으로 떨어뜨리면 내가 주워 가지고 잣송이를 쌓아 놓고 불을 붙였다. 태운 껍질을 두들기면 잣알이 나오는데, 그렇게 익힌 잣이 얼마나 맛있는지 먹어 본 사람만 안다. 그렇게 턴 잣을 한 자루 담아 가지고 와서 도반들에게 공양을 냈다. 설정 스님은 모든 행동이 자신보다는 전체 대중 위주였고, 정도 많아 남이 어려운 걸 보면 그냥 지나치질 못했지만, 성격도 급해서 운전을 해도 시속 100킬로는 성에 안 차 150킬로는 놔야 하는 사람이다.

제대하고 입시 학원에서 공부하다

"시대적으로 절 안팎이 혼란스러운 시기이긴 했지만, 당시 해인사에는 종단을 이끌어 가던 큰스님들이 주석하면서 여법하게 대중생활을 하는 전통적인 승가의 모습을 그대로 보여 주셨기 때문에, 스님께서도 해인사에 살면서 배우고 익혔던 것들이 살아가는 데 많은 도움이 되지 않았을까 싶습니다. 강원을 졸업하고 바로 군대에 가셨나요? 스님들에게 군대는 일반인들과 좀 다른지 궁금합니다. 스님들도 군대에 가느냐고 묻는 사람들도 있습니다."

"강원을 졸업하고 구산 스님이 주지로 계시던 동화사 비로전에 있다가 군대 영장을 받았어요. 군대에 갔다가 사회로 나가는 스님들을 많이 보았기 때문에 부처님 앞에 절을 하면서 '군 복무를 마치고 제가 다시 부처님 슬하에서 생활할 수 있게 보살펴 주십시오. 다시 절로 돌아와서 정진하며 중노릇 잘하겠습니다.' 그렇게 일주일 동안 있는 힘을 다해 기도하고 갔습니다."

스님께선 군대 이야기를 오래하셨다. 훈련소에서 치른 지능 테스트와 학과 시험을 잘 치른 덕분에(나중에 살짝 여쭤 보니 당시 스님의 아이큐는 140) 초등학교 졸업장도 없었지만, 공병단 연료 배차 행정 책임을 맡아 병장만 18개월 동안 했다. 곡괭이 자루로 맞는 집단 벌을 받고 겨울에 발가벗고 찬물에 들어가는 호된 과정을 거치고 새벽 네시에 일어나서 밤 열두시까지 근무를 했지만, 주어진 일에 최선을 다하자고 생각하고 36개월의 군대 생활을 활기차게 보냈다.

무학無學인 사람이 어떻게 이런 자리에 왔느냐며 말뚝을 박는 게 어떠냐는 소리를 들을 만큼 남들이 부러워하는 자리에 있다 보니 생기는 돈도 꽤 있었다. 당시 병장 월급이 5백 원이었고, 파견 나가 있던 화천 땅값이 한 평에 몇 십 원 할 때 한 달에 칠팔만 원이 생기는 자리였다. 들리는 소문에 전임자는 서울에 집을 몇 채 샀다고 했다. 그러나 정식으로 들어오지 않은 돈은 다른 사람을 위해 써야 마땅하다는 생각을 가지고 있었기에 같이 있던 사병들을 위해 주머니를 다 털었다. 결혼하고 군에 온 사람들의 아내가 어린 아이를 업고 면회를 와서 울고 있는 것을 보면 안돼 보여 월급까지 털어 쌀 한두 가마니에 해당하는 돈을 주어 보내는 것이 다반사였다. 당시 쌀 한 가마니에 2천 몇 백 원 할 때였는데 돈을 그렇게 쓰고 나면 월급까지 금세 바닥이 났다. 그런 스님을 사람들은 '사병의 아버지'라고 불렀고, 덕분에 제대할 때 가지고 나온 돈은 3천 원 남짓이었다. 나중에 스님께서 '나는 도통 돈을 세는 것이 싫다.'라는 말씀을 하셨는데, 군대에 다녀와 고학으로 공부를 하면서 고생을 했던 걸 감안하면, 이는 타고난 습성이 아닌가 싶다. 그리고 스님은 '이재에 밝은 사람이었으면 끝까지 중노릇을 못했을 것'이라고 하셨다.

"스님은 군대에 가서도 보시의 삶을 살고 오셨네요? 가기 전 부처님께 드린 기도가 아주 쎄게 전달되었나 봐요.(웃음) 군대에서의 경험이 나중에 수덕사 주지나 종회의장을 하는 데 도움이 되지 않았습니까?"
"군대에서 행정과를 나왔으니까 행정 경험을 많이 쌓았죠. 단식부기는 기본이고 복식부기, 대차대조표 양식을 그때 얼추 다 익혔으니까요. 당시는 군대 행정이 가장 발전했다고 할 때이니까 행정의 기본 틀은 환했죠."

"무사히 부처님 곁으로 돌아와 다시 진로를 결정하셨죠?"
"제대하고 나서 집에 들렀더니 아들에게 애착이 많았던 어머니께서 절로 가지 말고 당신하고 살자고 하시더라고요. 그런데 못살겠더라고요.

나는 사회생활이 생리적으로 맞지 않는 것 같아요. 그래서 막 바로 해인사로 가서 머리를 깎고 다시 시작했는데, 한 일 년 정도 방황을 많이 했습니다. 강원에서 대교과를 마치고 군대에 갔지만 사회 학문에 대한 미련이 남아 있었어요. 불교 경전을 더 철저히 공부할 것인가, 선방으로 갈 것인가, 사회 학문을 할 것인가를 놓고 고민했는데, 그때 갈등하고 고민한 것은 부끄러워서 말을 하고 싶지 않아요."

흔들리지 않고 피는 꽃이 어디 있으랴. 절에 들어온 뒤 어느 한 순간도 편하게 산 적이 없을 만큼 성실하고 치열하게 사신 스님께서도 드러내 놓고 싶지 않은 방황의 시간들이 있는 것이다. 그러나 산이 높으면 골이 깊듯, 젊은 시절 온몸으로 부딪치며 자신의 정체성을 찾으려고 노력했던 그 시간들이 있었기에 인간에 대한 이해와 관용이 그만큼 넓고 깊어지지 않았을까 싶다.

"후배 한 사람이 서울에서 내려와 '이러고 있지 말고 서울로 갑시다.' 해서 학원을 다니기 시작했어요. 그런데 이십대 중반에 나이 먹어서 어린 학생들과 앉아 공부를 하려니 얼마나 뒤통수가 뜨거웠겠어요? 내가 자존심이 아주 센 사람인데, 처음 학원에 간 날은 들어가고 나올 때 얼굴에 뜨거운 물을 확 끼얹은 것처럼 화끈거렸어요. 어쨌든 종로에 있는 학원에 다니면서 16개월 만에 고입과 대입 검정을 마치고 대학 입학시험을 준비했죠. 공부할 때의 곤욕스러움은 말로 다할 수가 없죠."

"학교를 다니지 않고 일찍 동진출가한 스님들은 죽 선방에서 참선만 하지 않는 한은, 살아가면서 학교 공부를 하지 못한 답답함이 있을 것 같아요. 지금 한 비구니 승가대학 학장인 어느 스님은 아홉 살에 절에 들어와 강원에 다니면서 후배들을 가르치는데, 영어 단어가 하나 나와도 알아듣지 못해 소통이 잘 안 되는 걸 느끼고, 늦게 검정고시를 거쳐 대학에 들어가셨다고 하더군요. 스님께선 익숙하지 않은 영어나 수학 등 공부하기 어려운 과목이 많았을 텐데 16개월 만에 고입, 대입 검정고시를 다 끝내셨다니 얼마나 지독하게 집중하셨을지 짐작이 갑니다. 무얼 하면 끝장을 보고야마는 성품이 그 시험에서도 유감없이 발휘된 셈이네요. 혹시 그해 최고 점수를 받은 것은 아닌가요?"(웃음)

"그렇진 않았어요. 그러나 앞뒤 안 보고 올인 했던 건 사실이죠."

"총림의 방장스님이 젊은 시절에 새로운 삶에 도전해서 입시 학원에 다녔다는 것이, 참 신선하게 느껴집니다. 자존심이 강한 스님께서 누구에게 손을 벌리진 않았을 것 같은데 학비는 어떻게 조달하셨나요?"

"은사스님이나 사형들께 지원을 좀 부탁해도 되었을 텐데 혼자 힘으로 하고 싶었어요. 조계사에서 한 일 년 정도 법당을 관리하는 부전 노릇을 하면서 다달이 받은 돈을 다른 데 한 푼도 안 쓰고 학원비를 내면서 공부했어요. 아침에 식빵 반 조각을 찬 물과 먹고, 점심은 굶고, 저녁에 식빵 반 조각을 먹는 게 전부였습니다. 학원비를 한 달에 삼천 원 낼 때였는데, 밥을 사 먹으려니까 아깝더라고요. 낮에 밥이나 우동을 먹는 것은 사치스러운 일이었어요. 학원에서 조계사까지 거리가 얼마 안 되어서 절에서 밥을 먹어도 되는데 자존심 때문에 그게 되질 않더라고요.

군대에 있을 때도 다른 사람들은 아홉시에 자고 여섯시에 일어나는데, 나는 열두시에서 한시에 자고 새벽 네시 반에 일어났어요. 아침에 일찍 나가는 차에 배차증을 끊어 줘야 하고 늦게 들어오는 차들은 미리 기름을 넣어 줘야 하니까 그럴 수밖에 없었어요. 일생을 돌아보면 언제나 그렇게 고달프게 살았습니다. 절에 있을 때도 편히 산 일이 없습니다. 예전에 노스님 한 분이 내 사주를 보시곤 '편하게 살 생각 마라.' 하셨는데, 병이 들어서 미국에 가 있던 그 시기를 빼놓고는 편히 살 때가 없었어요. 수덕사 주지를 할 때 일 생긴 것은 말도 못하고 병치레도 많이 했어요. 그러나 부처님 슬하에 산 것을 한 번도 후회한 적이 없어요. 다음 생에도 이 길 아니면 갈 데가 없다고 생각하고 있습니다."

그렇게 열심히 사셨는데도, 예전 인터뷰 때 '아쉬운 것이 있다면 좀 더 진지하고 철저하게 살 걸 그랬다.'고 하신 말씀이 깊은 여운으로 남아 있다. 인간의 소중한 가치 가운데 하나가 성실이라면서 사람은 누구나 성실해야 삶에 보람을 느낄 수 있다고 하신 말씀이 다 경험에서 우러나온 것이었다.

대학에 들어가다

"입시 준비를 하면서 고생은 많이 했어도 좋은 경험들을 해서 추억이 많습니다. 그런데 그렇게 힘들게 학비를 벌어 공부를 하면서 검정고시를 거쳐 대학 시험을 봤는데 떨어지고 말았어요. 그때 절망을 많이 했죠. 나이 들어서 공부를 하겠다고 한 게 잘못이었다는 생각이 들었어요. 출가자라는 신분에 대한 정체성, 내 존재에 대한 고민이 해일처럼 밀려왔습니다."

무척 독립적이고 강한 성격의 스님에게 새롭게 출발하기 위해 시작한 대학 입시의 실패는 감당하기 어려울 만큼 자존심에 타격을 입혔다. 무슨 일이 생겨도 어느 누구와 상의를 하지 않고 혼자 해결하며 살아왔다. 스무 살이 조금 넘었을 무렵, 결핵 3기를 앓을 때도 주사기를 사다가 스스로 주사를 놓고 약을 먹으면서 해결했다. 당시는 일회용 주사기가 없어서 한 번 쓰고 삶아서 사용하면서 구 개월 후에 병원에 갔더니, 의사가 깜짝 놀라며 다 나았다고 할 만큼 독하고 강하게 살아왔다. 그런데 젊음의 혈기 하나로 온 힘을 다 쏟아부었던 입시에 실패하고 말았으니 절망에서 쉽게 빠져나오질 못했던 것이다.

스님께선 '살아온 날을 돌아보면 부처님 법을 만난 것이 최상의 가피여서 자다 생각해도 다행스럽게 생각하지만, 그래도 살아오는 과정에서 방황을 많이 했어요. 이런 얘기는 하지 않을 생각이었는데….' 하시면서

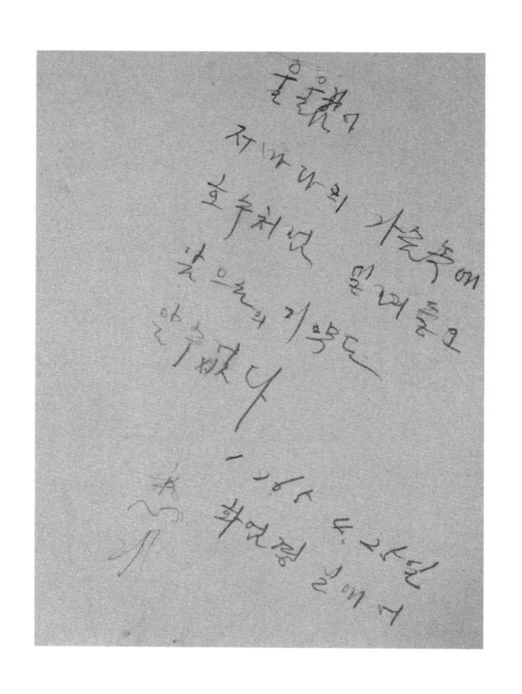

"울울함이
저마다의 가슴속에
호수처럼 밀려들고
앞으로의 기약도
알 수 없다."

1965년 『화엄경』 마지막 강의가 끝나고 쓴 메모.

도 솔직하게 젊은 날에 겪은 좌절과 방황을 털어놓으셨다.

"종립대학인 동국대에 갔으면 좋았을 텐데 무슨 고집으로 다른 데 시험을 쳤다가 첫 해 실패를 했어요. 그렇게 노력을 하고도 안 되었으니 실망이 컸습니다. 군대에 다녀왔어도 철이 늦게 들어 열아홉 살 먹은 폭이었죠. 그때는 목포에서 제주도까지 열 몇 시간 동안 가는 배가 있어서 그걸 타려고 목포로 내려갔는데 굉장히 추운 날이었어요. 등산복하고 책 몇 권 든 가방을 들고 목포에 도착해서는 '유달산이나 보고 가자.' 하고는 구경을 하고 항구에 도착했는데 생을 놓아 버리려고 생각한 놈이 배가 고픈 거예요. 일부러 차비밖에 안 가지고 갔기 때문에 배에서 짐을 내리는 걸 도와주고 5백 원을 받고 밥 한 그릇을 사 먹었어요. 먹고 나니 밤이 되었는데 잘 데가 없어서 이 집 저 집 다니며 사정을 해서 겨우 한 인심 좋은 집에서 헛간 같은 데를 내주었어요. 허름한 담요 한 장을 주면서 자라고 하더군요.

그렇게 목포에서 해남까지 이 부락 저 부락으로 다니면서 나락을 줍는 일도 거들어 주고 밥을 얻어먹었어요. 텅 빈 들녘을 걷다가 차가 지나가면 잡아타고 하면서 두 달 동안을 지냈어요. 밥이며 잠자리를 내 손으로 해결하는 절박하고 극한 상황에 나를 몰아넣고 내가 어떤 사람인가 바라보는 시간이었습니다. 너무 나약했고 덜 치열했고 덜 하심했다는 결론이 나왔어요. 농촌에서 소박한 모습으로 열심히 사는 분들을 보면서, 어렸을 때 절에 와서 관념적으로 부처님 법을 믿고 있었다는 자각을 하는 계기가 되었죠.

서울에 올라와서 동대문 시장에 갔을 때, 길거리에 물건을 늘어놓고 파는 사람들을 관리자들이 불법이라는 이유로 물건들을 내동댕이치면 그걸 주워 담으면서 우는 모습들을 보고, 저렇게 고생하면서 살려고 애쓰는데 내가 사치스러운 생각을 했다는 자각이 들면서 생각을 완전히 바꾸었어요. 그 뒤로도 게을러지려고 하거나 낙심이 될 때면 시장을 한 바퀴 돌아보고 마음을 가라앉혔죠. 최선을 다해 사는 그분들을 보면서 내 삶을 돌아보곤 했습니다. 자존심이 강한 나를 내리치고 정신적으로 강해지는 계기가 되었어요.

젊은이들에게 무전여행을 권하고 싶습니다. 견문을 넓혀 주고 자신을 되돌아볼 수 있게 하는 좋은 경험이 될 겁니다. 돈 한 푼 없이 먹고 자는 것을 스스로 해결해 가면서 무전여행을 해 보면 세상을 바라보는 시각이 바뀔 거예요. 그 후 유럽이나 동남아 등을 다녀 봤지만 절박한 상황에서 나를 바라보고 용기를 내었던 젊어서의 그때 무전여행만큼의 감동은 없었습니다."

"독일의 철학자 니체가 '모든 생각은 걷는 발뒤꿈치에서 나온다.'는 말을 했다더군요. 그만큼 여행은 생각을 정리하게 하고 자신을 멀리서 바로 바라보게 하는 힘을 주는 것 같아요. 그리고 다시 일어나 잘 살아 봐야겠다는 용기도 생기는 것 같습니다. 스님께서도 여행에서 돌아와 다시 마음을 정비해 서울대학교 부설 방송통신대 농학과에 들어가셨는데,

좌절할 일이 늘 잠재되어 있는 우리의 삶에서 용기를 낸다는 것 자체가 도전하는 삶이 아닐까 하는 생각이 듭니다. 스님께서는 법문하실 때 늘, 용기를 강조하시잖아요. 스님을 모시고 산 후학스님들의 얘기를 들어보면 승속을 막론하고 스님을 찾아오는 누구에게나 항상 격려와 덕담으로 용기를 주신 것이 기억에 남는다고 하더군요. 좌절을 딛고 일어나게 하는 '용기'는 스님의 삶을 관통하는 중요한 덕목이 아닌가 싶습니다."

"예전에 미국에 갔을 때, 알링턴 국립묘지를 방문한 적이 있어요. 제35대 미국 대통령을 지낸 케네디의 묘지 앞에 서니, 그의 연설문의 한 대목이 떠오르더군요. '용감하였는가. 총명하였는가, 성실하였는가, 봉사하였는가.' 그의 철학이 응축되어 있는 네 글귀를 떠올리면서 '이런 생각을 가지고 살았으니까 미합중국의 대통령이 되었구나.' 하는 생각이 들더군요. 사람은 살아가면서 정말 용기가 필요합니다. 용기가 없는 자는 아무것도 하지 못합니다. 용기를 낼 때 비로소 뒤에 있는 총명과 성실, 봉사도 가능한 겁니다. 언젠가 공군사관학교 졸업식에 가서 젊은이들에게 축사를 하면서도 평소 존경했던 케네디 대통령의 이 연설문 이야기를 했습니다. 젊음은 그 자체만으로 무한한 가능성을 담보하고 있잖아요. 용기를 가지면 이루지 못할 것이 없습니다."

"스님 말씀을 들으니까 용기를 내서 살아가는 과정 자체가 우리들 누구나 가지고 있는 무한한 가능성을 충분히 활용하고 사는 것이 아닌가 하는 생각이 듭니다. 불성을 쓰며 살아가는 방식이기도 할 거고요. 그래서 방황하는 것과 좌절을 딛고 용기를 내는 것, 도전하는 것은 하나라는 생각이 들어요. 좌절을 딛고 대학에 들어가 원예학을 공부하셨는데 어려서부터 농사를 짓고 일을 많이 하셔서 다른 분야를 전공해 보고 싶었을 것 같은데, 선농일치를 가풍으로 하는 덕숭문중의 영향을 받은 것일까요?"

"당시만 해도 수덕사에서는 스님들이 직접 농사를 지어서 먹는 것을 자급자족했어요. 절에 딸린 땅이 많으니까 약초나 화훼 같은 특수작물을 키워서 절 살림에 보탬이 되게 하면 좋겠다는 생각을 했죠. 사찰의 자급자족과 경제를 위해 산림과 토지를 활용할 방법을 배우겠다는 생각을 한 거죠."

"개인이든 단체든 경제적 독립에서 존재의 존엄성과 주체성의 기본이 이뤄진다고 하는데, 스님께선 젊은 날 이미 사찰이 경제적으로 독립을 할 수 있는 방법에 염두를 두셨군요. 서른한 살에 시작한 대학 생활은 재미있으셨나요?"

"별로 재미없었어요. 즐길 만한 여가도, 생활의 여유도 없었고요. 대학에 다닐 때는 철학, 국사, 문화사 이런 과목을 좋아했어요. 대학 은사님이 유달영 박사님이고 교육학자 김종서 교수님에게 교양과목을 배웠는데 두 분 모두 극진하게 대해 주셨어요. 유익한 부분도 있었지만, 선가에서의 공부엔 도움이 되지 않고 허송세월했다는 생각이 들어 대학에 들어간 걸 많이 후회했죠.

이제 우리나라에도 고등교육이 보편화되었잖아요. 학벌로 사람을 평가하는 시대는 지났고, 나는 그 사람이 어떤 학교를 나왔는가보다는 어떤 심성을 가지고 있는가가 소중하다고 생각합니다. 요즘에 고등교육을 받은 사람들이 하도 일탈을 많이 해서 교육을 받았다고 하는 자체가 부끄러울 때가 많습니다. 난 부처님 법을 만난 것만 소중하게 생각하지 나머지는 생각지 않습니다."

"젊은이들이 모이는 곳이니까 혹시 흔들림 같은 것도 있지 않으셨을까요?"
"누더기 옷을 입고 강의실에 떡 하고 앉아 있으면 학생들이 '무엇 때문에 스님 노릇을 하느냐'고 놀렸어요. 내가 하도 어렵게 학교에 다니니까 졸업할 때까지 학비와 생활비를 모두 대 주겠다고 제안한 사람도 있었지만 거절했죠. 수행자로 승가에서 살겠다는 신념이 확고하니까 유혹이 있어도 큰 흔들림이 없었어요. 조금도 없었다고 하면 진심이 아니겠고, 유희적인 인생으로 가지 말아야 한다는 내면의 고삐가 확고했기 때문에 자연스럽게 지나갔어요.

대학을 다니기 전, 서울에 와서 공부할 때 한때 작가가 되어야겠다는 생각으로 방황한 적이 있습니다. 『원효 대사』를 쓴 이광수의 전 작품을 비롯해 여러 문인들의 작품을 읽으면서 글을 쓰고 싶다는 생각을 했어요. 불교가 가진 무궁무진한 소재는 세계 어느 종교에도 없을 겁니다. 문학을 하는 사람들이 불교의 다양한 소재를 조금이라도 이해하거나 최소한 불교 설화집이라도 본다면 셰익스피어의 『로미오와 줄리엣』은 저리 가라고 할 정도의 훌륭한 자료가 산더미처럼 쌓여 있는 것을 알게 될 겁니다. 그런데 공부들을 하지 않아 보석들이 그냥 묻혀 있는 것이 안타깝죠."

"불교 설화도 불교에 대한 이해도에 따라 받아들이는 깊이가 다를 것 같다는 생각이 듭니다. 깊은 이해가 되려면 무엇보다 불교에 대한 믿음이 돈독해야 할 것 같아요. 예전에 어느 유명한 철학 교수가 쓴 『금강경』 해설서를 봤는데, 불교에 대한 믿음이 깊지 않은 상태에서 경전을 접근하다 보니 왜곡된 해석이 너무 많더군요. 그 책을 읽으면서 믿음이 전제되지 않으면 본래의 뜻과는 전혀 다른 잘못된 해석이 나오게 된다는 것을 느꼈습니다. 그래서 불교를 소재로 글을 쓰려면 신심이 깊어야 할 것 같다는 생각이 들어요. 스님께선 실제로 글을 써 보신 적도 있으신가요?"

"군대에 가기 전 시나리오를 써 보기도 했고, 군대에 갔을 때는 병영 생활을 그린 내용의 글이 〈전우신문〉에 실린 적이 있어요. 펜을 들면 글이 자연스럽게 술술 나와서 생각나는 대로 글을 썼는데, 무학이라는 사람이 어떻게 이렇게 글을 잘 썼느냐는 얘기를 들었습니다. 군대에서 다른 사람들의 편지도 대신 많이 써 주었어요."

"예전엔 한글을 깨치지 못한 사람들도 군대에 가기도 해서 군대에서 연애편지도 많이 대필해 주었다고 들었는데 혹시 스님도 그러셨나요?"(웃

음)

"써 주었죠.(웃음) 중학교도 졸업하지 않은 한 사람은 고교 졸업생이라 속이고 내가 써 주는 편지로 펜팔을 하다 나중에 들통이 나서 깨진 경우도 있습니다. 대여섯 명은 대필을 해 주었을 거예요."

새벽 네시에 일어나서 열두시까지 근무했는데 그 사이 연애편지까지 대신 써 주었다는 말씀을 듣고 '방장스님께서 군대에 계실 때 연애편지를 대필해 주셨다.'고 하면 다들 흥미로워하겠다고 했더니, 무표정한 얼굴을 하셨다. 젊은 날 스님께서 느낀 젊은이들의 연애에 대한 생각은 어떠했을지 여쭤 보지 않은 것이 아쉬움으로 남는다. 젊은 날의 사랑을 빼놓고 어떻게 인생을 얘기한단 말인가.

"왜 계속 글을 쓰지 않으셨나요?"

"제대하고 와서 글을 써 보고 싶다는 나의 말을 들은 도반 한 사람이 '선가에서는 책도 보지 못하게 하는데 글을 쓴다는 것은 번뇌 망상을 끌어안는 도구가 아니겠느냐.'고 그래요. 그 말을 듣고, 글을 쓰려면 수많은 상상도 하고 생각을 많이 해야 하는데 글을 쓰다가는 정말 망상꾸러기가 되겠구나 하는 결론을 내리고 글을 써 보려고 했던 생각을 버렸죠. 마음을 반조하는 수행과 함께하지 않으면 글을 읽거나 쓰는 것도 큰 이익이 되지 않습니다."

"글을 쓰셨으면 대작가가 되셨을 것 같아요."(웃음)

"좀 썼겠죠. 글머리를 잡는 것이 그렇게 어렵지 않더라고요."

몇 해 전 불교환경연대 대표로 조계종 승적 등 모든 직함을 내려놓고 산문을 떠난 수경 스님에게 쓴 스님의 편지가 일간지에 실린 적이 있다. 열심히 살다가 산문을 떠난 후배에게 쓴 편지는 이성과 감성이 잘 조화된 글로 많은 사람들에게 감동을 주었던 것으로 기억한다. 그리고 스님의 글솜씨는 후배스님들이 출간하는 책에 추천사로도 종종 등장한다. 문경 한산사 용성선원장 월암 스님의 『간화정로』에서 스님의 글을 접한 적이 있다. 간단한 추천사였지만 후학을 아끼는 마음과 선 수행에 대한 정확한 시선이 담백한 문장에 녹아 있었다.

글을 쓰는 나로서는, 자신이 선택한 일에 최선을 다하고 사셨던 스님의 성정으로 미루어 보아 아마도 작가가 되셨어도 많은 사람들을 교화시키고 가슴을 울리는 글을 쓰셨을 거라는 느낌을 지울 수 없다. 그리고 불교에는 광맥과도 같은 좋은 소재가 무궁무진하다는 말씀은 불자이자 불교를 소재로 글을 쓰고 있는 나에게 무엇보다 큰 채찍이 되었다.

3

위기에서 용기를 낸 시간들

스님은 자신이 살아오면서 가장 어려웠을 때가 수덕사 주지 소임을 볼 때와 종회의장으로 있다가 병고를 맞았을 때라고 했다. 이날은 스님께서 당시 힘들었던 시절의 이야기를 들려주었다. 깊고 진했다. 탁월한 리더십을 발휘해 기로에 서 있던 수덕사를 일으켜 세웠던 젊은 주지 시절과 종단의 개혁을 꿈꾸며 온몸을 내던졌던 종회의장 시절, 그리고 병고를 만나 수행자로서의 정체성을 돌아본 끝에 덕숭산으로 돌아온 이야기를 들었다.

"어떤 위기에서도 용기를 내면 살 길이 열립니다."

한평생을 치열하게 살아오신 일흔여섯의 스님께 들은 저 말씀이 무엇보다 마음에 여운이 남았다. 그렇다. 아무리 어려운 일이 닥치더라도 나에게도 부처님과 같은 힘이 내재해 있다는 믿음과 용기를 내면 되는 것이다. 믿음과 용기 있는 정진, 어쩌면 인생은 저 두 가지를 실천하고 하늘의 뜻을 기다리는 일이 전부일는지도 모른다.

강력한 리더십을 발휘한 수덕사 주지 십 년

"오늘날 덕숭총림을 이루고 있는 수덕사는 스님의 많은 노력 끝에 중흥되었다고 해도 과언이 아니라는 얘기들을 합니다. 젊은 나이에 그것도 본사 주지로 오셨으니 패기와 의욕도 있었겠지만, 오늘날의 수덕사가 되기까지는 많은 노력을 기울이셨을 것 같아요."

"주지, 특히 본사 주지 소임은 신심과 원력, 공심을 가지고 자신을 희생해서 봉사하지 않으면 안 되는 자리예요. 공부를 마칠 무렵 전문적인 학문을 더해 볼까, 생각하고 있던 차에 수덕사 어른스님들께서 들어와 사중의 일을 해결하라고 간곡히 부탁하셨습니다. 어떤 문제로 해서 우리 스님이 주지를 하다가 통도사 극락암으로 가시고 우리 노스님(벽초스님)이 나를 불러, '지금 수덕사가 위기에 처해 있다. 네가 여기서 출가해 자랐으니 이제 여기 있으면서 수덕사를 지켜라.' 하셨어요. 종단 분규와 관련된 문제로 수덕사가 어려운 처지에 있던 것은 알고 있었지만, 우리 스님도 계시고 사제들도 있었으니까 나는 일체 간섭하지 않고 있었어요.

그때까지 나는 총무나 재무, 교무 소임을 본 적이 없었어요. 수덕사에 오래 살지 않았는데도 어른스님들이 나를 신뢰한다는 생각에 감사했고, 한편 부처님에 대한 은혜를 갚는다는 심정으로 내려왔죠. 1975년부터 수덕사에 어려운 일이 생겼는데, 1977년부터 정식으로 주지가 된 1980년까지 세상에서 경험해 보지 못했던 곤욕을 치렀습니다. 당시 종단의 분열(조계사 총무원, 개운사 총무원)로 인해 수덕사도 1975년부터 1980년 초까지 분규에 휩싸였고 그 와중에 나도 본의 아니게 시비의 당사자가 되어서 갖은 송사에 휘말리게 되었어요.

서른일곱 살에 수덕사에 들어와 보니 빚은 대추나무 연 걸리듯 했고 많은 땅이 팔려 있는 데다가 관광객을 대상으로 한 식당들이 일주문 앞까지 차 있더군요. 수덕사는 정말 뼈대만 남아 있었어요. 몇 년 동안 계속된 종단의 분규로 인해 누가 책임지고 지킬 사람도 없었던 데다 스님들이 행정을 잘 모르니까 사기꾼들이 몰려와 땅이 다 팔려 있더군요. 법당조차 미등기로 되어 있고 토지대장만 있었을 정도니까요. 일주문 앞까지 가게들이 들어와 있는데 전부 남에게 넘어가고 수덕사 것은 하나도 없었어요.

나는 무얼 하나 하면 내 전체를 던져 집중합니다. 재판 열 개를 다 이겼어요. 사람들은 내가 법에 대한 전문가라고 생각했죠. 하루 네 시간 이상 잠을 자지 못했습니다. 몸무게가 늘 55킬로그램 정도에 머물러 있었죠. 주지를 하고 싶어 하는 사람들이 있는데, 나는 십 년 후 주지 자리를 놓으니까 등에 지고 있던 큰 돌짝을 내려놓은 것처럼 날아갈 것 같았어요."

"예전에 수덕사를 와 봤을 땐, 스님께서 말씀하신 것처럼 식당이나 관광 상품 가게들이 바로 절 앞에 즐비해서 가람의 위용이 잘 느껴지질 않았어요. 절의 규모도 작았던 것 같고요. 요즘 보면 경내가 잘 정돈되어 있고 가람의 배치도 잘되어 있어 정말 총림으로서의 위상이 느껴집니다. 도량 구석구석 정성스런 손길이 닿은 느낌도 들고요. 지난번에 왔을 때 새벽 예불에 들어갔는데, 전깃불이 들어오지 않는 법당에서 촛불만 켜 놓고 예식을 올리는데 정말 전통이 살아 있는 오래전의 시간으로 돌아간 것 같은 느낌이 들었습니다. 예전에 와 본 어떤 분은 달라진 도량의 분위기를 보고 굉장한 문화적 차이를 느꼈다고 하더군요. 여기까지 오는 데는 얼마나 많은 일들이 있었을까 싶습니다."

"당시 불교재산관리법은 문화공보부의 허가 없이는 팔지 못하게 되어 있었어요. 장물처럼 팔린 땅들을 그 법을 적용해서 전부 찾았습니다. 묻혀 있던 옛 재산 등기부 등본을 찾고 팔려 나간 논을 모두 뒤져 찾아내서 행정적으로 특별조처법을 적용해서 등기하고, 그렇지 않은 것은 소송을 해서 찾았어요. 관청에 있는 사람들이 '뭐 저런 사람이 왔나' 했죠. 재판을 해서 땅을 찾았는데도 행정관청이나 군청 담당자들이 등기절차를 밟아 주지 않으면 직접 내무부 중앙 담당자를 찾아가 절차를 물었습니다. 그들에게 정확한 답변을 듣고 군청 담당자를 찾아가 '당신네들 행정법도 모르면서 무슨 군을 운영하느냐'고 따졌죠. 그렇게 해서 수덕사

기본 재산을 다 찾았습니다. 그리고 주변에 땅이 나오면 다 사들였습니다. 내가 주지하면서 산 땅이 20만 평은 될 겁니다.

주지를 하는 동안 허가 없이 넘어간 사찰의 토지를 찾기 위해 수없이 재판을 해서 땅을 되찾고, 원금을 주고 팔린 땅을 되찾자, 독일 병정보다 더 독한 사람이 주지로 왔다고 원망했지만, 그때 잠을 설치면서 수덕사를 정비하지 않았으면 오늘날의 수덕사가 있을까 싶습니다.

한번은 우리 스님이 불러 '사중에 돈이 좀 있느냐'고 물으셔서 얼마 정도 있다고 말씀드리니까 깜짝 놀라시더군요. 당신은 주지를 십오륙 년 사시면서 빚을 지지 않을 때가 없었다고 해요. 부끄러운 얘기지만, 주지로 와 보니까 보시함에 있는 돈을 각자 알아서들 쓰고 있더군요. 돈이라는 게 한 창구에서 나가야 되거든요. 원인을 분석해 보니, 대중스님들에게 매달 용돈이 지급되지 않고 있었어요. 스님들도 사람인데 누굴 만나면 밥도 먹어야 하고 차도 마셔야 하잖아요. 그때부터 바로 용돈을 지급하는 보시 정책을 썼습니다. 절에 사는 모든 스님들에게 매달 보시금(용돈)을 준 거지요.

그리고 대중들에게 얘기했어요. '법당 보시함, 행사로 인해 들어오는 돈 등 어느 것을 막론하고 손대지 말라. 손을 대면 그 순간 밖으로 내보내겠다.'고 했죠. 그렇게 모든 사찰 재산의 창구를 일원화하고 결제를 했어요. 서울에 볼일이 있어 한번 가게 되면 종무소에서 내게 삼만 원을 주었습니다. 그러면 돌아와서 그날 쓴 영수증과 남은 돈을 내놓았어요. 주지가 그렇게 철저하게 하니 소임자들도 긴장을 했어요. 보시함을 확인할 때도 총무와 회계 담당자를 함께 자리하게 했어요. 마침 은행에서 회계 대리를 지낸 사람이 출가해 회계를 맡겼어요. 재정을 투명하게 했죠.

예수재나 큰 행사를 치른 후에는 외부에서 회계 전문가를 불러와 모두가 보는 앞에서 장부를 정리하게 했죠. 한 주마다 결제를 하면서 잘못된 것이 있으면 눈여겨보았다가 한 달에 한 번 금고를 열어 장부의 돈과 금고의 돈이 일치하는가를 확인했죠. 그렇게 몇 번 하고 나니까 결제한다고 하면 다 긴장해서 얼어 버리더군요. 그렇게 해서 서너 해 지난 다음에 그 많은 빚을 갚고 재판 소송비를 대고 돈이 모여 땅을 살 수 있었어요. 일도 많이 벌였죠. 수륙재를 열었는데 관광차 1백대 이상이 올 만큼 성황을 이루었죠. 재를 지내고 아산만 방조제를 가는데, 2미터 간격으로 차가 1백대 이상 지나가자 관청이나 지역 사람들 모두가 놀랐습니다."

"말씀을 듣다 보니까 스님께선 정말 굉장한 리더십을 가지신 것 같습니다. 사회에서 말하는 CEO적인 배짱과 비전을 가지신 것 같아요. 전임자가 하는 걸 보신 것도 아니고 일찍 절에 오셔서 어떤 경험도 없으셨을 텐데, 판세를 보고 딱, 해결하는 지혜나 능력이 타고난 거라고 생각하세요?"

"모르겠어요. 수덕사의 장래를 생각해 보면 아득했어요. 어떻게 하면 많은 사람들이 수도를 하고 살 것인가, 생각을 많이 했죠. 절 아래 논농사 가지고는 많은 대중이 살 길이 없었어요. 다른 경제적인 활동이 없인 운

1980년대 초 수덕사 주지 시절에 일타 스님을 율주로 모시고, 수덕사 비구니 수계식에서.

영이 안 되는데, 어떻게 하나 생각하다가 턱밑까지 올라와 있던 부락을 정리하고 개발하기로 했죠. 가게들을 일주문 밖으로 내보내 사하촌을 만들려는 계획을 세웠어요.

부락을 개발하겠다고 관청에 건의를 하니까 관청 사람들이 모두 웃더군요. 절에서조차 반신반의했죠. 처음 군에 기본 설계서를 내놓으면서 사하촌을 개발한다고 하니까, 육군 소장 출신의 도지사가 '스님이 중노릇이나 잘하세요!' 그렇게 면박을 주는 겁니다. 내가 바로 그랬죠. '말씀 그렇게 함부로 하지 마세요.' 그때 나는 젊었으니까 무엇이든 밀고 나갈 수 있는 패기가 있었어요."

"절에 자금이 전혀 없었을 텐데 어떻게 사하촌 개발을 진행하셨나요?"

"나는 정당한 방법으로 건의하고 진실한 마음으로 얘기하면 서로 통한다고 생각하면서 살아왔습니다. 처음엔 군에서 예산이 없다고 협조를 하지 않았어요. 그런데 일을 진행할 수 있게 된 계기가 있었죠. 어느 날 예산으로 나가는데 길이 말끔하게 닦여 있는 겁니다. 예산에 한 번 나가려면 도로가 파여서 털털거리고 먼지가 나고 그랬어요. 관광지니까 도로를 고쳐 달라고 여러 번 건의했는데 예산이 없다고 안 해 주더니, 어느 날 그렇게 도로를 포장해 놓은 거예요. 이상하다 했더니 다음 날 도지사가 온 겁니다. 열이 오르더군요.

그때 도정자문위원으로 있었는데, 마침 며칠 후 도정자문위원회의가 열려서 참석했다가 도지사에게 한 마디 물었죠.

"도정은 도민을 위해서 하는 겁니까, 도지사 한 사람을 위해서 하는 겁니까?"

"당연히 도민을 위해서 하지 무슨 말씀이십니까?"

"그렇지 않은 것 같습니다. 수덕사에서 몇 달을 두고 그렇게 도로를 고쳐 달라고 건의를 해도 듣지 않더니, 도지사가 온다고 하니까 그날로 도로포장을 했습니다. 그런데도 도민을 위한 겁니까?"

이삼백 명이 모여 있던 자리가 술렁거렸지요. 당시는 군정이었으니까 자문위원들이 나이 지긋한 중앙관청 국장, 경찰 서장, 군수 출신 그런 사람들이었어요. 모두 모이면 잘한다고 좋은 말만 했죠. 사십대 초반이었으니까 내가 나이도 가장 젊었어요. 당장 건설국장을 오라느니 야단들 하기에, '그렇게 흥분하지 말고 도민을 위한 행정을 펼 수 있는 제대로 된 제도를 만들라.'고 일갈하고 나왔어요.

그 일이 있고 난 후 사하촌 개발을 밀고 나갔죠. 정당한 방법으로 하겠다고 소리를 내는데 안 들어줄 수 없잖아요. 많은 사람들이 내가 무슨 큰 백(배경)이나 있는 줄 알았지만 나는 평생 부처님 백 말고는 없었습니다. 아까도 말했지만 진정성을 가지고 공적인 마음으로 일을 하면 모든 일이 성취된다고 봅니다."

"한용운 스님께서 '공정하면 판단이 현명해지고, 청렴하면 위엄이 생긴다.'는 말씀을 하셨는데, 탁월한 리더십도 공정과 청렴에서 나온다는 생각이 들어요. 스님께서도 그 모든 일을 산중을 살리려는 공정한 마음에서 했기에 가능하지 않았나 싶습니다."

"그렇게까지 오는 데는 관과의 끝없는 투쟁, 심지어 주민들이 투서를 넣어 고발되기도 했어요. 주차장을 만들어 놓았는데, 허가를 받기 전에 여기 들어오는 노선버스들한테 주차비 천 원씩 받는 것을 검찰에 고발을 했더군요. 군수, 교육감, 조합장, 경찰 서장 이런 사람들을 모두 오라고 해서, 언제까지 해결되지 않으면 절문을 폐쇄하겠다고 엄포를 놓기도 했죠. 30년 전부터 노선버스들이 다녔는데, 주차장 허가가 안 났다고 고발을 하다니 말이 되냐고 했어요.

각 사찰들이 사하촌 개발을 많이 했는데, 사하촌 개발은 수덕사에서 최초로 기초 설계를 해서 만든 겁니다. 관에서 허가를 안 해 주려고 해서 많이 부딪쳤어요. 절의 의지대로 해야 앞으로 비전이 있다고 보고 시작했는데 부락 사람들이 청와대와 국회에 개발을 반대한다는 진정서를 내서 어려움을 많이 겪었죠. 웬만한 사람 같았으면 포기했을 텐데, 그때 끝까지 밀어붙인 덕으로 수덕사가 이만큼 운영되고 있다고 봅니다. 주차장과 가게, 매표 수입은 수덕사 운영에 큰 도움이 됩니다."

"개발 이후 독일 병정보다 더 독하다고 원망했던 주민들과의 관계는 어떻게 해결하셨습니까?"

"내가 주지로 오자 고향 사람이 주지로 온다고 좋아하면서 기대를 많이 했죠. 플래카드까지 붙여 놓고 환영했는데 내가 원금만 주고 땅을 되찾자 피도 눈물도 없는 사람이라고 원망도 많이 했을 겁니다. 그러나 사중의 재산을 지키기 위해서는 내가 욕을 먹고 희생을 당하는 일이 있더라도 해야 되겠다는 생각을 했죠. 수덕사가 안정되고 난 뒤 관계는 많이 좋아졌어요. 관에 진정서를 넣었던 사람들이 중간에 병이 들거나 죽는 등 잘못된 사람이 많아서 안타까웠죠.

나는 십 년 동안 주지를 하면서 마을에 내려가 남의 집에 들어간 경우가 서너 번밖에 되지 않았습니다. 주지로 오기 전에 스님들이 마을 사람들과 어울려 고기 한 점 놓고 막걸리 한 잔 한 걸 가지고, '중놈이 술을 마시고 고기 먹었다.'고 뒤에서 욕을 하는 소리를 몇 번 듣고는, 주지로 오자마자 대중들이 근방에 나가 술을 마신다거나 승답지 않게 행동하는 것을 엄격히 금해 버렸어요. 부락 사람들과 어울리면서 승행이 흐트러지는 걸 막기 위해서였죠. 행동으로 보여야지 말 가지고는 통하지 않습니다. 모두에게 모범을 보여야 하니까, 나 또한 상가에 초상이 났을 때 말고는 마을에 내려가지 않았죠.

승려들을 우습게 보는 것을 용납하지 않고 살아왔어요. 한 번은 홍성지검에 볼일이 있어서 갔는데, 젊은 검사가 무례하게 굴어 끝내 사과를 하게 했어요. 안 되는 것은 안 되는 거니까. 지금 같으면 좀 여유롭게 대처했을 텐데 그때는 젊어서 날이 시퍼렇게 서 있을 때니까 한 치 물러섬이 없었죠."

스님을 두고 독일 병정보다 더 독하다는 표현이 믿기지 않는다. 나는 노년의 스님을 뵈어서인지 말할 수 없이 자비롭고 부드럽게 느껴지는

데, 삼사십대의 스님에겐 그런 예리하고 단호한 모습이 있었나 보다. 하기는 주지 소임 십 년 동안 주변의 산과 땅을 찾는 소송 열 건을 치르며 땅을 모두 찾고, 평균 일 년에 한두 번씩 산중의 어른스님 열일곱 분의 장례를 치렀다고 하니, 그런 단호한 리더십이 없었으면 불가능했을 것 같다.

어머니에게 수행을 권하다

"스님께선 주지로 계시면서 가족들을 교화시켰다는 얘기를 들었습니다. 예전엔 스님들께서 출가하고 난 다음엔 냉정할 정도로 가족을 멀리 하셨잖아요."

"출가하고 처음 집에 간 것이 칠 년쯤 지났을 때였어요. 해인사에 살 때였는데 동지섣달 눈이 펄펄 내리던 날 집을 찾아가는데 눈 속에 집이 어딘지 가물가물하더군요. 그 전에는 마음이 흐트러질까 봐 가족들을 상당히 경계했지만 그 후부터는 자주 찾아갔어요. 나를 낳아 주신 부모님을 멀리해야 할 이유가 없다고 생각했죠. 주지가 되어 수덕사로 왔을 때 가족과 친척들을 모두 오라고 해서 몇 번 불교에 대해서 얘기했어요. 불교에 대해서 잘 모르니까 연세 드신 분들은 나를 '대사'라고 부르기도 하고, 젊은 사람들은 타 종교를 믿기도 했어요. 내 얘기를 들은 이후 나이가 많건 적건 나를 존중하고 호칭도 제대로 부르더군요. 그러고 나서 모든 가족, 친지들이 불교에 귀의했습니다.

예전엔 스님들이 가족이나 친지들, 가까이 있는 절 아래 부락 사람들에게 불교에 대한 교육을 시키지 않았어요. 그래서 불교에 대해 전혀 모릅니다. 승려들의 겉모습만 보고 판단해서 대하는데, 스님들은 가족과 절 아래 부락에 있는 사람들부터 먼저 교화시켜야 합니다. 해인사에 있을 때도 '나무를 베지 말라.'고 부락 사람들을 억압만 했지 교화를 시키는 것이 부족했기 때문에 4·19가 일어나 무법천지일 때 그들이 절에 들어와서 스님들에게 함부로 한 거죠."

"젊으셨을 때 불교를 전혀 모르는 사람들에게 불교를 어떻게 전하셨을지 궁금해지네요."

"자기가 지은 대로 받는다는 인과법을 얘기했죠. '내가 어떻게 생각하고 행동하느냐에 따라 행과 불행이 좌우된다. 행복은 다른 곳에서 누가 주는 것이 아니고 내 스스로 만드는 것이다. 바른 가치관을 가지고 얼마만큼 치열하게 사느냐에 따라 행과 불행이 갈린다. 내가 바른 모습을 보였는데도 상대방이 비틀려서 들어오는 것은 상당히 드물다. 이것이 부처님의 가르침인 인과의 법칙이다.'라는 얘기를 했고, 또 복을 짓고 쌓는 것이 좋다는 단순하지만 명쾌한 얘기를 들려주었습니다."

중국의 마조 선사가 출가해서 도를 이룬 후 유명한 인사가 되어 고향에 들렀더니 동네 사람들이 '누군가 했더니 저기 청소부 마씨네 아들이 왔구먼.' 하며 대수롭지 않게 여겼다. 그 모습을 보고 마조 선사가 '권커니 그대여 고향일랑 가지 마소. 고향에선 누구도 성자일 수 없나니….' 라는 시를 즉석에서 지었다는 일화가 전해 온다. 스님들은 출가 후 고향 근처에 잘 가지 않고 사는 절도 멀리 잡는다는 말이 있다. 그런데 스님은 고향 바로 앞에 주지로 와서 가족, 친지 모두를 교화했다고 하니, 스님의 진취적이고 적극적인 성격이 잘 드러나는 대목이 아닐 수 없다.

"출가해서 부모님이나 가족들을 멀리했다가 이제 효도를 하려고 하니 이미 돌아가신 후여서, 살아 계실 때 불교를 알게 하고 수행을 접하게 했더라면 좋았을 걸 하고 후회하는 스님들을 종종 보았습니다. 어느 스님은 장손인 자신의 출가를 축하해 주었던 어머니가 고마워서 '출가를 허락해 주어 고맙다.'는 고백을 하고 싶었는데, 그러기도 전에 어머니가 돌아가셔서 회한으로 남았다는 얘기를 들었습니다. 스님께서는 어머니에게 어떻게 하셨는지 궁금하군요."

"어려서 어머니를 상당히 좋아했어요. 나는 지금까지 우리 어머니처럼 입매가 예쁜 분을 보지 못했어요. 하고 다니시는 것은 수수했지만 제 눈에는 그렇게 보였어요. 젊으셔서는 길쌈을 해서 우리 형제들을 교육시키셨을 만큼 생활력이 강하셨어요. 그런데 내가 출가를 하고도 한참 후까지 곁의 사람들에게 '나는 스님하고 살고 싶다.'는 말씀을 했다고 해요. 그러니까 항상 그분의 마음엔 내가 어린아이처럼 생각되었나 봐요. '밥은 잘 먹고 있는가' 하는 마음이 늘 있었다고 합니다. 한 번도 입어 본

일이 없지만, 따뜻하게 입고 다니라고 명주로 옷을 만들어 주셨던 분이죠. 서른일곱에 수덕사 주지로 왔는데 그때까지도 미련을 가지고 '스님하고 동갑내기인 아무개는 아들딸 낳고 사는데….' 그런 얘길 계속하시더군요. 다른 아들딸들이 무슨 날이면 준 용돈을 모았다가 맛있는 것도 좀 사 먹으라고 주었던 분이죠.

당시 수덕사에도 들어갈 수 없는 상황에서 돈도 없이 검찰에 가야 하고 소송을 진행시켜야 할 때였는데, 집에 들렀더니 어머니가 '스님, 어렵지?' 그래요. '괜찮다.'고 했더니, '다 들었어요.' 하면서 당신이 사 놓았던 금가락지와 비녀 등 패물을 있는 대로 다 쏟아 주시더군요. 아마 한 되박은 되었을 거예요. 팔았더니 당시 돈으로 5천7백만 원쯤 되더군요. 그 돈으로 소송 등 사건 해결에 사용했습니다. 가난했던 집 사정이 중간에 형님이 집안을 일으키고 나서 형편이 괜찮아졌어요. 그래서 가능했던 일이죠."

'어머니, 저는 스님이 된 것이 얼마나 좋은지 모릅니다.'라고 아무리 말씀을 드려도 아랑곳하지 않던 어머니가 그 미련을 놓은 것은 주력 수행을 하고 나서부터라고 한다. 수덕사 주지인 아들이 매일 관세음보살을 부르게 하고, 관세음보살이 중생을 위해서 만들었다는 주력 42수를 염불하게 했더니, 마음을 돌리고는 급기야 '스님 출가하시길 잘했습니다.' 하곤 더는 장가 운운하지 않으셨다는 것이다. 수행을 통해 마음을 정화하면서 부처님 법이 이리도 좋은 것이구나 하는 것을 깨닫고, 한편 출가 수행자를 낳은 자신이 얼마나 위대한 존재인지 아시지 않았을까 싶다.

"스님이 편찮아서 미국에 계실 때 어머니께서 마음이 많이 아프셨을 것 같아요. 예순에 가까운 자식이라도 어디 몸이 아프면 어머니들의 마음은 무너져 내리잖아요."
"일체 알리지 않아 모르고 계셨습니다."

스님은 단호하게 그렇게 말씀하셨지만, 그런데 정말 모르셨을까. 자식 둘을 낳아 키우고 있는 나로서는 어머니가 어떤 식으로든 아셨을 것만 같다. 그리고 나는 생각한다. 아마, 어머니께서 온 힘을 다해 앞으로 살아남아 큰일을 할 출가자 아들을 살려 내고 돌아가신 걸 거라고 말이다. 자식의 아픔을 대신 짊어져도 무거운 줄 모르는 게 세상의 어머니들이기 때문이다. 스님은 실제 그 후 큰 병을 이겨 내고 돌아와 차츰 회복해서 선방의 좌복 위에 앉을 수 있었다.

"수행자를 자식으로 둔 어머니들의 마음은 보통 어머니보다 더 조심스럽기도 하고 신심이 깊을 것 같습니다. 스님의 어머니께서 다 큰 자식에게 '뭐는 좀 먹고 다니느냐?'고 하셨다는 말씀이, 세상 모든 어머니들의 마음인 것 같아 가슴 아프게 다가오는군요. 스님께서 어려서 병을 앓고 출가해서도 여러 차례 병치레를 했기 때문에 더 안타까운 면이 있었을 것 같아요. 세 자매가 출가한 어느 비구니 스님네 이야기인데요. 어머니가 돌아가시기 전에 출가한 두 따님들이 어머니 집으로 와서 한 철 안거를 어머니와 함께 났는데, 안거가 끝나고 개나리가 막 피어날 때 여든아홉의 연세로 편안히 돌아가셨다고 하더군요. 역시, 수행자를 자식으로 둔 어머니는 죽음도 의연하다고 생각한 적이 있어요. 스님의 어머니께선 어떠셨나요?"

"여든 살이 채 안 돼 돌아가셨어요. 나는 어머니의 임종을 보지 못했습니다. 췌장암을 치료하러 미국에 가 있을 때 돌아가셨다는 연락을 받고 와서, 어머니의 영정 앞에서 출가하고 처음 울었어요. 울다가 생각하니, 어머니를 위해서 기도를 하는 게 옳겠다는 생각이 들더군요. 그래서 울고 있는 가족들에게 '울기는 왜 우느냐!' 하고 호통을 치곤 기도를 시작했죠."(웃음)

'눈물을 흘렸다'가 아니라 '처음 울었다'는 스님의 표현이 더 깊이 다가왔다. 늘 자신을 '독하다'고 표현했던 스님이 이순이 넘은 나이에 어머니의 죽음 앞에서 출가해 처음으로 어떤 모습으로 우셨을지 상상이 되지 않는다.

전설로 내려오는 효행 이야기

"'집안에 한 자식이 출가하면 구족九族이 천상에 태어난다.'는 말을 들었어요. 스님의 어머니께서도 올곧게 살아가는 수행자를 자식으로 두셨으니, 마음속으론 어떤 어머니보다 흐뭇하셨을 거란 생각이 듭니다. 스님께선 출가 자체로 어떤 효보다 더 큰 효를 하신 거란 생각도 들고요. 그런데, 후학스님들에게 들으니 스님의 수덕사 어른스님들에 대한 효행은 전설적이라고 하더군요. 볼일이 있어 아무리 늦게 들어와도 은사스님께 인사를 드리고, 노스님들이 편찮으실 때도 손수 씻기고 보살펴 드렸다고 들었습니다. 수덕사 3대 방장을 지낸 원담 스님이 스님의 은사이시잖아요. 어떤 스승이셨는지 궁금합니다."

"우리 은사스님은 상당히 천진하고 순진한 분이셨어요. 참선을 해서 혜안이 열린 분이어서 책을 본 적이 없는데도 한문으로 되어 있는 경전을 거침없이 다 읽으셨어요. 글자는 잘 몰라도 내용은 다 아셨죠. 학문을 한 사람들은 글자는 알아도 내용을 잘 모를 수가 있는데 참선을 공부한 분들은 글자를 몰라도 내용을 다 알거든요. 공부해서 마음이 열린다는 것이 그래서 묘한 도리죠."

20여 년 전, 수덕사에서 원담 스님을 인터뷰하고 나서 선물로 받았던 글씨를 떠올리면서 물었다.

"글씨체도 참 좋으셨죠?"

"한국서예대전에서 특상을 받으셨어요. 전시회를 열어서 생긴 돈을 독립기념관 기금으로 내놓으셨죠. 그것도 만공 선사가 내린 교훈이 아닌가 생각합니다. 스님은 격식을 따지지 않는 분이었어요. 대부분의 사람들은 한 사람을 볼 때 내면을 보려 하지 않고 겉만 보려고 하죠. 이런저런 얘기로 우리 은사스님을 비판하는 사람들도 많았죠. 나는 은사에 대한 철저한 믿음 때문에 스님의 어떤 것도 이상하게 생각지 않았어요."

"제가 원담 노스님을 뵈었을 때, 병을 앓으셔서 기억력이 크게 감퇴했다고 하시면서도 열두 살에 처음 수덕사에 오셔서 만공 스님을 뵐 때의 기억을 정확하게 하셨어요. 동안거 해제를 앞둔 무렵이었는데, 머리 가운데가 모두 벗겨지고 곁에 조금 난 머리가 마치 부서진 갈대 같다는 생각이 들었다고 하시더군요. 어린 아이가 머리를 한참 바라보니까, 만공 스님께서 조금 남은 머리칼을 쓸어 넘기며, '내 머리는 공산명월이다.' 그렇게 말씀하시더라는 얘기를 인상 깊게 들었습니다. 은사스님께선 만공 스님의 제자인 벽초 스님의 상좌이신데, 만공 스님이나 다른 어른스님들 밑에서 철저한 승행을 배우셨을 거라는 생각이 듭니다. 그런데 스님께선 은사스님께 바른 소리도 잘하셨다면서요?"
"그랬죠. 내가 처음 주지로 왔는데 스님들이나 세간 사람들이 우리 스님을 함부로 대해요. 외출했다 돌아오면 사람이 있건 없건 은사스님께 삼배를 올렸죠. 독하고 투박해 보였던 사람이 스승에게 삼배를 올리는 것을 보고 스님을 가볍게 여기는 사람들의 태도가 딱 끊어져 버렸죠. 한번은 총무원에 갔더니, 한 부서의 부장이라고 하는 스님이 '혜공당 잘 있나?' 그렇게 물어봐요. 그 자리에서 그를 불러 '혜공당이 네 도반이냐?'

고 묻고는 '소위 총무원 간부라고 하는 사람이 남의 은사스님의 존칭을 맘대로 해?' 하고는 '무릎 꿇어! 여기서 꿇지 않으면 가만있지 않겠다!' 고 소리를 질렀죠.(스님께서 얼마나 강하게 당시를 실현하시는지!) 그 이후로는 우리 스님에 대해 이러쿵저러쿵하는 소리를 듣지 못했어요.

나는 우리 스님에 대한 믿음이 견고하니까 스님의 단점이 보이지 않았어요. 그러나 사형 사제들이 혹여 함부로 할까 봐 스님이 혼자 계실 시간인 밤에 뵈러 들어가서 할 말을 드리곤 했어요. 그러나 스님을 모시면서 밤에 찾아가서 바른 말을 했던 것이 불효를 한 것 같아 지금은 참회를 많이 합니다."

은사인 원담 스님이 통도사 극락암 호국선원에서 입승 소임을 보면서 하안거를 날 때의 일이다. 수덕사에 있던 설정 스님이 극락암으로 은사스님을 찾아뵈었다. 은사스님과 함께 정진하고 있는 대중스님들께 인사를 올리는 대중공양을 겸해서 스승을 찾아뵌 것이다. 무더운 여름, 가사장삼을 수하고 은사스님께 삼배를 올리는데, 그 존경심을 담아 절하는 모습이 얼마나 효성스러워 보였는지, 곁에서 그 모습을 지켜본 통도사 조실 경봉 스님이 감탄에 감탄을 거듭했다. 안거 내내 대중스님들에게 '세상에 지금도 그렇게 효심이 깊은 수행자가 있는가!' 하는 말씀을 하셨다고 한다. 그리고 출간 예정이었던 법어집 『경허법어鏡虛法語』의 제자題字를 그 자리에서 붓으로 써 주었다고 한다. 1979년 통도사 극락암에서 원담 스님을 모시고 하안거를 났다는 한 스님에게 들은 이야기다.

"나는 은사스님의 환한 미소를 보면 모든 시름을 다 잊었어요."
2004년도 은사스님이신 원담 대종사를 모시고 선방에서 수좌스님들과 함께.

평소 스님이 어찌나 은사스님을 깍듯이 모시는지 당시 제방의 어른스님들이 '설정이처럼 스승을 잘 모시는 상좌 하나 두었으면 원이 없겠다.'는 말씀들을 많이 했다고 한다. 그래서인지 지금 스님의 제자들은 제방의 어른스님들에게 '설정 스님의 제자라면 틀림이 없다.'는 말을 듣는다고 한다.

"은사스님의 스승이 벽초 노스님이시잖아요. 스님께서도 처음 출가해서 정혜사에 계실 때 함께 사셨고, 수덕사 주지로 계실 때도 노스님을 모셨죠? 벽초 노스님에게 받은 영향이 컸을 거란 생각이 드는데, 어떻습니까? 저는 1980년대 중반쯤이던 어느 해 겨울, 정혜사에서 벽초 노스님을 뵌 적이 있습니다. 도반들과 함께 간 자리에서 법문을 청하는 저희들에게, '내 이 늙은 모습에서 제행무상諸行無常을 보는 것이 법문이지 따로 무슨 말을 할 게 있느냐.'고 하셨던 소박한 모습이 기억에 남아 있어요."

"초대 방장이셨던 혜암 스님은 지혜가 섬광처럼 번뜩인 분이었어요. 반면에 벽초 노스님은 모든 것을 행동으로 보여 주셨습니다. '하루 일하지 않으면 하루 먹지도 말라'는 일일부작一日不作 일일불식一日不食'의 수덕사의 전통도 벽초 노스님이 세우셨죠. 스님은 새벽부터 밤 아홉시까지 잠시도 쉬지 않고 늘 일을 하셨습니다. 겨울밤에도 새끼를 이삼 백 발씩 꼬고, 멍석과 맷방석, 구럭과 짚신을 삼으셨어요. 밭곡식을 갈고 나물을 캐는 일은 물론이고요. 스님께서 그렇게 일을 하시니 우리들도 저녁까지 쉴 수가 없었죠. 그래서 쟁기질, 풀매기, 논밭 가꾸기까지 다했고, 덕분에 일이라면 정말 자신 있었습니다."

벽초 스님은 만공 스님의 상좌로, 경허-만공-벽초-원담-설정 스님으로 법맥이 이어지고 있으니 스님에겐 할아버지 스님인 셈이다. 한평생 수덕사와 정혜사에 살면서 수덕사 주지를 30년 넘게 하고 2대 방장을 지냈으나 평소에 법상에 올라 법문 한 번 하는 법 없이 오로지 참선하고 일하는 것으로 수행을 삼은 분으로, 수덕사의 가풍인 선농일치 사상의 초석을 다지는 데 큰 역할을 한 것으로 알려져 있다.

엄하고 자애로운 스승으로

"은사스님에게 『초발심자경문』을 배웠다고 하셨는데, 혹시 스님께서도 제자들에게 직접 가르치셨나요? 주지로 계실 때 처음 제자를 들이기 시작했을 것 같은데, 어떻게 제자들을 지도하셨을지 궁금합니다."

"수덕사 주지로 있을 때 행자를 비롯해서 사미, 사미니가 서른 명이 넘었어요. 암자에 있는 사미니까지 모두 모이게 해서 『초발심자경문』을 가르쳤고, 그날 배운 것을 전부 외우게 했어요. 대학을 나온 사람들이 많았는데, 외워 오지 않으면 회초리로 손바닥을 때렸죠. 절에 와서는 자존심을 죽여야 하니까 일종의 자극을 주기 위해서 의도적으로 엄격한 스파르타식 교육을 했어요. 그때를 두고 내가 너무 엄격해서 무섭고 야속하기도 했는데 훗날 보니, 좋은 추억이 많았다고들 하더군요. 그렇게 맞고 큰 사람들이 오십대 중반이 넘어 지금은 강사나 교수, 또는 절 주지로, 수행자로 있어요."

"그런데 저희들도 자식을 키워 보면 인정으로 그냥 넘어가고 봐주기가 쉽지 엄격하게 키우기가 어렵더군요. 스님의 상좌인 주경 스님이 쓴 책을 보니까, '새벽이면 멀리서 자박자박 소리를 내며 걸어오시는 은사스님의 발소리가 들렸다. 시봉인 우리들이 깨어 있으면 멀리서 발길을 돌리고, 혹 산만하거나 깨어 있지 않으면 가까이 다가와 발소리로 경책을 하셨고, 마지막에는 이름을 불러 깨워 주셨다.'는 구절이 있더군요. 수덕사를 중흥시키면서, 어른스님들을 모시고 한편으로는 사미, 사미니들에게 교육까지 철저히 하셨으니, 몸이 열 개라도 모자랐을 것 같아요."
"장래에 그 사람들이 산중의 주인이 될 거라고 생각하니까 무심할 수가 없죠. 나는 지금도 그래요. 얼마 안 있으면 이 세상을 떠날 텐데, 뒷사람들이 정말 잘해야 한다고 생각해요. 그리고 나도 뒷사람들한테 실망을 주지 않고 잘 살아야 한다는 게 가장 큰 소망이에요. 그래서 내 상좌가 되었건 아니건, 인품이 괜찮은 사람이 오면 괜히 흐뭇하고 즐겁습니다. '아, 저 아이는 물건이 되겠구나, 어디 가든 한 귀퉁이는 충분히 끌고 가겠네.' 하는 생각이 들면 그렇게 좋을 수가 없어요. 그 사람한테 나도 모르게 관심을 가지게 됩니다. 지금 여기 수덕사에 사는 수행자들이 130

여 명 되는데, 그 사람들 말이 '어떤 때 스님을 보면 찬바람 속에 시퍼런 칼날이 휙 지나가는 것 같다.'고 해요. 그런 소리 들을 때면 내가 상당히 독하고 못된 사람 같구나 하는 생각이 드는데, 사람들이 제자리에 서 있을 때는 그 자체만으로도 흐뭇하지만, '저건 아닌데 어쩌려고 저러나.' 할 때는 나도 모르게 찬바람이 나오는 것 같습니다."

"세속에서도 엄격함과 자애로움이 공존해야 충분한 리더십을 발휘할 수 있는데 승가도 마찬가지일 거란 생각이 드는군요."

"내가 좀 냉정한 데가 있는 사람입니다. 나는 주지를 하면서 가능하면 좋은 자질을 가진 아이들을 다른 스님들에게 보냈어요. 잘못 가면 문제가 될 수 있겠다 싶은 아이들, 조금 안 된 아이들은 내가 다듬어 만들 수가 있으니까 그렇게 했습니다. 물론 다 그런 것은 아닙니다. 그런데 들어오자마자 걱정스럽게 생각되는 아이가 있었어요. 그래도 열심히 『초발심자경문』을 익히게 하고 일을 시키며 공을 들였는데, 한번은 술을 먹고 들어온 걸 보게 되었죠. 처음엔 잘 타일렀어요. 그러다가 두 번째 다시 걸렸어요. 사무실로 불러 '내가 네 스승으로 보이지 않느냐?' 묻고는 두 번이나 경고했는데 듣지 않았으니 말로는 안 될 것 같다, 네가 감당할 수 있는 매를 가져와라 했더니 옹이가 박힌 몽둥이를 가져왔더군요. 아마 말은 그래도 때리지 않을 거라 생각한 모양이에요. 그러나 이런 계기가 아니면 고칠 수 없을 것 같아 엎드려 뻗히게 하고 '몇 대 맞겠느냐?' 물으니, '스님이 정하십시오.' 그래요. '열 대로 정하겠다.' 하고는 몽둥이를 내리쳤죠. 세 대를 맞고 주저앉더니 살려 달라고 하더군요. 무시하고 엉덩이가 구멍이 날 만큼 몽둥이를 내리쳐 열 대를 채웠죠. 우는 그에게 말했죠. '이러지 않으면 너를 바꿀 수가 없다. 너를 때리는 나도 가슴이 그리 아팠다.' 그러곤 이튿날 불러 주사를 맞고 치료하라고 병원에 보냈어요.

그날 그 모습을 본 사람들이 주지스님한테 잘못 걸리면 죽을 수도 있겠다고 생각했다고 해요. 주지라는 자리, 스승이라는 자리가 의도적으로 그런 행동을 해야 할 때가 있어요. 때리는 심정이 더 힘들고 아프죠. 며칠간은 괴로우니까요. 그러고 나서 그가 어떻게 변화하고 있나 관심을 가지고 살펴보았는데, 그 후로 습관을 고치고 상당히 효성스러운 상좌가 되었어요. 어딜 가나 제 스님이 세상에 제일이라고 말을 했다는데, 그만 두 해 전에 세상을 떠났어요. 그 애가 스무 서너 살 때의 일이었는데, 오십이 넘어 죽었어요. 가슴이 더 아팠습니다. 죽은 그 아이를 위해서 서산 쪽에 터 한 곳을 닦아서 절을 하나 지으려고 하고 있어요. 그렇게 인생은 잠깐인데, 살다 보면 가슴 아픈 일이 참 많습니다. 상좌 둘을 잃었어요. 광주 5·18민주화운동 노래를 작사 작곡한 범능도 내 상좌인데, 그가 죽어서 갔는데 가슴이 그렇게 저렸어요. 병을 고쳐 주지 못한 것이 안타깝고…."

세속에서도 부모가 돌아가면 산에 묻고 자식이 죽으면 가슴에 묻는다고 했으니, 상좌를 먼저 보낸 스님의 마음도 부모의 마음과 다르지 않았을 거란 생각이 들었다. 손상좌의 죽음 앞에서 잠잠히 침묵으로 일관했던 해인사 노스님 한 분의 모습이 떠오른다. 그 어떤 말보다 아프게 느껴졌던 그 침묵의 소리를 잊을 수 없다. 생사를 초월하기 위한 공부를 하는 스님들이지만, 인간적으로 느끼는 아픔은 세간 사람들과 다르지 않을 것이다.

최근에 정혜사에 머물며 스승을 시봉하다가 늦은 나이에 대학원에 진학하기 위해 서울로 올라가는 상좌에게 붓글씨를 써 주는 스님의 모습을 지켜본 적이 있다.

'不他非 不世事 不人惑 不放逸'

불타비 불세사 불인혹 불방일, 일필휘지로 그렇게 쓰고는 상좌에게 군더더기 없이 간결하게 말씀했다.

"첫째, 남에게 시비를 하지도 말고 시비를 받지도 말아라. 남의 잘못을 보는 것은 네게 전혀 도움이 되지 않는다.

둘째, 세상일에 관여하지 말아라. 세상일에 관여하면 세속인이지 출가자가 아니니다.

셋째, 사람의 유혹을 받지 말아라. 여자든 남자든 남의 유혹에 넘어가 정신을 못 차리는 일이 없어야 한다. 네가 남을 유혹하지도 말고 받지도 마라.

마지막으로 게으르면 안 된다. 매순간 철저하게 살아라. 학문을 한다고 했으면 책을 뚫어지도록 봐야 한다. 늦게 학문을 한다고 하는데 만만치 않을 것이다. 남한테 자랑하기 위한 공부를 하지 말고 진리를 탐구하기 위한 공부를 해라. 그리고 글자에 연연하면 안 된다. '심불반조心不返照면 간경무익看經無益'이라고 했다. 마음으로 반조하면서 공부해야 이익이 있다. 이 공부가 나한테 어떤 의미인가, 어떻게 살아야 하는가 하는 주제를 놓치지 말고 살아라."

곁에 함께 있던 선배스님이 한마디 거들었다.

"공부를 마치고 다시 돌아올 때까지 초지일관 저 말씀을 머리에 두고 행하게."

제자는 두 손으로 공손히 스승이 써 준 글씨를 받고는 말없이 삼배를 올렸다. 스님의 교육관, 승려관이 고스란히 드러난 자리였다.

"제멋대로 살면 안 돼. 스님들이 가장 잘못된 게 제멋대로 사는 것이다. 마음속에 규칙을 가지고 절제된 삶을 살아라."

스님의 마지막 말씀이 세속에 사는 나에게도 강한 울림으로 다가왔다.

10·27법난에 대한 소회

"주지 소임을 보신 지 얼마 안 돼 10·27법난이 일어났죠? 그때 수덕사는 어땠습니까?"

10·27법난은 1980년 10월 27일 조계종 총무원 이하 전국의 주요 사찰에 계엄군이 진입해 송월주 총무원장 등 조계종의 스님 및 불교 관련

자 153명을 강제 연행하여 폭력, 고문을 행하고, 사찰의 종무 관련 서류·재산 관련 서류·예탁금 증서 등을 압류해 간 사건을 말한다. 많은 스님들이 곤욕을 치르며 스님들과 불자들이 함께 분노한 사건으로, 오랜 시간 이 일로 불교계가 내홍을 겪었다.

"열흘 동안 대전 보안대 지하실로 잡혀가 있었어요. 10·27법난 때를 생각하면 지금도 가슴이 절절해집니다. 어느 날 군인과 경찰이 몰려와서 노스님들을 다 끌어내서 마당가에 일렬로 세워 놓고 무례하게 굴더니, 주지인 나에게 잠깐이면 된다고 하면서 어느 지하실로 데려가 승복을 벗기고 군복을 입히더군요. 무엇 때문에 잡아 왔느냐고 물으니까 상부의 지시라고 해요. 선진국의 경우엔 전시라 하더라도 절이나 성당엔 불법 침입을 하지 않는데 지금은 전시도 아닌데 영장도 없이 이게 무슨 경우냐고 물으니 '수사관한테 함부로 말해? 이 자식 죽고 싶나.' 하는데, 전쟁이 난 줄 알았어요.

'여기가 어딘 줄 아느냐, 김대중이 끌려와 혼이 난 곳이다.'라고 하길래 '그게 나랑 무슨 상관이냐. 내가 사상범인가, 파렴치범인가, 왜 가두었느냐'고 했더니 '콩밥 먹고 싶지 않으면 입 닥치라.'고 하더군요. 불가항력적인 힘 앞에서 나 자신의 무력함에 대한 절망감이 한꺼번에 몰려오는데 그때의 심정은 이루 말할 수가 없었죠.

상부에서 죽이라는 지시가 내리면 법적 절차 없이 죽일 수도 있겠냐고 물었더니, 당연하다고 하더군요. '김일성보다 더 나쁜 놈들이구나.'

하고, 사흘 동안 독방에서 잠을 자지 않은 채 밥도 안 먹고 돌아앉아 좌선을 했죠. 이런 나를 보고 저희들도 함부로 대하면 안 되겠구나 생각했는지, 방에서 나오라고 하더군요. 책임자인 과장이 나와 있길래, '당신 군인 같은데, 군인은 국민의 생명과 재산을 보호하는 것으로 알고 있다. 그런데 군경을 동원해서 사찰의 성직자들을 범죄자로 만들다니 말이 되는가.' 하고 따져 물었어요. 그는 어느 스님이 도박을 하고 여자와 가까이 했다는 기사가 대서특필된 신문을 들이밀면서 '스님들이 이 모양이니까 이런 일을 당한다.'고 하더군요. 내가 그랬죠. '그런 문제는 개인의 프라이버시다. 그리고 그것은 우리 승가에서 다스릴 일이지 당신들이 관여할 문제가 아니지 않는가. 그렇게 하고 싶으면 당신들도 머리 깎고 들어와서 관여해라.' 궁지에 몰리니까 상부의 지시라고 얼버무리더군요.

사흘 동안 먹지 않고 허리를 꼿꼿이 한 채 좌선을 한 덕분인지 그들에게 구타당하지는 않았지만, 옆방에서 계속 맞는 소리가 들리고 울며 비명 지르는 소리를 들으면서 느낀 그 절망감과 수치감은 말로 할 수 없었죠.

날마다 출생에서부터 살아온 과정을 쓰라고 하더군요. 한 줄도 쓰지 않았어요. 그동안, 그들은 고향에서부터 수덕사, 해인사 등 내가 살았던 곳에 나가 일체를 조사하더니 책잡힐 만한 것이 아무것도 나오지 않자 풀어 주더군요. 나는 군대 다녀오고 예비군 훈련 한 번 안 빠진 사람이었고, 돈이 있는 주지도 아니었으니까 문제 삼을 만한 게 없었던 거죠.

그곳에서 있었던 일을 나가서 얘기하지 않겠다는 각서를 쓰라고 해서 못 쓰겠다고 하고 나왔습니다.

전두환 정권이 십만 병력을 이용해 전국 사찰을 돌아다니며 일제히 스님들을 잡아다가 그런 무지막지한 짓을 자행한 겁니다. 그런 일을 겪으면서 이 사회가 정의의 힘이 구현되어야지, 힘의 정의가 구현되어선 안 되겠다는 생각을 깊이 했습니다. 힘으로 만들어진 정의가 사회를 지배하면 국가가 무너지고 국민들이 힘들어진다는 것을 절감했죠.

열흘 간 있다 나왔는데, 더 기가 막힌 것은 도청에서 연락이 오기를, 사회에 기여한 공로로 중앙관청에서 표창장을 받으러 오라고 한다는 거예요. 나는 열흘 동안 보안대에 붙잡혀 있다 온 일은 있어도, 사회에 기여한 일은 없다고 거절했죠. 받으러 가지 않으니까 군수하고 도청의 과장이 표창장하고 부상으로 만년필을 가지고 왔더군요. 이게 뭐하는 짓거리냐고 던져 버렸어요. 상부에 보고를 했는지 청와대 민정수석 두 사람이 와서 지금 어려운 상황이니 도와 달라고 달래더군요. '스님네들도 그 일로 너무 어려워졌다, 그러니 대통령에게 할 이야기가 있으니 청와대에 데려가라.'고 했죠. 절차를 밟아야 된다면서 곤란해하더군요. 그때는 청와대에 가면 할복이라도 하고 싶은 심정이었어요. 할복을 하는 사람들이 이런 심정에서 하는구나, 그런 마음이 들 정도로 안에 있는 것을 다 털어 청와대에 던지고 싶은 심정이었어요. 그때 그런 경험을 하면서 인간들이 이런 번뇌의 진흙탕 속에 휩쓸려 이렇게 혼란스런 모습으로 살고 있다는 것을 느끼곤, 주지고 뭐고 다 그만두고 어디 깊이 들어가서 살아야겠다는 생각을 할 정도로 사회에 회의를 느꼈습니다.

수덕사로 돌아오자마자 예산 군청에 법회를 한다고 신청해 놓았더니 삼천 명이 모이더군요. '전두환 정권이 국민 화합을 위해 노력한다고 하더니 십만 병력을 동원해서 스님들을 잡아넣고 불교를 탄압했다. 이것이 과연 국민 화합인가!' 하고 열변을 토했더니 야단이 났어요. 이렇게 하면 붙들려 간다고들 하길래, 각오한 사람이니 붙들어 갈 테면 가라고 했죠. 두 번째로 예식장을 빌려 법회를 하는데 그 지역 국회의원이 화환을 가져다 놓고 보안 대장이 오는 등 법석을 떨더군요. 그 후 네 개 군을 돌면서 무법으로 불교계를 탄압한 저들에 대한 분한 심정을 토로했죠.

건드려선 안 되겠다 싶었는지, 그 뒤로 새마을중앙회장인 전경환이 도움을 주겠다는 걸 '당신들 도움 없이도 잘 산다.' 하고 거절했죠, 재판을 수없이 하고 땅을 찾느라고 궁지에 몰려 있을 때였지만 거절했어요. 서산 방조제를 완공하고 행사를 할 때 초청해서 거길 갔더니, 청와대 경호 실장 바로 뒤에 나를 세우고 도지사와 군수를 그 뒤에 세우더군요. 다녀왔더니 이 지역 사람들은 내가 청와대에 큰 백이 있는 줄 알더군요. 그 뒤 도지사가 부임해서 헬리콥터를 타고 와서 인사를 와도 아무 소리 안 했어요. 그해 10월에 전두환 대통령이 여길 왔더군요. 덕숭산이 군인들로 가득 찼었죠.

나는 아직도 10·27법난을 자행한 전두환 정권을 향해서 승려들이 의연한 모습을 보여 주지 못한 것을 후회스럽게 생각합니다. 그때 그렇게 탄압을 받고 승려들의 비리가 신문에 연일 대서특필되어 신도가 삼백만 명이 떨어졌으니까, 직간접적으로 얼마나 많은 피해가 있었겠어요. 그 때부터 나는 불의는 철저하게 응징해야 한다고 생각했어요. 불의의 정권이나 집단을 그냥 놔두면 사회를 좀먹는 부패의 근원이 된다는 것을 경험한 거죠.

그때 좀 원숙한 나이였더라면 철저하게 계획을 세워 조직적으로 대처했을 거예요. 열정만 가지고 있었지 이성적으로 대처를 못한 게 지금도 후회스러워요. 10·27법난은 '94년도에 있었던 개혁 때도 김영삼 정권에서 다시 거론되었는데, 국무총리가 사과하는 선에서 끝나고 말았어요. 지금도 다시는 이런 못된 짓을 해서는 안 된다, 국민들에게도 경각심을 보여 줘야 한다고 건의하고 있는데, 아직도 관계자들을 처벌하지 않고 있어요. 국가가 조직적으로 불교를 탄압, 말살한 정책을 묵과해서는 안 될 일이죠."

종회의장으로 종단 일에 참여하다

"수덕사 주지로 십 년 동안 계셨던 시기는 곧은 성품을 지닌 스님의 강력한 리더십이 발휘되어 무너져 가는 수덕사를 일으키고 오늘날 총림의 초석을 놓은 시간이 아니었나 하는 생각이 듭니다. 수덕사 주지 소임을 마치고 1994년에 출범된 조계종 개혁회의에 참여하셨죠? 당시 서의현 스님 출마 저지로 시작된 소용돌이 속에서 종단이 커다란 위기에 처해 있었는데, 당시 상황이 아주 긴박했지요?"

승려는 공적인 마음과 원력, 신심으로 무장되었을 때 승려다운 것이고, 승려가 승려다울 때 당당하고 진실된 삶을 살 수 있다는 소신을 가지고 살아온 스님의 행보가 종단이 위기에 처해 있던 그 상황에서 어떠했을지 궁금했다.

"의현 스님의 3선 출마로 문제가 생겼을 때 현장에 갔었어요. 그리고 1994년, 조계사에서 개혁회의가 출범되고 14일 동안 조계사에서 스님들이 개혁을 위해 단식을 할 때 현장에 있었어요. 숙명이 있다더니 참 희한한 일이구나 했죠.

그러기 전에 서의현 스님 총무원장 체제를 출범시킨 게 바로 납니다. 그전에 이미 종회의원을 하면서 상당히 종단에 영향을 미치고 있었어요. 의현 스님이 처음 총무원장으로, 월탄 스님이 종회의장으로 나오려 할 때도 만나서 다짐을 받았죠. '종단의 분규는 총무원장과 종회의장의 갈등으로 인해 생긴다. 그러니 두 분이 다투지 않겠다.'고 약속하면 총무원장과 종회의장으로 밀겠다고 했죠. 두 분이 동의했고, 선출이 되었습니다. 그런데 총무원에 들어가면서 독식을 하기 시작해 3선을 하려고 한 거예요. 내가 그때도 올라가 '스님, 이러면 안 된다.'고 충언했지만 듣지 않더라고요. 이미 한번 권력에 집착을 하게 되면 헤어 나오기 어렵죠.

의현 스님이 총무원장을 하기 전에 비상종단이 있던 시기가 있었어요. 그 사람들이 종권을 잡으면서 각 본사 주지들이 꼼짝을 못했어요. 인격이나 수행이 제대로 되어 있고, 신도들에게 신뢰를 받을 수 있는 사람 같았으면 그냥 내버려 두었을 텐데 종단에 많은 문제점이 있는 데다가 신뢰를 받을 수 없는 사람이 주체가 되어서 비상종단을 이끌어 나가니까, 가만히 보고만 있을 수가 없었어요. 본사 주지인 직지사 녹원 스님을 찾아갔죠. '종단의 주인이 본사 주지인데 본사 주지들이 저 사람들이 잘못 가고 있는 것을 뻔히 보면서 가만히 있는 것은 직무 유기이고 책임 회피입니다. 이래선 안 됩니다.'라고 말씀드렸어요. 비상종단 사람들이 권력을 휘두르며 본사 주지를 맘대로 할 때였어요. '어떻게 하면 될까요?' 하고 묻는 녹원 스님에게 '스님이 본사 주지 연합회장을 하세요. 제가 간사를 하겠습니다.' 하고 간사를 맡아 회장을 모시고 전국을 사흘 만에 한 번씩 돌았습니다. 본사 주지들에게 비상종단의 파행을 말하면서 스님들이 주인이니까 회의에 나오라고 설득했더니, 처음엔 25교구 본사 중 13명이 나와 겨우 성원이 되었는데, 하도 내가 열정으로 쫓아다니니까 나중에 보니 18명까지 나왔어요. '주인이 주인 노릇을 잘못하면 종단이 잘못되는 거다. 본사 주지들이 주인 노릇을 잘하자.' 하고 비상종단의 자금줄을 막아 버렸죠. 본사에서 종단에 주는 분담금을 내지 말자고 결의한 거예요. 그 뒤 해인사에서 승려 대회가 열리고 나서 비상종단이 밖으로 나가고 녹원 스님을 총무원장으로 해서 종단을 세워 놓고 쑥 빠져나왔어요. 나도 조금 파란만장한 사람이에요. 그러고 나서

의현 스님을 총무원장으로 한 체제를 만들어 놓았는데, 이분이 3선까지 하는 바람에 종단을 위기에 서게 만든 거죠.

그때 보니 폭력배들이 조계사에 들어와 스님네들에게 폭력을 휘두르고 있었어요. 조계사 뒤에서 법당을 바라보면서, '이건 아니다.' 생각하고 단식투쟁을 함께했죠. 조계사에 경찰을 넣어 공권력을 행사하는 김영삼 정권에도 저항하면서 함께 단식을 했죠. 그때 몸이 조금 상했어요. 단식을 끝내고 몸을 보호했어야 했는데, 전쟁에 나가야 하니까 그러질 못했죠."

"그 후 종회의장을 두 번이나 하셨잖아요."

"종단이 안정되면 내려가겠다고 했는데, 집단의 일은 내 뜻대로만 되는 것이 아니잖아요. 종단 개혁에 참여하면서 종단을 개혁시키겠다는 강한 의지를 갖게 되었죠. 그런데 구성원들과 이념이 일치되어야 하는데 그렇지 못했고, 나는 종단을 개혁하겠다는 마음으로 기득권을 다 내려놓았는데 다른 사람들은 그렇지가 않았어요. 법제위원장을 맡아 일하고 그 후 두 번 종회의장을 했습니다. 나름대로 종단의 변화를 위해 총무원장을 하려고 했는데 그만 병이 났죠."

"아마, 스님이 하셨으면 잘하셨겠지만 너무 힘든 자리인 것 같습니다."

"그랬을 거예요. 나는 항상, 전쟁을 하려면 병력이 좋아야 된다고 생각해 왔어요. 그 병력이 능력 있고 용감하며 정의롭고 진실하면 이겨요.

적어도 공적인 일을 하려면 자기를 버려야 합니다. 내 자리, 내 명예를 다 버려야 돼요. 특히 무소유를 지향하고 무아를 말하는 불교 집안에선 더욱 그렇습니다.

종단이 지금은 많이 좋아졌지만, 당시 종회의장석에서 종단 사람들이 말하는 것을 보면 저 사람이 공적인가, 사적인가 다 파악이 돼요. 상당히 실망스러웠어요. 적어도 종단의 발전을 위해서 그 자리에 온 사람이라면 공적인 사명감이 있어야 하는데, 그렇지 못한 사람이 많았어요. 이후 총무원장을 할 기회가 여러 번 있었지만 나의 능력과 복덕 그리고 지혜가 부족하다고 생각했기 때문에 나서지 않았어요. 그래서 '아, 나는 달리 살아야 되겠다. 내가 종단에 가서 정치꾼이 되면 안 되겠다.'고 생각했죠."

"종회란 사회식으로 말하면 종단의 법을 만드는 국회와 같은 곳일 텐데, 종회 구성원이 능력도 있어야겠지만, 그 전에 공심이 있어야 할 것 같습니다. 그렇지 않으면 종단이 바로 설 수 없겠죠?"

"어느 집단이고 반사회적이고 반인륜적인 비인격자가 있게 마련입니다. 종회의장을 할 때만 해도 총무원장을 하려고 했어요. 강한 의지를 가지고 개혁을 한번 단단히 하려고 했어요. 완전히 투명하게 말이죠. 그랬으면 전에 일어난 일이긴 하지만 10·27법난과 같은 일은 일어날 수 없죠. 선거를 한다고 해도 질 것 같지 않았어요. 의장을 두 번 했지만 돈 한 푼 안 썼어요. 나를 총무원장으로 추대하려는 동료들과 선후배가 많았으니까 돈을 써야 할 이유가 없었고. 또 양심적으로 나는 돈을 쓰고서는 원장을 하지 못합니다. 병이 나는 바람에 하지 못했지만, 병이 나자 부처님이 나에게 가피를 주셨구나 했습니다. 승려의 길이란 결국 자성을 밝히는 것에 있고, 그것이 중생을 위한 길이다, 이런 생각을 했으니까요."

"종단 차원에선 스님처럼 공적인 마음과 큰 리더십으로 불교 발전을 위해 노력한 분이 총무원장을 하지 않아 큰 손해였겠지만, 스님 개인적으로는 선원으로 돌아오는 계기가 되지 않았을까요?"

"그런 면도 있었지만, 사실 그때 병이 났던 것은 부처님이 주신 선물이었어요. 나를 적나라하게 되돌아볼 수 있는 소중한 시간을 가질 수 있었으니까요."

"스님께서 종회의장으로 계실 당시 추진하려고 했던 개혁의 내용은 어떤 것이었나요?"

"스님네들의 수련과 신도 교육, 재정 투명화, 그리고 인재를 등용해서 그들이 일할 수 있는 환경을 만들어 주자는 것이었어요. 그때 총무원장이 되었으면 종단에 개혁의 소용돌이가 일어났을 겁니다. 중점을 두었던 것은 교육, 포교 부문을 독립 부서로 만들어 자율성을 보장하고 신도 개혁을 철저히 해서 교리를 통해 인생관을 확립하게 하자는 것이었어요. 그런데 내가 그때 조금 안 좋은 생각을 했어요. 절에 있어서는 안 될

1995년 고 윤이상 선생의 49재 때 모습. 고인의 뜻에 따라 유가족이 불교의식으로 장례를 치르기를 원했으나 당시 국가보안법으로 아무도 갈 엄두를 내지 못할 때 종회의장이었던 설정 스님이 독일로 가서 49재를 지내 주었다.

사람들을 쉬게 해야겠다는 고민을 하면서 많은 스트레스를 받았고 그것이 결국 병이 되어서 모든 걸 놓아 버렸죠. 병이 나자 '아, 부처님이 나에게 다시 공부할 기회를 주시는구나.' 생각했죠."

몇 년 전 인터뷰에서 한평생의 소회를 묻는 나에게 '불교를 더 발전시키는 것에 좀 더 정성을 들여 살았더라면 좋았을 걸 하는 아쉬움이 있습니다.'라는 말씀을 하셨으니, 스님의 불교 발전에 대한 관심과 열정은 그 후로도 한결같아 보인다.

췌장암을 기도로 이겨 내다

"살아가면서 느끼는 가장 큰 위기의 순간은 죽음 앞에서가 아닐까 싶습니다. 뜻밖에 병고를 맞았으니, 큰 시련이셨겠습니다."

"종회의장을 할 때 화엄사 종원 스님이 돌아가셔서 문상을 갔을 때였죠. 내가 조사를 하기로 되어 있었어요. 많은 대중스님들과 큰방(선방)에 있는데 손가락 하나 까딱하지 못할 만큼 힘이 쭉 빠지더군요. 화장실에 갔는데 변기에 피가 가득했고 나와서도 피를 온 방에 쏟았어요. 그전에도 폐병을 앓았고 장기가 터지는 조짐이 있긴 했어요. 그 후에도 출혈을 많이 해서 피가 반 정도밖에 남지 않았을 때도 있었어요. 나는 그렇게 사람에게 피가 많은 줄 몰랐어요. 창피하더군요.

종회의장을 하면서 많은 사람들에게 상처와 불편함을 주었을 거예요. 두 임기를 하면서 나 때문에 의장에 떨어진 사람에게도 상처를 주었을 것이고, 그러다 보니 적이 생겼을 거예요. 종단에서 문제되는 사람들을 정리해야 된다는 생각을 해서 스스로 화를 불러일으킨 거죠. 오 년 동안 저 사람 그렇게 설쳐 대더니 결국은 위아래로 피를 쏟는구나 했을 테고, 중노릇하다가 겨우 끝에 와서는 이렇게 되나 싶어서 부끄러운 생각이 들었습니다."

스님께서는 솔직하셨다. 이십여 년 전의 일이다.

"봉합 수술을 했는데 다시 출혈이 심해서 쉬어야겠다는 생각을 하고 돈 몇 푼 안 가지고 하와이로 갔어요. 오십대 후반이었죠. 잘못 살아 이렇게 되었구나 하고 철저히 반성을 했습니다. 집안에도, 사형 사제에게도 일체 알리지 않고 혼자 떠났어요. 전에 결핵을 앓을 때도 누구에게도 말하지 않고 철저히 홀로 이겨 냈고, 학교에 다닐 때 버스비가 없어서 걸어 다닐 정도로 어려울 때도 홀로 견디었으니까요. 그때 '아, 내가 중노릇을 잘못해서 그렇구나.' 하고 참회를 하면서 기도를 많이 했습니다.

4백 불짜리 전세방을 얻어 지내고 있는데 해변에서 치료차 와 계시던 일타 스님을 만났어요. 내가 존경하고 좋아하던 분이어서 정말 반가웠죠. 수염도, 머리도 깎지 않은 채 지내면서 스님과 때때로 음식점에도 가고 해변을 걸었는데 내가 스님보다 더 나이가 들어 보였나 봐요. 어디를 가나 사람들이 스님보다 나를 더 나이 든 사람으로 대하니까 일타 스님께서 '네가 나보다 십 년 아래인데 너를 나보다 더 어른으로 보니 참 희한하구나.' 하셔서 함께 웃었던 기억이 납니다. 흰 구레나룻 때문인지 마침 거기에 와 있던 도반이 나를 보고 '헤밍웨이 같다.'고 하더군요. 스님은 참 삶에 운치가 있으셨고, 밤을 새면서 얘길 해도 시간 가는 줄 모를 만큼 박식하고, 화제가 풍부했고, 유머 감각이 대단하셨어요. 휴스턴 암센터에서 수술하고 입원해 있는데 '빨리 나으라.'고 전화를 하셨더군요. 하와이에서 휴스턴으로 한 그 장거리전화가 스님과의 마지막이었죠. 10주기 때 은해사에 가서 문중스님들에게 '살아가면서 자기 속내 이야기를 하고 위로받을 선배가 있다면 행복한 사람인데, 나는 일타 스님이 돌아가시고 나서 그런 선배를 잃었다.'고 얘기를 했죠. 너무 빨리 돌아가셔서 안타깝고 아쉽습니다."

"저도 성철 스님이 돌아가시고 나서 일타 스님께 성철 스님에 대한 이야기를 여쭈러 지족암에 올라간 적이 있어요. 어쩌면 그렇게 말씀을 눈에 보듯 생생하고 세세하게 잘해 주시던지 아직도 그날의 일타 스님 모습이 선명합니다. 신행에 도움이 되는 좋은 법문을 많이 남기셔서 불자들에게 많은 도움을 주고 있는 것으로 알고 있어요. 그런데 출가의 길을 걸으면서 한순간도 편하게 사는 것을 원치 않았던 스님께서 예기치 않게 맞은 죽음의 순간 앞에서 어떻게 참회하면서 기도를 하셨을지 궁금합니다."

"주력 기도를 많이 했어요. 신묘장구대다라니주 108번, 사대주 108번, 관세음보살 주력 42수를 108번 하고 나면 세 시간이 지났습니다. 방에서는 물론, 아침저녁으로 사람들이 없을 때 해변을 걸으면서 주력 기도를 했어요. 그리고 미국 휴스턴으로 갔는데 병원에서 해인사에서 있을 때 원당암에서 고시 공부를 하던 사람들을 만났어요. 그들의 도움으로 휴스턴 암센터에서 수술을 했죠. 그때 부처님의 가피를 다시 느꼈습니다. 한국의 병원에선 병명을 몰랐는데 진찰하더니 단번에 '아, 췌장암이네.' 하더라고요."

"어떻게 보면 스님의 인생 중 가장 힘들었을 때가 아니었을까 싶은데 어떻게 뚫고 나가셨는지요?"

"살아오면서 가장 힘들었을 때는 수덕사 주지로 발령받고 수덕사 출입정지 가처분을 받았을 때였습니다. 돈은 한 푼도 없고 여기 절에는 들어오지 못하게 해서 대중교통을 이용해서 오가는데 그땐 오로지 산중을 지켜야 한다는 생각뿐이었어요. 바위에 계란을 던지는 식으로 어마어마한 권력과 싸웠는데, 그때 그만 포기했으면 오늘날의 수덕사는 아마 다른 모습으로 있지 않을까 싶습니다.

두 번째로 힘들었을 때는 죽음과 마주했을 때예요. 췌장암이라는 병명을 확인하기 전, 자꾸 출혈을 하고 쇠약해져서 기도를 하면서 죽을 준비를 했죠. 나는 무슨 일이 생기면 완전히 끝장을 보는 성격입니다. 하와이에 가서 기도하면서 죽어 다음 생에 태어날 때는 악도에는 떨어지지 않겠다는 각오로 주력 기도에 집중했죠. 상당히 효험이 있었어요.

휴스턴에 갔을 때도 절이나 집안에 일절 누구에게도 알리지 않고 있으면서 그곳 요양 간호사분들의 도움을 받았어요. 아무리 어려울 때도 언제나 내 문제는 스스로 해결하겠다는 생각으로 살아왔습니다. 국내에 있었으면 이것저것 신경을 쓰느라고 기도도 오롯이 못해 죽었을 거예요. 그곳에 간 것이 날 살린 것이죠. 오백 미터 걸어가는데 열 번을 쉬어야 할 정도로 쇠약해 있었지만 마음은 편했어요. 오로지 주력 기도만 했습니다. 동네 마트에서 채소 몇 개 사 가지고 와서 된장에 쌀하고 양파 한 개 넣고 물을 붓고 푹 고아서 먹었어요. 하와이와 휴스턴에 있었던 삼 년 가까이의 기간(1998~2001)은 내 인생에 있어서 나를 돌아보고 참회하는 아주 소중한 시간들이었어요. 그 기간 내내 시간 나는 대로 주력을 하면서 과거에 대한 참회 기도를 많이 했습니다. 휴스턴에 머물면서 치료를 받으며 기도를 할 때였는데, 잠이 든 것도 아닌데 온 세계가 황금색으로 변하는 것을 보았습니다. 그 이후 삶과 죽음에 대한 집착이 끊어졌어요. 그 일이 있고 나서 비로소 수덕사에 있던 사제 법장 스님에게 연락을 했죠."

죽더라도 좌복 위에서 죽자

한국으로 돌아온 스님은 수덕사에 짐을 풀고 곧 봉암사 선방으로 갔다.

정신적으로는 삶과 죽음에 대한 생각에서 벗어났지만 몸은 다 나은 게 아니어서 아침에 병원에서 처방해 준 약을 한 움큼 먹고 나면 몸이 휘져서 자꾸 눕게 되었다. 단호한 결정이 필요했다. '그래, 죽더라도 좌복 위에서 죽자!' 문경 희양산 깊은 산중에 있는 봉암사는 조계종의 유일한 종립선원으로 한 번 들어가면 몇 년씩 나오지 않고 정진을 하는 곳으로 유명하다.

"병이 났을 때, '선가에 들어와 중이 됐으면 수행에 매진했어야 했는데, 천방지축 밖으로 돌아다녀서 이렇게 병이 생겼구나. 만약 죽지 않고 살면 반드시 진정한 수행자로서의 삶을 살겠다.'고 다짐했거든요. 봉암사에 갔을 때 몸무게가 51킬로일만큼 쇠약해 있었어요. 삼 년 후에 몸이 57킬로그램으로 늘어나고, 또 상원사에 가서 살 때는 몸이 더 회복되는 단계까지 갔습니다. 여기 수덕사에 와서 십 년 넘게 살면서 나 나름대로 진단을 내리면 이제 제자리에 잘 왔구나 하는 상황에 왔습니다. 사람은 어떤 위기 앞에서도 용기를 내면 살 길이 열립니다. 그때 그런 용기를 내지 않았으면 점점 몸이 가라앉아 죽었을 겁니다."

"역시 의지력이 강한 스님답게 죽음의 위기에서 용기를 내어 어려운 상황을 극복하셨군요. 참회 기도로 병을 이겨 내셨는데, 기도는 참회가 가장 기본이 되고, 참회를 깊이 하고 나야 다음에 감사와 발원의 기도로 이어지지 않나 싶습니다."

"본의 아니게 사판에 발을 들여놓게 되면서 십 년 동안 본사 주지를 하고 조계종 중앙종회의장까지 지내면서 총무원장을 맡아 종단을 이끌어 보고 싶은 생각도 있었는데, 병을 앓고 보니 '많이 부족한 사람이 괜히 앞에 나섰구나.' 싶은 생각이 들었어요. 자질이 안 되는 사람이 앞에 나서면 결국 남에게 해를 입히게 되잖아요. 진정한 수행자로서 많이 모자랐구나 하는 생각을 했습니다. 참회는 자신을 있는 그대로 드러내고 마음을 내려놓는 것입니다. 그렇게 자신을 드러내고 내려놓으면 무엇이 문제인지를 스스로 알 수 있어요."

"봉암사에서의 정진은 어떠셨습니까?"

"정진이 따로 없었어요. 참회하니까 마음이 청정해지고 몸도 청정해져서 결국 병을 털어 내게 되더라고요. 병이 난 사람들에게 얘기해 주고 싶어요. '참회 자체로 인해 몸과 마음이 청정해지기 때문에 약에만 의존하지 말고 참회 기도를 해서 병을 떨쳐 내라.'고 말입니다. 그리고 자기가 주인이라고 생각해야 돼요. '나에게 온 모든 것은 내 것이다. 내 것 아닌 것이 없다.'고 생각해야 합니다.

이른바 모든 것에서 내 삶의 주인이 되어야죠. 모든 번뇌와 망상이 다 떨어지고 마음에 광명(빛)이 일어나서 서 있는 곳에서 자유자재한 것이 수처작주隨處作主입니다. 내가 주인이고 좋은 것이든 나쁜 것이든 모두 내 것이라고 생각하면 원망하는 생각도, 슬픈 마음도 없어지죠. 좋은 것은 내 것이고 싫은 것은 피하려고 하는 게 보통 사람들의 마음인데, 그 마음을 버리지 못할수록 불행합니다."

"혹 불행이 닥쳤더라도 그것이 내 것이니, 뚫고 나가자는 용기를 내야겠군요."

"그것이 내 것이라고 생각하면 뚫고 나가려고 생각할 것도 없어요. 기쁨도 괴로움도, 행도 불행도 둘이 아니고 하나인데, 그걸 모르고 살기 때문에 괴롭습니다. 객관과 주관이 따로 있다고 생각하기 때문에 고통을 주는 사람과 받는 사람이 따로 있는 거예요. 내가 주인이기 때문에 모든 것이 내 것이다 생각하지 않고, 주인은 없고 나를 괴롭히는 대상만 있다고 생각하니까 괴로운 겁니다. 주인이라고 생각하는 순간 버려야 할 것과 버리지 않아야 할 것, 즉 취사가 없어져요. 대단한 것도 아닌데 어렵게 생각해서 실행하질 못하죠."

"오랫동안 익혀 온 습관(업장) 때문에 그런 것 아닐까요?"

우리는 너무 오랫동안 좋고 나쁘고, 옳고 그르고, 예쁘고 추하고, 길고 짧다는 것 등 둘로 나누는 것에 익숙해져 있다. 사실은 우리의 생각이 그렇게 만들어 놓은 것일 뿐 실체는 없는 것인데, 없는 것을 있다고 판단해 분별하면서 살아왔으니 괴로울 수밖에 없다. 그런데 더 나아가 대부분 우리들의 괴로움이 그 분별하는 습관에서 오는 것이라는 것조차 모르고 산다. 원인을 모르니 문제를 풀 수가 없고, 문제를 풀지 못하니 삶은 늘 무겁고 힘들다. 모든 선지식들이 미워하고 좋아하는 분별심만 내려놓으면 마음이 툭 트여 삶에 장애가 없다고 그렇게 일러 주는데도 우린 그 깊고도 질긴 분별하는 습관 때문에 걸려 넘어지는 것을 되풀이하면서 산다. 어둠 속에서 끝없이 윤회하는 것이다. 이에 스님께서 명쾌한 답을 내리셨다.

"업장 때문이죠. 밝은 곳을 향해야 하는데 수많은 생을 살아오면서 익힌 습 때문에 어두운 구석을 향하는 겁니다. 밝은 곳을 향하면서 참선, 주력, 염불 등의 수행을 해야 원만하게 성취되는 것이지, 어둡게 마음을 쓰면서 무언가를 성취하려고 하면 잘 안 됩니다."

"인생의 주인공은 나라는 전제 아래 맹렬히 수행하는 일이 중요하겠군요."

"그럼요. 맹렬하게 수행하면 수행한 만큼 밝은 지혜가 자기한테 오게 되어 있어요. 슬프고 괴로운 것도 한순간에 웃음으로 바뀔 수 있습니다. '아무것도 아닌 걸 가지고 내가 속았네.' 하고 깨닫게 됩니다. 사실 위기가 닥쳤을 때가 기회입니다. 위기를 기회로 살리지 못하고 주저앉아 버리면 인생이 엎어지는 거예요. 생과 사를 둘로 쪼개서 보니까 생은 즐겁고 사는 괴로운 것이지, 둘이 똑같다고 생각하면 괴로울 것도 없습니다. 생사를 둘로 나누는 마음(생사심)이 살포시 떨어져 나가니까 업장이 녹고 좋아지는 것이지요. 업장이 녹지 않으면 완전히 굳은살처럼 눌어붙어 있게 돼요. 일상생활에서도 어떤 방법을 쓰든 생사심을 줄이는 작업을 계속해야 돼요. 염불이나 주력, 참선을 안 해도 생사심이 없다면 한 단계 올라간 사람입니다."

스님께서 봉암사에서 삼 년, 그 뒤 오대산 상원사에서 정진할 때 스님을 모시고 함께 공부했다는 한 스님에게 당시 이야기를 들었다. 설정 스님은 그 커다란 항생제 알약을 한 움큼씩 드시면서, 단 일 분도 정진에 빠지지 않은 채 선방에 마치 오뚝이처럼 앉아 있었다고 한다. 한마디로 '정신력이 대단했다.'는 것이다.

그 후 스님은 미국 텍사스에 있는 어느 절에 다니러 갔다가 전기톱으로 창밖의 나무를 치다가 밑으로 떨어지면서 척추 두 마디가 골절되었다고 한다. 반신불수가 된 채로 서울 어느 병원으로 왔는데, 문병을 가 보니 침대에 가만히 앉아 선정에 들어 있더라는 것이다. 그리고 채 한 달이 안 돼 결제일이 되어 정혜사 선방에 들어오셨는데, 앞뒤로 복대를 하고 거북이처럼 하고 있었다고 한다. 그해 겨울 용맹정진에도 빠지지 않고 정진하는 스님을 보면서 대중스님 어느 한 사람도 어디가 아프다는 소리를 못했다고 한다. 스님께서 선원으로 돌아와 얼마나 사무치게 정진했는지 알려 주는 일화다.

사람은 위기에 처했을 때 질주하던 삶을 멈추고 자신이 달려온 길을 깊이 돌아보게 된다. 자신을 변화시킬 수 있는 절호의 기회다. 그리고 거기에서 길을 찾게 된다. 그래서 위기가 곧 기회라는 말을 한다. 스님 또한 죽음이라는 위기 앞에서 수행자 본연의 삶을 선택했고 초심으로 돌아갈 수 있었다. 그리고 다시 수덕사로 돌아왔다. 어린 사미 시절, 선지식들을 모시고 견성성불을 꿈꾸고, 위로는 깨달음을 구하고 아래로는 중생을 교화하겠다는 상구보리 하화중생上求菩提下化衆生을 가슴에 품었던 곳으로 돌아온 것이다. 그리고 십여 년이 지나, 3대 방장 원담 스님이 입적한 다음 해인 2009년에 덕숭총림 4대 방장으로 추대되었다.

4

덕숭산으로 돌아오다

설정 스님이 방장으로 있는 덕숭산 수덕사는 우리나라 8대 총림의 하나로 한말에 한국 근대선불교의 중흥조로 일컬어지는 경허 스님이 주석하면서 선풍을 크게 일으켰고 경허 선사의 제자 혜월, 수월, 만공 스님 등이 공부를 이룬 선의 종갓집이다. 또 만공 스님의 문하에서 수많은 선지식들이 배출되어 한국 불교의 동량을 이루었고, 현재 만공 스님의 법손들이 덕숭문중을 이루고 있다.

수덕사는 설정 스님이 주지로 재임하던 1984년에 조계총림 송광사, 영축총림 통도사, 가야총림 해인사에 이어 덕숭총림으로 대한불교 조계종의 4대 총림이 되었다.

총림은 선원, 강원, 율원 및 염불원을 갖추고 본분 종사인 방장의 지도 아래 대중스님들이 여법하게 정진하는 종합수행정진도량을 말한다. 총림에는 방장, 수좌, 주지, 유나, 선원장, 율주, 승가대학 강주(학장) 및 당주(염불원장)가 있다. 현재 수덕사엔 130여 명의 스님들이 살면서 방장의 지도 아래 수행 정진하고 일반 대중들을 교화하고 있다.

수덕사를 지키는 것이 한국 불교를 살리는 길이다

"봉암사, 상원사 등 선방에서 정진하며 건강을 회복하고 수덕사로 돌아오셨습니다. 그리고 결제 때엔 정혜사 능인선원으로 올라와 정진하고 계십니다. 열네 살에 수덕사로 오셔서 반세기가 지난 뒤 총림의 방장이 되셨는데 감회가 남다르지 않았을까 싶습니다."

"지금도 나는 미완성의 수행자입니다. 처음 여기에 올라왔을 때와 마찬가지로 영원한 행자입니다. 부처님의 깊은 진리와 선사들의 깊은 뜻은 망망대해와 같아요. 깊은 바다 속을 몇 발자국 들어갔다고 해서 바다를 다 이해하는 게 아니에요. 나는 오로지 부처님과 같은 복덕과 지혜, 위신력과 공덕이 원만해지기를 염두에 두고 가는 사람입니다. 그것이 원만해졌을 때 진정으로 중생들에게 남김 없는 이익과 공덕을 줄 수 있다는 생각을 가지고 살아갑니다. 조금 알거나 증득한 것은 과정의 일이지 완성의 단계가 아니라고 생각합니다."

"저는 총림하면, 대규모의 중국 총림들이 생각납니다. 수백, 수천 명의 스님들이 모여 살면서 서로 공부를 탁마하고 농사를 지으면서 총림의 최고 어른인 방장에게 공부를 지도받았잖아요. 선가의 많은 인물들이 거기에서 나왔고요. 그래서 총림을 떠올리면 스님들의 기상과 위엄이 느껴집니다. 부처님께서도 1250명의 비구들과 함께 수행을 하고 밥 때가 되면 걸식을 하러 나가셨잖아요. 얼마나 장엄했을까 싶습니다. 또 예전에 어른스님들이 제자들에게 승려가 되었으면 홀로 살지 말고 대중처소에서 함께 모여 살라는 말씀을 많이 하셨다고 하는데, 이는 선지식 밑에서 언행을 바로 하고 공부하며 살아가라는 뜻이 아닐까 싶습니다. 총림의 방장은 무엇을 하는 분인지, 현재 방장이신 스님께 직접 여쭤 보고 싶습니다."

"방장은 언이불언言而不言이고 행이불행行而不行이죠. 말을 할 때 말을 하지 않는 사람이고, 행을 할 때 행을 하지 않는 사람이에요."

스님은 미소를 머금은 채 잠시 침묵했다. 말을 했으되 말을 한 적이 없고 행을 했으되 행을 한 적이 없는 사람이라는 말씀일까, 그래서 어떤 말, 어떤 행에도 흔적을 남기지 않는다는 뜻일까 생각해 보고 있는데 스님이 침묵을 깨셨다.

"그건 추상적인 얘기고, 방장의 역할은 총림 전체 대중의 수행을 지도하는 것입니다. 또 부처님의 말씀이나 선사들의 언어, 그리고 자신이 체득한 수행의 힘으로 수행자들이 잘못 가지 않도록 탁마해 주고 격려해 주는 사람입니다. 본분 종사宗師라고 할 때 종宗은 근본을 말하는데, 더불어 종사는 근본을 체득해서 그 내용을 수행자들에게 일러 주고 변화시켜 주는 역할을 합니다.

선원은 하늘을 뚫을 만한 기개를 가진 장부들이 모여 사는 곳입니다. 용광로와 같은 곳이죠. 뿔이 나거나 삐뚤어진 놈, 어떤 거친 놈이 와도 받아들여 용광로에 집어넣어 새로운 사람, 괜찮은 놈을 만드는 것이 방장의 역할입니다. 야생마 같은 기질이 강한 사람들이 마음만 먹으면 공부를 잘해요. 밋밋한 것을 싫어하는 사람들이 오면 방장을 깔아뭉개며 달려드는데 그런 기개가 있는 놈들이 공부를 해 가면서 변화해 가는 모습을 보면 보람을 느낍니다. 방장이 힘들다고 해서 순둥이들만 받아들이면 활발발하게 사는 맛이 없죠. 공부를 해 가지고 와서 견처를 얘기하는 사람을 보면 '저거 물건이 되어 가고 있구나' 하는 생각에 마음이 흐뭇합니다."

"스님께서 주지로 계실 때 수덕사가 총림이 되었지요?"

"종회에 가서 정식으로 수덕사를 총림으로 만들겠다는 제안서를 내서 통과되었죠. 초대 방장으로 모셨던 혜암 스님이 101세, 2대 방장이셨던 벽초 스님이 87세에 돌아가셨기 때문에 3대 방장이신 우리 스님이 82세에 돌아가시리라고는 생각지도 못했어요. 젊었을 때, 내가 여기 수덕사에 있지 않고 밖으로 종회의장이니 뭐니 하고 돌아다니니까 은사스님께서 자주 이런 말씀을 하셨어요. '너, 정혜사를 지켜라. 정혜사를 지키는 것이 수덕사를 지키는 것이고, 수덕사를 지키는 것이 한국 불교를 지키는 것이다.' 만공 선사께서도 은사스님에게 그런 말씀을 하셨다고 해요. 그건 껍데기만 수좌가 아닌, 실제로 공부해서 안목을 갖춘 수좌가 되게 하라는 강한 메시지라고 봅니다. 저는 이 말씀을 저에게 준 깊은 교훈이라고 생각합니다. 정혜사를 지키라는 것은 선禪을 살리라는 의미죠. 선을 살리는 것은 수덕사 전체의 일이에요. 수덕사 전체 대중이 선을 활성화시킨다면 그것은 한국 불교를 살리는 길이라고 생각하고 있어요."

정혜사 능인선원은 만공 스님이 1904년에 경허 스님으로부터 전법게를 받고 이듬해 금선대라는 작은 초가를 지어 보임에 들자, 운수납자들이 모여들어 가르침을 청하여 선방을 열어 법을 설한 것이 시초가 되었다. 1910년 동안거부터 납자들을 제접하고 정혜사에 능인선원의 문을 열어 금오, 고봉, 전강, 혜암, 벽초 스님 등 근현대 한국 불교의 기라성 같은 선지식들을 배출했다. 1910년 동안거부터 1967년까지의 선원의 안거 기록을 모은 『정혜사定慧寺 능인선회방함能仁禪會芳啣』에 따르면 이 기간 동안 능인선원에서 수행한 대중은 1685명이다. 선풍을 일으킨 납자들의 치열한 정진처로, 한때 만공 스님이 주석하고 있을 때 스님들이 구름처럼 몰려들어 한 철 이상 건물 밖에서 취식하며 노천에서 수행하는 진풍경이 벌어지기도 했다고 한다. 1950년대 중반 설정 스님이 정혜사에서 정진하고 있을 때는 만공 스님의 제자 금봉 스님이 조실로, 입승으로 고봉 스님이 있었으며, 송담 스님 외 여러 스님들이 정진하고 있었다.

2005년 설정 스님이 선원의 유나로 있을 때 2년여에 걸쳐 중창불사를 회향하며 지금의 선방 30평과 요사채 40평을 중수했고, 욕실, 화장실, 식당 등을 새로 준공했으며, 대대적인 조경 공사로 경내를 정비했다.

"스님께선 방장 취임식을 따로 하지 않으셨다고 하죠?"

"만공 스님이나 벽초 스님과 같은 큰스님들께서도 방장이 되었다고 해서 법상에 올라가 취임식 같은 걸 하지 않으셨어요. 취임식을 치르자면 사중에서 치러야 할 경비가 많이 듭니다. 화환이 수백 개 들어오는 것은 낭비죠. 노스님들 생각이 옳으셨던 것 같아요. 평생 생신 때가 되면 어디 밖으로 나가셨어요. 당신들 생신에 대중들이 동원되는 걸 원치 않으셨습니다. 나도 주지 소임을 두 번 보았지만 취임식 같은 것은 없었고 방장 때도 마찬가지였죠. 덕숭총림 수덕사의 가풍은 무상위종無相爲宗, 즉 상이 없는 것을 가풍으로 합니다. 다비식도 부처님 사리만 있으면 되는 것이지 더 이상 무엇이 필요한가요? 사리를 수습하지 않는 것도 수덕사의 전통입니다."

"스님께서는 결제 동안 여기 정혜사 능인선원에서 대중스님들과 정진하고 계신데, 연세 드셔서 하는 용맹정진은 젊으셨을 때에 비해 힘드시지 않나요?"

"힘은 들어도 화두에 열중하고 있으면 시간이 잘 가니까요. 몸이 괴롭다고 생각하면 너무 힘들어서 못해요. 그런 생각을 아주 놓아 버려야 됩니다. 내가 구경에 이를 때까지 정진은 끝이 없다는 생각입니다. 절에 와 살면서 용맹정진을 서른여섯 번 했는데, 할 때는 많이 힘들지만 한 번 하고 나면 무엇 하나가 툭 떨어져 나가는 기분이 듭니다. 자신감이 솟아나고 인내와 극기력이 생기죠. '이렇게 해서 가지 않으면 안 되겠구나.' 하는 생각을 하게 돼요. 책을 보고 논리적으로 아는 것은 껍데기에 불과하죠. 공부를 하면 할수록 더 깊어지는 것 같아요. 옛 선사들이 그랬듯 나는 지금도 죽는 순간까지 정진하면서 가야 한다고 생각하고 있습니다. 요령을 가지고 쉽고 편하게 살 수 있지만 그것은 자기를 속이고 남을 속이는 거죠. 그건 잘 사는 게 아닙니다."

"'어려운 길을 갈 때 비로소 당당해질 수 있다.'는 스님의 말씀이 기억납니다. 이렇게 연세가 많으신데도 구경에 이를 때까지 정진하시겠다는 스님의 모습을 뵈니까 저희들도 발심이 됩니다. 함께 정진하는 스님들에게도 큰 경책이 되겠습니다."
"만공 스님께서 남기신 교훈 가운데 '허공이 가장 무서운 줄 알라.'는 말씀이 있습니다. 난 그 교훈을 참 소중하게 생각합니다. 대부분 혼자 있을 때는 아무렇게나 제멋대로 행동하는데, 그것은 스스로를 망가뜨리는 일이에요. '화살처럼 빠르게 귀신의 눈이 나를 보고 있다.'는 말이 있습니다. 이 우주 공간에 아무것도 없는 것 같지만 나를 바라보고 있는 모든 제불보살과 천룡팔부가 항상 있는 겁니다."

그동안 스님을 뵈면서 나는 총림의 방장은 만능이라는 생각이 들었다. 얼마나 많은 일을 하시는지, 칠십이 넘은 연세라고 생각할 수 없을 만큼 하루를 역동적으로 보내고 계셨다. 해제 기간 중 한번은 스님의 일정을 표기해 둔 자그마한 달력을 본 적이 있는데, 빨간 동그라미로 가득 차 있었다. 해제 기간엔 각종 불교 행사와 회의에 참석하며, 한 해에 한 번은 나라 밖 타 종교 지역을 순례하며 견문을 넓히고, 외국에 있는 한국 절에 가셔서 법문도 한다. 스님 자신이 현장에 있는 것이 다른 사람들에게 도움이 된다면 부처님과 시주의 은혜를 갚는 길이라고 생각하고 기꺼이 참석하는 것이다. 때론 '힘드네.' 하는 생각도 들지만, 그건 잠깐이고 툴툴 털고 일어선다. 어제 외국에서 왔어도, 내일 출국을 해도, 피로함을 내색하지 않고 스케줄을 소화한다. 나는 스님을 이 년여 정도 뵙는 동안, '힘들다, 피로하다, 어렵다' 이런 부정적인 언어를 들은 적이 없다. 언제나 건강해 보이신다는 나의 말을 들은 시자스님이 '작년에도 허리 수술을 두 번이나 하시고 다리도 다치셨어요.' 해서 편찮으셨던 걸 알았다.

"그동안 스님을 뵈면서 마치 청년들이 에너지를 쓰는 것처럼 살고 계시다는 느낌을 받았습니다. 오후 불식을 하신다고 들었는데, 그렇게 온 힘을 다 쓰고 사시는데, 하루 두 끼 드시고도 괜찮은가요?"

"봉암사에 가서부터 시작했으니까, 한 16년 되었을 거예요. 참선하는 데는 밥을 안 먹으면 몸이 상당히 가볍고 좋습니다. 머리도 맑고요. 예전에 독한 약을 많이 먹은 것으로 인해 위장이 안 좋아서 많이 먹으면 부대끼고 힘들어요. 그리고 내가 먹지 않은 만큼 어떤 사람이 더 먹게 될 것이라고 생각하는데, 누가 그 소리를 듣더니, '그걸 계산하고 사느냐, 아이고 엄청 절약했네?' 해서 웃었어요. 지금 생각은 한 때만 먹었으면 좋겠는데 한 때만 먹으니까 기운이 좀 없어요.

병이 나서 미국에 있을 때 마음속에 다짐했던 것이 계속 유지되는 건데, 죽을 수도 있는 상황에서 살아나 덤으로 사는 거니까 죽을 때까지 쉽고 편하게 살지 않겠다는 생각을 가지고 삽니다. 그리고 일을 한다는 것은 너무 좋은 것 같아요. 일하는 것이 힘든 사람도 있겠지만, 내가 농사를 지어서 새싹이 올라온 모습이나 열매가 맺는 모습을 보면 상당히 흐뭇해요. 그리고 도량을 청소하고 나서 깨끗하게 정돈된 모습을 보면 상당히 마음이 시원하고 좋습니다. 노동의 의미를 일부러 느끼지 않으려고 해도 쾌감이 있어요."

"인간을 인간답게 만드는 것 중 중요한 요소 하나가 노동이라고 하는데, 스님 사시는 걸 보면 확인이 되는 것 같아요.(웃음) 스님께선 일하는 것 자체가 힐링이 되시나 봐요"

"괴테가 그런 말을 했잖아요. '인간은 태초에 움직임이 있었다.' 움직이는 것이 곧 삶이라는 얘기인데, 상당히 공감이 가는 말입니다. 가만히 있다는 것은 죽은 생명이잖아요. 사람은 살아가면서 하루하루 새로워져야 하고 창조적이어야 해요. 그리고 가능성에 충실하게 사는 것, 이것이 창조적이고 진실한 삶입니다. 적극적이고 열정적이어야 해요. 무엇을 하든 마음을 다 쏟아붓는 것이 충실한 것인데, 그러다 보면 할 일이 너무 많아요. 시간이 없어요."

"산속에 계신 방장스님께서 무슨 할 일이 그렇게 많습니까?"
"너무 많아요. 만나는 많은 사람들 한 사람, 한 사람에게 최선을 다하지 못하는 아쉬움이 있습니다. 얘기를 많이 못해 주니까, 가서 보라고 책을 많이 사다 놓습니다. 사람들이 찾아오면 얘기를 오래하면서 그 사람이 가지고 있는 고민도 들어주고 내가 풀어 줄 수 있는 얘기도 해 줍니다. 실제 내가 도와줄 수 있는 사람이 몇 안 돼요. 물질적인 도움은 더군다나 주변에 몇 안 돼요. 알게 모르게 돈이 좀 생기면 누구도 좀 주고 하는데, '아, 참 내가 재복이 많았으면 좋겠다.' 이런 생각을 합니다. 텔레비전이나 신문을 보면 도와주고 싶은 사람이 많습니다. 남한테 주는 것은 대가를 기대하거나 칭찬을 받으려고 하는 것도 아닌데, 무엇을 주면 내 것은 없어지지만 그만큼 기분 좋아지고 산뜻해집니다."

"함께 사는 스님들의 말이, 스님은 주머니가 늘 비어 있다고 하시더군요. 방문도 늘 열어 놓고 밖에 다니신다지요?"
"재어 놔서 될 일이 없어요. 그날그날 비우고, 또 비우고, 채워지면 또 비우고 살죠. 그리고 나는 너무 근사하게 살았어요. 그동안 부처님 가피가 큽니다. 주위에 돈 있는 사람들을 보면 돈을 잘 안 써요. 나는 일단 모임이 있어서 가게 되면 먹고 자는 걸 다 내가 해결합니다. 나는 그게 좋아요. 나로 인해서 사람들이 먹고 쉴 수 있으니까 얼마나 좋아요. 없으면 애당초 모임에 가질 않습니다. 그러니까 사람들이 나보고 여유가 있다고 하는데, 그런 소리를 듣는 것이 기분 좋아요. 솔직히 말해서 처자식 없는 게 얼마나 근사해요?(웃음) 그렇지 않으면 먹여 살리느라고 꼼짝 못했을 텐데 말입니다. 이렇게 절에서 두 때 먹고, 다른 사람을 위해 쓸 수 있으니 얼마나 다행입니까."

이러한 스님을 두고 도반스님들은 '일평생을 개인을 앞세우는 법 없이 전체 대중의 이익을 위해서 산 수행자다. 아무것도 가진 게 없어도 늘 공심으로 살았다. 위로는 어른을 잘 모시고 도반에겐 신의가 있고, 아래로는 후학들을 사랑한 사람이다. 동진출가해서 그렇듯 청정하게 일생을 살아온 사람이 드물다.'고 전하고 있다.

선농일치의 삶

"수덕사는 선농일치를 가풍으로 삼는다고 하는데 선과 농사는 어떤 연관성이 있는 건가요?"

"농사를 지으면서 참선하고, 참선하면서 농사를 짓는 것이 선농일치입니다. 중국의 선종으로부터 내려오는 가풍입니다. 중국의 백장 선사가 '하루 일하지 않으면 하루 먹지 말라.'는 철저한 선가의 가풍을 세웠죠. 중국에 수많은 법난이 일어났을 때도 도시나 군주의 보호를 받았던 교종이나 율종 사찰은 많이 깨졌지만, 선종 사찰은 독립적으로 일해서 먹고 살았기 때문에 누구도 손을 댈 수 없었어요.

인간은 경제적 독립이 소중한데, 자력갱생의 경제적 독립엔 용기가 필요합니다. 칠전팔기의 어떤 고난을 극복할 때도 용기가 필요하고요. 인간의 내구력이나 결단력 이런 것 모두가 용기에서 나오는 겁니다. 그런데 그 용기는 스스로 자기가 일하려는 자세가 되어 있을 때만 나옵니다. 그래서 승려는 선농일치를 했을 때 용기가 생기고, 그 용기를 가지고 살 때 당당하고 떳떳해요. 사람은 당당할 때 주체적으로 살 수 있거든요.

그리고 공부와 노동이 둘이 아닙니다. 함께해야 힘 있는 공부가 돼요. 반드시 경제적 가치만 따지는 게 아닙니다. 움직였을 때나 앉아 있을 때나 마음자리가 일여가 되어야 힘 있는 공부입니다. 조용히 앉아 있을 때는 공부가 잘되는데 움직이면 안 된다고 하면 그것은 힘없는 공부죠."

"그러니까 농사를 지으면서 자신의 공부가 동정일여動靜一如가 되고 있는가를 점검할 수 있겠군요. 또 재가자들에게 적용한다면 자력갱생과 일맥상통하겠네요?"

"그렇죠. 여러 가지가 좋은 게 많아요. 일을 하면 몸과 마음이 다 건강하고, 무언가를 생산한다는 자부심도 느껴져요. 시주의 은혜를 줄인다는 큰 의미도 있습니다.

나는 일단 여기 선원에 오는 사람들에겐 일을 많이 시켜요. 밭을 매고 채소를 수확하게 합니다. 그래서 이곳에 다니러 오는 사람들에게 주기도 합니다. 우리가 직접 밭을 갈아서 약을 치지 않으니까 신선하고 좋습니다. 감자도 우리가 심어 한 오륙십 박스 수확해서 다음 해까지 먹어요. 배추도 오륙백 포기 정도 수확하는데, 김장을 충분히 담가서 여기 다니러 오는 분들에게도 나눠 주고 해요."

"농대 출신인 데다 열네 살 때부터 농사를 지으셨으니 스님께선 절에서 농사를 짓는 것에 대한 큰 비전도 좀 가지고 계시지 않을까요? 농대를 택한 이유도 사찰의 경제를 고려해서 산림과 토지를 활용할 방법을 배우려고 하신 데 있었다고 말씀하셨는데요."

"젊은 사람들은 농사짓는 것에 대해 소극적이고, 싫어하는 경향이 있어요. 그러나 나 같은 사람은 출가 초장에 시집살이를 철저하게 했기 때문에, 일에 대한 것은 겁나는 게 전혀 없어요. 그 일이 당위성을 가지고 있기 때문에 나쁘다고 생각해 본 적이 없습니다. 지금도 나는 사중 사람들에게 우리가 가지고 있는 농토에 농사를 지어 먹자고 합니다. 지금 수덕사에서는 밭은 갈아먹고 있지만 논농사는 짓지 않고 있습니다. 종단에서 일할 때도 사찰별로 영농 법인을 만들어서 농사를 지어 잉여농산물을 이북으로 보내던가, 아니면 어려운 사람들에게 보내자고 했어요. 예전엔 지게를 져서 했지만 요즘은 기계로 다 하니까 농사짓기가 좋습니다. 기계로 뿌리고 거둬들여서 하니까 얼마든지 할 수 있어요. 여기 주지에게 이런 얘기를 해 놓고 있습니다. 나와 같은 생각을 가진 사람도 있고 땅이 넓으니까 언젠가는 실현될 거라고 봐요."

"아직도 그런 꿈을 가지고 계시는군요."
"그럼요. 나는 전국적으로 사찰들이 이 일을 실천했으면 좋겠어요. 그리고 화훼 단지를 만들어 계절마다 꽃을 생산해서 밖으로 내보내면 좋겠어요. 외국에서 수입하는 화훼가 수천억 되는데 여기서 꽃을 생산하면 선농일치의 삶도 살 수 있고 경제적 가치도 커서 밖에 사는 사람들에게도 여러 가지 도움을 줄 수 있을 것 같은데, 이를 실현해 나갈 실무자가 아직 받쳐 주지 못하고 있으니까, 여기 정혜사에서만 나무하고 농사짓고 삽니다."(웃음)

'가능성에 충실하게 사는 것이 창조적이고 진실한 삶이다.'

나는 스님의 말씀을 들으면서, 칠십대 중반의 방장스님께서 생각하고 계신 비전이야말로 가능성에 충실히 하고 사는 것이며, 창조적이고 진실한 삶이라는 생각이 들었다. 그날도 역시 밖에서 울력이 시작되는 목탁 소리가 들려왔고 스님께선 손님이 왔다고 하여 함께 일하지 않는 것을 불편해하셨다.

"밖에서 목탁을 치니까 저기에 신경이 쓰여요. 오늘은 아침 일곱시부터 울력을 시작했어요. 전부 학교에 다니다가 절에 와서 일을 못하는 사람이 많거든요. 그래서 실제로 시범을 보여 주며 가르쳐야 돼요."

지금도 일을 할 때면 일일이 시범을 보이신다고 하는데, 짧은 내 소견으로는 이제 감자 울력쯤은 중간 관리자에게 지시만 하면 될 것 같은데, 스님께선 오히려 그게 더 어려운 일 같았다. 물론 젊은 스님들이 나오지 못하게 말리지만 스님은 죽을 정도로 아프지만 않으면 함께 일하리라 생각하고 있다고 하셨다.

"감자는 캐 보면 굵기에 따라 용도가 달라요. 그리고 다른 멀쩡한 감자가 썩은 감자에 오염되면 같이 썩기 때문에 다 추려야 돼요. 지금 저렇게 마당에 둔 것은 말리고 있는 거예요. 젖은 것을 그냥 보관하면 썩게 되니까 일단 말려서 상중하로 나누어서 다 골라요. 그래서 그걸 담아서 식혀 놓았다가 냉장고에 들어가죠. 오늘은 손님이 와서 이러고 있지만, 평상시엔 함께 일합니다. 감자는 버릴 게 하나도 없어요. 설사 썩은 감자라도 썩은 부분을 도려내고 깨끗이 닦아서 녹말을 만들면 돼요. 몇 번 물을 걸러서 녹말이 되면 말려서 떡도 해 먹고 수제비도 해 먹죠. 아침에 방법을 얘기했지만 이 사람들이 잘 모르니까 신경이 쓰입니다.

살아 보면 그래요. 수행자들은 무엇보다 가는 방향이 같아야 하고, 한 거주지에서 똑같이 생활하고, 먹는 것이 같아야 합니다. 지위가 높다고 해서 일을 하지 않으면 화합을 이루기 어렵습니다. 모든 규칙을 같이할 때, 소위 동질감을 얻고 구속력이 생기고 화합이 이루어져요. 밥을 한 그릇 먹은 사람은 두 그릇 먹는 사람에게 섭섭할 거 아닙니까? 내가 똑같이 정진하고 일하니까, 젊은 사람들 입장에선 불편할 때도 있을지 모르지만, 그렇게 생활을 하다 보면 훗날, 배운 대로 생활하게 되겠지요."

대승불교에서는 출가자들이 절에 살면서 화합을 이루기 위한 여섯 가지 원칙을 이렇게 말하고 있다.

첫번째, 신화공주身和共住, 몸으로 화합함이니 같이 살라.

두 번째, 구화무쟁口和無諍, 입으로 화합함이니 다투지 말라.

세 번째, 의화동사意和同事, 뜻으로 화합함이니 같이 일하라.

네 번째 계화동수戒和同修, 계로 화합함이니 같이 수행하라.

다섯 번째, 견화동해見和同解, 바른 견해로 화합함이니 함께 해탈하라.

여섯 번째, 이화동균利和同均, 이익으로 화합함이니 균등하게 나누라.

절에 가면 스님들이 모여 생활하는 공간으로 육화료六和寮가 있는데, 육화란 이 여섯 가지를 말한다. 이 여섯 가지가 잘 조화를 이루면 절뿐만 아니라 가정도, 사회도, 국가도 이상적인 집단이 될 것 같다는 생각이 든다.

밖에서 다시 울력하는 소리가 들렸다. "밀어, 밀어!" 골라낸 감자를 가마니에 담아 손수레로 옮기는 중인 것 같았다.

"이른바 상대적 빈곤으로 인해 분노를 느끼는 사람들은 사회에서 평등한 대우를 받지 못하기 때문에 그렇습니다. 사회에서야 어쩔 수 없는 현상이라 행하지 못한다고 해도 절 집안에서는 실천할 수 있어요. 지금 내가 거처하는 방이 지하에 있어요. 방장이 왜 지하에서 사느냐고들 말하지만, 어렵게 사는 세속 사람들에 비하면 이것도 과분하고 미안한 생각이 듭니다. 옷도 나는 허름한 걸 입어도 남에게는 좋은 것을 주어야 해요. 나는 아직 내복도 다 떨어져서 구멍이 날 때까지 입습니다. 봉암사에서 정진하면서 살 때는 20년 정도 입은 내복을 빨려고 내놓았더니 한 스님이 가져다가 태워 버린 적이 있어요.

내가 편하고 받는 것이 많으면 상대적으로 나로 인해서 힘들고 괴로운 사람이 있을 거라는 생각을 하면서 살아가야 합니다. 자기 능력으로만 살아간다고 생각하는 사람이 많은 것 같습니다. 그러나 세상은 물질 하나하나가 우주와 연관이 되지 않은 것이 어디 있나요? 우리가 지금 자연을 사정없이 파괴하며 살고 있는데, 언젠가 이로 인해서 뒷사람들이 얼마나 고생하겠는가를 생각해야 합니다. 석유나 금덩이가 땅속에 무진장으로 묻혀 있는 게 아닙니다. 우리가 먹고 마시며 불편 없이 살아갈 때 유정 무정의 생명들이 해를 입고 있다는 사실을 간과해서는 안 됩니다. 오존층이 계속 파괴되고 있잖아요. 메르스 같은 질병이 왜 나옵니까? 앞으로도 슈퍼바이러스에 인한 질병이 분명 더 나올 겁니다. 모든 생명을 하나로 보지 않고 너무 인간 위주로 살아온 결과죠. 인과를 믿고 살아야 합니다."

지금 산중에서 정진하고 있는 이유를 이렇게 말씀하시고 자리에서 일어나셨다.

“부처님께서 우리에게 가르치신 것은 마음 ‘심心’자 하나입니다. 어떻게 좋은 마음을 가지고 살 것인가 하는 겁니다. 승속을 막론하고 모두 육신과 업신만 소중하게 여기고 살아가는데, 진리의 몸인 법신을 발현해서 자기 것으로 만들어 갈 때 사회가 바로 설 것입니다. 『원각경』에 ‘일심이 청정하면 다심이 청정하고, 다심이 청정하면 국토가 청정하고, 국토가 청정하면 세계(일체, 온 법계)가 청정해질 것이다.’라고 했는데, 참으로 유용한 말입니다. 교리가 중요한 게 아니고, 결국 실제로 각자 마음을 밝히는 데 요점을 두고 집중해서 온 힘을 기울인다면 불교는 살아날 것입니다. 많은 사람들이 불교를 바탕으로 바르고 깨끗한 생각, 밝은 생각을 가지고 살아가면, 그들이 사는 세계가 바로 정토가 아니겠는가 하는 생각을 합니다.”

평상심시도 일일시호일

스님을 모시고 정진한 후학스님들은 스님을 두고 선가의 영원한 사표로 불리는 조주 선사에 가까운 수행자라고 입을 모은다. 정신은 ‘평상심시도平常心是道’ 하나이며, 행동은 ‘일일시호일日日是好日’이라는 것이다. 하루 생

© 하지권

정혜사 능인선원 앞에서.

활이 치열하고 철저히 대중에 회향하는 삶을 살고 있는 분이라고 했다.

백장 회해 선사는 여든이 넘은 나이에 총림의 방장으로 있으면서도 분잡할 정도로 일을 했다. 모시고 있는 사람들이 연장을 감추자 그날은 일을 하지 않았다. 그런데 밥 때가 되어도 나타나지 않아 모시러 갔더니, 오늘 일을 하지 않았으니 밥을 먹지 않겠다고 했다. '하루 일하지 않으면 하루 먹지 말라.'는 유명한 말을 남긴 선사다웠다. 후학들은 쇠똥으로 퇴비를 만들어 밭에 뿌리는 일에서부터 씨앗을 뿌리고 거둬들이는 일까지, 도량 청소에서부터 일 년에 두 번 있는 산중 대청소까지 함께하는 스님 또한 백장 스님의 저러한 사상에 철저해, 일의 소중함을 귀하게 여기는 분이라고 생각한다.

누가 찾아오면 반갑게 맞아들이기는 하되 도량의 인연으로 여길 뿐 개인의 인연으로 생각지는 않는다고 했다. 누가 내복이나 털모자라도 공양을 올리면 큰방(선방)에 들고 들어와 크기가 맞는 사람을 찾아 입게 한다. 그래서 스님의 방에는 아무것도 없다. 문을 잠그지 않고 다닐 수 있는 이유일 것이다.

스님이 봉암사와 상원사 선방에서 공부하실 때부터 스님을 가까이 모시고 공부했다는 한 후학스님은 곁에서 본 스님의 삶을 이렇게 표현했다.

"방장스님은 선원에서 가장 먼저 일어나십니다. 선방에 앉아 참선을 할 때도, 용맹정진을 할 때도 가장 먼저 들어와서 힘 있게 정진하세요. 선원에서 가장 몸을 고단하게 쓰는 분도 방장스님이십니다. 울력을 할 때도 가장 먼저 연장을 가지고 나오셨다가, 울력이 끝나면 가장 나중에 연장을 정리하고 대중들이 다 돌아가고 나면 뒤를 정리하고 가장 늦게 나오는 분입니다. 대접받는 걸 싫어해서 공양을 결코 따로 받지 않고 어떤 일이든 함께 하시죠. 사적인 시간을 잘 가지지 않고 공인으로서 하루 한 순간도 허투로 쓸 수 없다는 것에 철저하십니다.

도량을 떠나지 않고 일거수일투족을 같이하면서 정해진 규칙을 그대로 초지일관해 나갈 뿐, 조용히 산중에서 살며 오직 실천하는 것을 위주로 사는 분입니다. 울력이 정진이고 정진이 울력인 분이며, 준열하게 공부할 뿐 법상에 올라 주장자를 치며 말을 어렵게 하시지 않습니다.

방장실의 문턱도 높지 않습니다. 해제 때엔 문이 늘 개방되어 있어요. 밖에 볼일이 있어서 부재중일 때 말고는 찾는 이들을 가리지 않고 맞아 그들이 살아가는 얘기를 귀 기울여 듣고 삶에 용기를 주는 말씀을 해 주세요. 후학들에게도 이것을 해라, 저것을 해라 하지 않고, 다만 삶이라는 게 얼마나 소중한가를 강조하십니다. 우리들 존재 전체가 빛에 싸여 있는 소중한 존재임을 간곡하게 일깨워 주며 '진정한 자기를 찾아야 한다.' 고 말씀하십니다. 특히 부처님 앞에서의 신심은 거룩할 정도죠. 절을 한 번 해도 온 우주의 기를 끌어다가 불상 앞에 드리는 것처럼 하세요.

그리고 엄청 많은 양의 책을 읽는 독서가이십니다. 선한 삶을 산 사람들이 남긴 좋은 책들을 종교와 관계없이 경건하게 읽고 좋은 책들은 사서 다녀가는 이들에게 선물하시죠."

한 산중을 책임지는 방장스님의 현재 삶을 가장 잘 드러낸 말이라는 생각이 들었다.

이날은 다른 날에 비해 일찍 인터뷰 자리를 파했다. 아무래도 감자 울력을 하는 곳에 스님을 보내 드려야 할 것 같아서였다. 스님은 모자를 쓰고 일하기 편한 복장을 한 방장행자의 모습으로 뚜벅뚜벅 걸어가셨다. 단정하고 활발한 뒷모습에 자신의 정직함에 타격을 준 아버지에게 반항해 십여 리 눈길을 맨발로 걸었던 열한 살 소년의 강직함과 참선수행을 하며 농사짓던 풋풋한 젊은 사미의 모습이 있었다. 그리고 한국 불교를 지키고 완성된 생명인 부처되기를 바라 일흔을 훌쩍 넘긴 나이에도 용맹정진을 마다하지 않으며, 모든 가능성에 충실해 사찰의 넓은 땅에 기계 농사를 짓고 화훼 단지를 조성하는 것을 꿈꾸는 청년 방장의 모습이 있었다. 소년 같은 활발함과 청년 같은 의기가 있을 뿐 노쇠한 방장의 모습은 보이지 않았다.

2부

어떻게 살 것인가

1

진정한 나로 살아왔는가

설정 스님께 몇 번에 걸쳐 살아온 날들에 대한 이야기를 듣고, 이제 본격적으로 '인생'을 물으러 정혜사 능인선원으로 올라가던 첫날은 온 산이 봄이 오는 소리로 출렁이던 3월이었다.

'어떻게 살아야 하는가. 잘 산다는 것은 또 어떤 것인가.'

이 물음 앞에 늘 선명한 답이 떠오르지 않는다. 그래서 삶이 흔들리고 마음은 답답하다. 그 답을 노철학자에게 듣는다고 생각하니 잔잔한 설렘이 올라왔다. 나는 늘 수행자는 철학자라고 생각해 왔다. 왜냐하면 철학자는 어떻게 살 것인가를 연구하는 사람이고, 수행자는 세속의 모든 욕망을 버리고 떠나 한평생 오로지 저것 하나를 화두 삼아 공부하는 사람이기 때문이다. 그리고 수행자는 더 나아가 자신이 공부해 깨달은 바를 세상 사람들에게 전하고 가르쳐 변화시키는 사람이다.

의연한 모습의 소나무가 배열해 있는 한적한 숲길이 더 없이 아름답고 평화로웠다. 푸른 하늘을 배경으로 쭉쭉 뻗어 있는 소나무 숲을 찍어 아이들에게 보냈다. 이렇게 봄은 왔고 인생을 공부하러 가는 엄마는 행복하다는 메시지와 함께.

숲을 지나는 봄바람을 느끼고 모든 생명이 일제히 소리치며 봄을 맞는 이 정경을 느끼는 것만으로도 충분히 감사하고 행복하다는 느낌이 들었다. 우리가 행복하지 못한 것은 지금 여기에서의 순간에 충분히 집중하지 못하고 마음이 지난 과거와 미래에 가 있기 때문 아닌가. 그렇다. 현재가 선물이고 감사고 행복이다. 그런 생각을 하며 선원으로 들어서 스님께 삼배를 올리자 밝은 목소리로 인사를 건네셨다.

"나는 오늘 오시는 줄도 모르고 어디 나가려고 하던 중이었어요."

지난번에 뵈었을 때 달력에 스케줄을 표시해 두시는 걸 보았건만 스님께선 아무래도 메모를 안 보시는 듯하다. 조금만 늦었어도 못 뵐 뻔했다.

진정한 나는 어떤 것인가

"편안하셨습니까? 해제를 했는데도 바깥에 행사가 계속 있어서 밖에 나갔다가 어제 들어왔어요. 내일은 강화도에 볼일이 있고, 모레는 상량식이 있습니다. 해제하면 해제하는 대로 시간이 그래요."

ⓒ 하지권

능인선원 선방에서

"그래도 해제가 되었으니 마음은 좀 홀가분하시겠습니다."

"결제와 해제는 부처님 당시부터 전통으로 내려오고 있고, 수행자라면 누구나 일상적으로 해야 할 일이기 때문에 나이 들었다고 해서 젊어서와 달리 마음이 흐르는 것은 조금도 없습니다. 참선 공부를 하는 사람들한테는 결제, 해제가 상당히 중요한 부분입니다. 아무래도 결제를 하면 뭔가 마음을 더 다잡아서 정진하게 되니까요. 그러나 본디 결제에 결제가 없는 것이 진정한 결제요, 해제에 해제가 없는 것이 진정한 해제입니다. 왜냐하면 결제와 해제는 수행을 시키기 위한 중생의 세계에서의 방편이기 때문입니다. 오욕으로 얼어붙은 정신세계를 풀려고 노력하는 기간이 결제이고, 얼어붙었던 중생심이 녹아 없어져서 일체가 다 해탈된 상태를 해제라고 합니다. 형식적인 의미는 그렇고 정신적으로는 결제에 결제가 없어야 하고 해제에 해제가 없어야 합니다. 결제, 해제가 있다면 그건 어디에 구속되어 있는 것이지 자유로운 상태가 아닙니다."

"산중의 최고 어른이 되셨으니 이젠 좀 편하게 지내셔도 되지 않을까 하는 생각이 듭니다."

"나는 아직 완전한 사람이 아닙니다. 모든 구속에서 벗어나 아무런 장애가 없는 자유자재한 상태가 아니라는 걸 스스로 느끼고 있어요. 구경의 경지인 해탈이나 열반에 이르지 못했습니다. 구경의 경지는 생과 사를 마음대로 할 수 있는 경지예요. 생에 착을 붙이지 아니하고, 사에 간다고 해도 구애받지 않는 그런 상태가 되어야 해요. 죽고 사는 것을 마음대로 할 수 있다는 것은 생사에 대한 애착과 장애에서 벗어난 거지요. 나는 아직 그 경지에 가지 못했습니다."

한마디로, '아직 나는 생사에 자유로운 사람이 못 되어서 일흔이 넘도록 정진하고 있습니다.', 그런 말씀이었다. 어찌나 단호하게 말씀하시는지, 뒷말을 어떻게 이어 가나 하고 있는데, 설렁설렁 편한 것을 추구하며 살고 있는 나에게 이렇게 일침을 가하셨다.

"사람은 나이에 관계없이 편하고 감각적인 것을 추구하는 경향을 가지고 있어요. 감각적인 것을 좋아하고 이기적이고 독선적이고 나태한 것이 인간의 습성입니다. 그러나 궁극에 가서는 나태한 것도, 좋고 나쁜 것도 없고, 더럽고 깨끗한 것도, 크고 작은 것도 없죠. 그 궁극적인 상태에 가야 완전한 경지에 이른 거지요. 그런데 중생들은 과거 수많은 생을 살아오면서 오욕에 오염된 습성을 자기 모습으로 만들었어요. 지수화풍地水火風으로 된 이 육신이라는 것이 영원한 것이 아닌데 진정한 나라고 착각하고 있죠. 오욕을 내 것이라고 생각하고 집착하고 있어요. 오욕이 뭡니까? 재물과 명예, 이성간의 사랑, 먹는 것, 잠자는 것에 대한 욕구 아닙니까? 이러한 오욕으로 꽉 채워진 나는 진정한 나가 아닙니다."

"오욕에서 벗어나 진정한 나로 살아가는 것이 깨달음의 삶이겠군요. 스님께선 지금 어떠십니까, 자유로우신가요?"

"자유롭다, 자유롭지 않다는 말도 주관적인 느낌입니다. 화장세계, 법화세계는 깨친 사람들의 세계입니다. 부처님께서 깨치고 보니까 우주법계가 꽃으로 장엄되어 있는 세계인 거예요. 탁한 중생의 눈으로 보니까 세상이 힘들고 슬픈 것이지 깨친 맑은 마음으로 보면 세상은 그렇게 아름다울 수가 없는 겁니다. 그러나 그 화장의 세계는 누가 주어서 받는 것이 아니고 스스로 찾아가는 것이죠. 불교에서는 절대자를 용납하지 않습니다. 부처님도 대신해 줄 수 없어요. 나(중생)와 부처와 마음이 하나입니다. 수직 관계가 아닌 수평 관계예요."

"그럼 진정한 나는 어떤 것일까요?"

"사람은 지수화풍으로 이루어진 육신肉身, 업신業身(몸과 말과 생각의 업으로 만든 몸), 법신法身(진리의 몸)의 세 가지 몸으로 이루어져 있습니다. 그런데 대부분의 사람들은 지금 진리의 몸을 사용하지 못하고 육신과 업신만을 가지고 살아가고 있어요. 그 두 가지로 세상 살림살이를 하다 보니 때로는 악업도 짓고 선업도 지으며 살아갑니다. 그러다 보니 업이 업을 낳습니다. 이렇게 업신이 있는 한 윤회에서 벗어날 수가 없어요. 수행을 하는 궁극적인 목적은 법신이 가지고 있는 무한대의 능력을 쓰고 살아가는 것에 있습니다.

육신과 업신은 상대적이어서 항상 좋고 나쁜 것, 즐겁고 괴로운 것이 있어요. 그리고 생명의 기간이 있죠. 그러나 진리의 몸은 우주가 생기기 이전에도 있었고, 우주가 깨져서 없어져도 영원히 사라지지 않아요. 그것을 '참생명', '진아', '참나'라고 합니다. 그런데 우리는 참생명을 도외시하고 육신과 업신만을 가지고 삶을 운영하기 때문에 세상 살기가 괴롭고 슬픈 거예요."

지금껏 쓰레기더미를 끌어안고 살았구나

"법신이 가지고 있는 무한한 능력을 다 쓰고 살아가는 것이 진정한 나로 살아가는 것이겠군요. 그렇지 못할 때 삶이 고통스러운 거고요. 그런데 괴로운 원인조차 모르고 살고 있는 게 보통 사람들의 삶인 것 같습니다."

"그것을 모르기 때문에 부처님께서 '천상천하유아독존'을 말씀하셨어요. 모든 생명이 가지고 있는 각각의 성품(자성) 자리는 참으로 절대적인 무한 능력을 가지고 있어요. 그것을 불교적 언어로 무진장보無盡藏寶(한량없는 보배 창고)라고 합니다. 그런데 중생들은 이러한 무진장한 보물을 버려두고 쓰레기더미를 끌어안고 살아가기 때문에 힘들고 괴로운 거예요. 슬프고 억울하고 분하고 그렇습니다.

그래서 부처님께서 '빨리 무진장보를 찾으라!'는 고구정녕苦口叮嚀한 말씀을 하셨죠. 『법화경』에서 '내가 보니 일체 중생이 다 불성을 가지고 있다.'고 말씀하시잖아요. 불성이라는 것은 무진장한 보배 창고를 말하는 겁니다. 부처(여래)가 지닌 모든 덕성이라는 것이 무엇입니까? 영원한 지혜요, 광명이요, 자유요, 걸림 없음이요, 해탈이죠. 그렇게 갖가지 무진장한 위신력을 가지고 있는데, 그 좋은 것을 다 버리고 아주 안 좋은 놈을 가지고 사니까 부처님 입장에서 보면, 너무나 안타까운 겁니다.

부처님의 후예들인 우리들도 불성을 향해 가야 하는 것 말고는 다른 것이 없어요. 살아 봐서 알지만 재물이나 명예가 있다고 해도 잠시 머물러 있는 것일 뿐 인연 따라 오고 가는 것들입니다. 그리고 세상 사람들이 좋아하는 이성간의 사랑이라는 것도 마찬가지입니다. 중생들의 입장에서 보면 사랑이란 것이 묘해서 상당히 매력적인 편이에요. 그게 있어서 살맛이 난다고 합니다. 그러나 반대편에서 보면 인간사의 팔구십 프로가 이 애정 문제입니다. 노래나 영화의 주제가 전부 그것에서 벗어나지 않습니다. 그러나 차별이 없고 한계가 없는 사랑, 분별이 없고 집착이 없는 사랑이 진정한 사랑입니다."

"마음이 편치 않아서 살펴보면 무언가에 집착하고 있더군요. 그런데 그 무언가가 인연 따라 잠시 생겨났다 사라지는 것일 뿐 사실은 고정되어진 실체가 없는 것이잖아요. 그럼에도 우리는 실체를 만들어 놓고 그것이 좋다느니 나쁘다느니 분별하면서 거기에 매달려 목을 매고 삽니다. 거기에서 괴로움이 생기는데도 말입니다. 그런데 그렇게 살고 있는 걸 알았다고 해도 쉽게 벗어나지 못하는 게 또 저희 중생들인 것 같아요."

"현실적으로 사람은 육신과 업신이 없으면 생활이 안 되죠. 우리를 부자유하게 만드는 탐욕과 성냄과 어리석음의 구속에서 벗어난 사람은 육신과 업신, 법신과 하나가 됩니다. 그 세 가지 몸이 하나가 되었을 때, 완전무결한 생명으로 살아가는 거예요. 그러면 그 어떤 것을 해도 집착하지 않고 장애가 없어요. 현실적으로는 업신이 정신적인 몸인데 정신적인 몸을 떠나서 법신이 어떻게 있을 수가 있어요? 육신과 업신, 법신이 한 덩어리가 되어서 혼연일체가 되었을 때 그것을 참나(진여의 나)라고 해요.

『반야심경』에 보면 '조견오온개공照見五蘊皆空 도일체고액渡一切苦厄', 오온이 모두 공함을 비추어 보았을 때 일체의 고통에서 벗어날 수 있다고 했습니다. 물질이나 우리가 느끼는 것, 즉 감정, 생각, 마음들이 사실은 모두 텅 비어 있음을 알지 못해서 현실이 괴로운 겁니다. 그런데 그걸 공이라고만 생각하면 너무 아무것도 없잖아요? 모든 걸 부정해서 까 뭉겨 가라앉혔는데, 가라앉히고 나면 무엇인가 있어야 할 것 아닙니까? 그게 마지막 즉설주왈卽說呪曰인데, 그걸 어떻게 표현했느냐, 모두 공이지만, 공은 공인데 공했다고 하는 그것마저도 없는 상태가 진공眞空이에요. 그 자리에 육신과 업신, 법신의 삼신이 드러나게 되어 있어요.

삼신이 드러난 자리를 묘유妙有라고 합니다. 묘유의 자리가 드러나 그것이 작용해서 어떤 일이 일어나도 걸림이 없고 자유스러우면 일체 중생에게 무한 감로법(진리)을 펼 수 있고, 걸림 없는 광명을 놓습니다. 진공인 상태에서 묘유라고 하는 진정한 의미(덩어리)가 발산되었을 때 '구경이다, 궁극이다.'라고 말합니다. 그 궁극으로 가기 위해서 수행자는 살아야 합니다.

그런데 근래에 와서 그렇게 살지 않는 사람이 많습니다. 수행자가 되었다고 해도 그 실체를 이해하지 못하는 사람이 너무 많고, 실제 안다고 해도 실천이 안 되는 사람이 많습니다. 만공 선사께서 '천사불여일행千思不如一行'이라고, '천 번 만 번 생각하는 것이 한 번 행하는 것보다 못하다.'고 하셨는데, 실제로 그렇습니다. 실천이 없는 생각은 허무한 공상에 지나지 않아요."

절실하게 진짜 나를 찾아라

"언제나 실천이 마음처럼 안 되는 게 문제인 것 같아요. 절박하지 않거나 문제를 충분히 인식하지 못했기 때문에 실천이 안 되는 것 같습니다. 그 문제가 절실하다면 실천이 저절로 나올 텐데 말이죠."

"그래서 공부를 해 나가는 데 중요한 세 가지를 강조합니다. 신심信心, 의심疑心, 분심忿心이 그것인데, 첫째는 신심, 믿는 마음이 철저해야 합니다. 부처님이 말씀하신 '모두 부처가 될 수 있다.'는 것을 철저히 믿는 거죠. 누구나 그 위대한 보물 창고(불성)를 다 가질 수 있다는 철저한 믿음이 없이는 진리의 길을 갈 수 없습니다. 그 보물 창고가 부처라고 하는 최고의 경지이고 그걸 철저히 믿는 마음을 신심이라고 합니다.

두 번째, 나는 도대체 어떤 존재냐, 참선을 하는 사람들은 그걸 화두를 삼아 의심을 삼죠. 보물 창고를 가질 수 있는 길을 제시해 주었는데, 대체 이게 무엇인가 하고 철저하게 마음을 모으는 겁니다. 가르침에 대한 철저한 믿음과 동시에 왜 부처님은 이런 말씀을 해 주셨을까? 그것을 뚫으려고 하는 그 생각을 말하죠. 모든 신경을 거기에 집중하는 것을 의심이라고 합니다.

세 번째가 분한 마음입니다. 왜 나는 이런 삶을 살고 있는가? 과거 부처님께서는 열반을 증득하셔서 자유자재하고 모든 중생을 향해서 무한한 진리를 펴고 자비를 베푸셨는데, 나는 도대체 무엇을 하는 존재인가? 왜 이렇게 지지리도 못나게 별수 없는 삶을 살면서 누구를 미워하고 원망하며, 시기 질투나 하고 사는가, 탐욕과 분노를 일으키면서 이렇듯 형편없는 삶을 살고 있는가, 왜 이렇게 처량하게 되었는가? 그런 삶에 대해 분한 마음을 일으키는 것을 분심이라고 합니다."

분한 마음을 설명하시는 스님의 진지한 말씀이 우리들 삶의 모습을 콕 집어 말씀하시는 것 같아서 한숨이 나오고 말았다. 우주에 단 하나밖에 없는 존재이며 세상에 나오기 전부터 완전한 덕성과 능력을 가진 존재인데, 정말 왜 이렇게 본연의 나로 살아가지 못하고 있는지를 돌아보지 않을 수 없게 하셨다.

"왜 이렇게 살아야 하는가, 언제까지 이런 삶을 살아야 할 것인가, 그토록 오랫동안 못나게 살아온 것을 알았으면 이제 그 업의 물결을 잘라야 되는데, 과거의 습성을 그대로 계속 반복하고 있으니 얼마나 어리석고 한심스러운 일인가를 생각하면 부끄럽고 열통 터지고 분하지 않겠습니까. 이러한 분심도 간절해야 합니다. 수천억을 빚진 사람이 잡히면 죽게 생겨서 도망가는데 다른 생각이 있으면 되겠어요? 오로지 도망가서 창피를 면하겠다는 생각 말고는 다른 생각이 없어야 하죠. 그런 간절한 생각을 가지고 공부해야 합니다. 그리고 내일 죽음이 다가왔을 때, 죽는 그 순간을 생각하면 다른 아무 생각이 없는 거예요. 이대로 죽을 수는 없다, 그런 절실한 생각을 하게 되면 집중하지 않을 수 없고 간절한 생각이 들지 않을 수가 없죠.

신심과 의심, 그리고 분심을 내야 오욕 속에서 윤회하는 생사를 면할 수 있고 보물 창고인 그 무한한 진리에 도달할 수 있어요. 그런데 대부분 우선 먹고살 수 있고 편하니까 '오늘 못하면 내일 하지!' 그렇게 생각하며 살아갑니다. 그래서 옛 스님들이 등 따습고 배부르면 공부를 하지 못한다는 말씀을 많이 하셨어요. 경전에 나오는 '안수정등岸樹井藤'의 이야기가 참으로 적절한 비유죠."

스님께선 『불설비유경』에 나오는 '안수정등' 이야기를 마치 눈앞에 재현하시는 듯 실감나게 들려주셨다.

홀로 광야를 지나는 사람이 있다. 그런데 갑자기 뒤에서 무서운 코끼리가 나타나 쫓아온다. 그 코끼리에게 걸리면 상아에 받혀 죽거나 다리에 밟혀 죽거나 둘 중 하나다. 정신없이 도망치다 보니 언덕 밑에 우물이 하나 있고 그 곁에 나무 넝쿨이 늘어져 있다. 그 사람은 넝쿨을 잡고 우물 속으로 숨어 들어갔다.

'아! 이제 살았다.'고 안도의 숨을 내쉰다. 그러나 밑을 보니 사나운 세 마리의 용이 입을 벌리고 그가 떨어지기만을 기다리고 있다. 둘레에는 네 마리의 뱀이 혓바닥을 날름거리며 자신을 노려보고 있다. 밖에는 코끼리가 지키고 있으니 나가려야 나갈 수도 없고 오직 나무 넝쿨만 움켜쥐고 있는데, 설상가상으로 어디선가 흰 쥐와 검은 쥐 두 마리가 나타나서 나무 넝쿨을 갉아 대기 시작한다.

그런데 그 순간 위에서 꿀이 떨어져 입술에 닿는다. 그 급한 상황에서도 그는 달콤한 꿀맛에 취해 밖에는 코끼리가 지키고 있는 것도, 자신이 매달려 있는 나무 넝쿨이 끊기고 있는 처지도 잊는다. 그런데 그때 나무가 흔들리자 벌이 흩어져 내려와 그를 쏘았으며, 또 들에서는 불이 일어나 그 나무를 태우고 있다.

여기서 광야를 가는 사람은 중생의 고독한 모습이다. 광야는 중생이 윤회하는 육도(천상, 인간, 아수라, 축생, 아귀, 지옥)를 뜻한다. 무서운 코끼리는 무상한 세월이 흘러가서 사람을 죽이는 무상살귀無常殺鬼, 우물은 우리가 사는 세상이다. 밑에 있는 세 마리 용은 삼악도(축생, 아귀, 지옥), 네 마리의 뱀은 인간의 몸인 사대四大 즉 지수화풍을 말한다. 나무 넝쿨은 중생의 생명줄, 흰 쥐와 검은 쥐는 낮과 밤의 시간을 말하며, 벌꿀은 중생 앞에 펼쳐진 오욕락五欲樂을 말한다. 벌은 삿된 소견, 들불은 늙음과 병듦을 비유한 것이다.

"이는 마치 중생들이 오욕락에 빠져서 살아가는 모습과 같습니다. 그런데 오욕에 취해서 즐긴다고 마음대로 되는 게 있습니까? 돈이 마음대로 되나요, 벼슬이 마음대로 되나요? 그런데도 한 방울씩 떨어지는 오욕의 꿀맛을 취하는 재미로 그것을 추구하다가 결국은 죽음을 맞습니다. 우리 중생들은 잠시의 오욕락을 영원한 것으로 착각하고 살아갑니다. 오욕락을 추구하다 보면 나쁜 일을 안 할 수 없고, 그래서 대부분 삼악도에 떨어지는 것이 우리 인생살이입니다.

출가해서 공부하는 사람들은 진리의 참 몸뚱이(법신)를 얻어서 죽고 사는 윤회를 영원히 벗어나 무한한 자비와 광명을 놓아서 중생들을 건지겠다는 원력을 세웁니다. 사홍서원에도 있듯 '중생무변서원도衆生無邊誓願度, 중생은 끝이 없으나 다 건지겠다.'는 발원을 합니다. 그 다음이 '번뇌무진서원단煩惱無盡誓願斷, 번뇌는 끝이 없으나 다 끊겠다.'인데, 나의 번뇌가 끝이 없더라도 그걸 털어 내지 않으면 안 돼요. 그걸 털어 내야 거기에서 무한한 지혜와 자비의 광명이 나오기 때문입니다. 자신의 번뇌를 끊지 않고 중생을 제도하겠다는 것은 허위입니다. 자기를 구원하지 못한 사람이 다른 사람을 구원하려고 하는 것은 날개가 부러진 새가 거북을 짊어지고 창공을 날려고 하는 것과 같아요."

스님께선 수행하지 않고 오욕에서 벗어나지 못한 채 사명감과 책임감

없이 살아가는 후학들을 안타까워하시는 것 같았다. 그러나 저 모습이 어디 수행자들에게만 해당할 것인가. 우리 모두에게 해당하는 말씀일 것이다.

"승속을 막론하고 불교를 믿는 사람들이 가장 소중하게 여겨야 할 것이 오욕에 집착하는 마음을 어떻게 제어하고 내려놓는가 하는 것입니다. 얼마만큼 오욕을 줄이고 번뇌 망상을 벗어나는가가 관건이죠. 그것을 해결하지 않고는 지혜와 자비가 드러날 수 없고, 중생을 이롭게 하는 무한한 광명이 나올 수가 없어요.

사홍서원의 '중생무변서원도 번뇌무진서원단'이 여기서 나온 거예요. 중생을 건지려면 번뇌부터 끊어라, 너부터 철저히 수행 정진하라는 것이죠. 그러면 자동적으로 불도는 이뤄지게 되어 있어요. 번뇌만 끊어지면 그 자체가 이미 보소寶所에 들어간 것이기 때문에 내 마음의 창고에 있는 그 보배는 세세생생 쓰고 또 써도 끝이 없는 것이죠. 그것을 쓰기 위해서 정진하는 겁니다. 수행자는 정진 말고는 할 것이 없습니다."

"그런데 왜 정진에 몰두하지 못하는 걸까요?"

"정진해서 한 번 고비를 넘겨 놓으면 '아, 이것 말고는 없구나.', 이렇게 믿게 돼요. 그런데 그 고비를 넘기지 않은 사람들은 부처님이나 조사들께서 말씀을 하셨는데도 '이것을 해서 될 것인가?' 하고 의심을 합니다. 의심을 하고 정진하지 않으니까 힘이 없고, 힘이 없다 보니 잘 안 되고,

잘 안 되다 보니 뒤로 물러나 버려요. 이것에 대한 확신이 있으면 절대 뒤로 물러서지 않습니다. 그런데 대부분 그렇게 좋은 보배 창고가 있는데도 중도에 포기해 버리고 맙니다.

보배 창고는 쉽게 잡을 수가 없어요. 물론 금방 깨달은 사람도 있지만, 그건 수없이 많은 생 동안 자기를 단련한 결과입니다. '천련만마千鍊萬磨'라는 말이 있어요. 천 번 단련하고 만 번 간다는 뜻입니다. 수행자는 누가 뭐래도 그러한 길을 가야 합니다. 한 번에 불단佛段(부처에 이르는 단계)을 뛰어넘을 수는 없어요. 수행이 없는 부처나 조사, 선지식은 없습니다.

공부하다가 지견智見이 나고 경계가 오면 그게 전부라고 생각하는 사람도 있습니다. 쉽게 다른 사람에게 과시하고 팔아먹으려고 하는 사람들은 중생심이 떠나지 않아서 그래요. 진정 깨달은 사람들은 깨달았다는 소리를 하지 않습니다. 어름하게 경계가 오니까 스스로 생각하기에 다 안 것 같고 깨달은 것 같죠.

죽을 때 화장터에서 스스로 장작에 불을 붙이고 거기에 올라앉을 수 있는 수월 스님 같은 그런 사람이 되어야 해요. 그렇게 죽고 사는 것에 자유자재한 사람이 되어야 합니다. 그 정도가 아닌 사람이 다 되었다고 설쳐서는 안 됩니다."

이렇게 말씀하시면서 스님이 웃으시는데, 웃음소리가 가볍지 않게 들렸다. 수행하지 않고 살아가는 후학들에 대한 염려, 한국 불교의 장래에 대한 고뇌가 왜 없으시겠는가. 출가해서 60여 년을 한국 불교의 장래를 생각해 온 노선사의 고뇌가 서린 웃음이었다.

중도적 삶

마침 해제하고 처음 뵌 것이어서 인사차 여쭈었는데, 스님께선 너무도 진지하게 왜 스님께서 아직도 정진하고 있는지, 진정한 나로 살아가는 것은 어떤 것인지, 수행자가 할 일은 무엇인지 말씀해 주었다. 얼마나 진지하고 정성을 다해 말씀하시는지, '언제까지 맛있는 음식을 찾아다니며 먹고, 푹 쉬기를 즐겨 하고, 남보다 조금 더 잘살기를 바라는 욕심에 물든 중생으로 살 것인가?'에 대한 물음을 나 자신에게 하지 않을 수 없었다. 그리고 쓰고 또 써도 끝이 없다는 보배(불성, 참나)를 찾는 일에 삶의 보람과 가치를 두는 것이 인간으로서의 자존감을 회복하는 것이라는 결론을 다시금 내렸다. 열심히 정진해야겠다는 말뚝 신심도 올라왔다.

"사람은 누구나 태어났다가 죽습니다. 생명 있는 모든 것이 그렇지요. 어쩌면 태어났다가 죽는 게 당연한 것이어서 나고 죽는 생사에서 벗어난다는 말이 막연하게 들리기도 했습니다. 젊은 사람들에게는 더 먼 훗날 이야기로 들리지요. 그런데 '생사'라는 뜻이 '육신이 태어나고 죽는

다.'는 의미 외에 '생각이 일어나고 없어지는 것'을 의미한다는 걸 알고는, 생사에서 벗어난다는 말이 훨씬 실감 있게 다가왔습니다. 관념이나 형상은 고정된 실체가 없는 것이잖아요. 그런데 다람쥐 쳇바퀴 돌듯 늘 고정된 틀(관념)에서 벗어나지 못한 채 살고 있습니다. 부질없이 분별하는 생각을 그치는 것이 생사윤회에서 벗어나는 것이라고 한다면, 벗어나는 방법을 찾고 싶습니다."

"마음이 생멸하는 것을 생사라고도 하죠. 한 생각 안에 오백생이 들어 있다고 해요. '찰칵' 하는 순간에 오백생의 복잡한 필름이 돌아간다고 하니까 얼마나 많은 생각이 일어났다 사라졌다 하는 겁니까?

그렇게 중생들은 한 순간도 생각을 그치지 않고 살아갑니다. 그런데 부질없이 생각이 일어났다 사라지는 것은 모든 것을 둘로 나누어 생각하는 마음(분별심) 때문이에요.

거울에 물체의 모습이 비쳤다가 사라지면 흔적이 없는데 우리는 무엇을 하고 나면 흔적이 붙어 있어요. 본디 아무것도 없는 것인데 자기가 그려 놓은 허상을 붙잡고 시비와 선악으로 나누어 생각하며 살아가는 거죠. 없는 것을 만들어 놓고 거기다가 분별까지 해 가며 살아가니 얼마나 무겁고 힘들겠어요.

끊임없는 분별로 인해 생기고 사라지는 생각을 자르고 참생명을 드러내는 것이 참선입니다. 화두에 순수하게 집중하고 몰입할 때 부질없이 일어났다 사라지는 생각들이 사라지고 본래의 나가 드러나는 거지요. 염불이나 주력 수행도 마찬가지예요. 참선이나 염불, 주력이라는 칼로 생멸하는 생각을 자르는 것이 수행입니다. 분별심이 떨어져 나가면 업으로 인한 장애가 없어져요. 일상생활에서 어떤 방편을 쓰든 쉬지 않고 일어났다 사라지는 생각을 줄이는 수행을 해야 생사윤회에서 벗어날 수 있어요."

"분별하는 것에서 욕심과 분노, 어리석음이라는 번뇌도 생기는 거겠죠? 어쨌든 수행을 해서 그 분별하고 판단하는 마음을 없애야 윤회에서 벗어나겠군요."

"우리가 흔히 '너(대상)와 내가 둘이 아니다.', '자연과 내가 둘이 아니다.'라는 말을 합니다. 『능엄경』에 보면 '마음이 네 안에 있는가, 바깥에 있는가?' 하는 구절이 나와요. 불교에서 말하는 마음(심성)은 우주 전체 에너지를 뜻합니다. 일체가 진리라고 하는데, 그냥 일체 진리가 아닙니다. 모든 것은 심성이 만들었다고 하는 것은 우리가 가지고 있는 관념적인 업식이 세계를 만들었다는 뜻이 아닙니다. 여기에서의 심성은 불성을 말하죠. 심성은 우주 공간에도 편재되어 있고 내 안에도 들어 있다는 얘기예요. 그걸 법성, 진리의 성품이라고 합니다. 그러니까 대상과 내가 둘이 아니라고 하는 것을 알 정도가 되려면 심성이 열려야 해요. 심성이 열려야 둘이 아니라는 걸 인정하게 되는데, 중생들은 그걸 쉽게 인정하지 못합니다.

사람들은 세상을 모두 대립적, 이분법으로 보고, 상대가 있다고 생각을 합니다. 불교의 가치는 절대에 있어요. 대가 끊어진 그 절대의 상태가 중도中道입니다.

정진을 해서 근본 성품의 자리에 가면 차별해도 차별하는 것이 아닙니다. 차별 속에 평등이 있고 평등 속에 차별이 있게 되죠. 심성이 열리지 않으면 이해할 수가 없습니다. 수행삼매를 통해서 언어가 끊어지고 마음이 가는 곳이 끊어진 자리, 즉 언어도단言語道斷 심행처멸心行處滅의 경지에 가야 확실히 인식할 수 있지 철학이나 과학으론 이해하기 어려워요.

나와 대상을 둘로 나누어 생각하는 것을 초월한 것을 중도라고 하는데, 그러나 그것도 할 수 없이 중도라고 표현하는 것이지 중도라고 해도 맞지 않습니다. 육조 혜능 선사와 그의 제자 회양 스님이 나눈 대화가 있어요. 제자가 멀리서 와 인사를 드리자 육조 스님이 이렇게 묻습니다.

'어떤 물건이 이렇게 왔는가?'

자기 앞에 온 회양이라는 존재에게 어떤 물건이 이렇게 왔느냐고 화두를 던졌죠. 그러자 제자는 당황하며 대답을 하지 못합니다. 스승이 다시 묻습니다.

'그 한 물건은 이름을 지을 수 없고 모양을 그릴 수도 없는 것이나, 밝기는 일월보다 더 밝고 검기는 칠흑보다 더 검다. 하늘을 버티고 있고 땅을 버티고 있다. 이 물건의 도리가 무엇이냐?'

스승의 물음에 대답을 하지 못한 회양 스님은 돌아가 팔 년 동안 집중해서 공부하고 다시 와서 이렇게 대답합니다.

'큰스님, 한 물건이라고 해도 맞지 않습니다.'

거기서 육조 스님이 회양 스님을 제자로 인정합니다.

'너도 그렇고 나도 그렇다. 한 물건이라고 해도 맞지 않는다.'

이것은 세상을 몽땅 털어서 한방에 깨는 소리예요. 어떻게 해 볼 도리가 없으니까 '한 물건'이라고 한 것이지 '한 물건'이라고 해도 맞을 수가 없어요. 그래서 이 '한 물건'을 찾는 것 이외에는 할 것이 없습니다. 관념과 형상이 없는 무위법적인 삶을 살아야 하는데 다른 걸 해 봐야 다 관념과 형상이 있는 유위법적인 삶입니다. 분별과 차별이 있는 법은 진정한 진리가 아닙니다."

"균형감을 가지고 지혜롭게 살아가는 것을 흔히 중도적 삶을 살아간다고 표현합니다. 스님 말씀을 들으니까 중도적인 삶이라는 것은 쉽게 말해서 세상을 하나로 연결된 존재로 바라보고 살아가는 것이라는 생각이 들어요. 세상 두두물물이 모두 부처라는 시각, 그래서 어느 한 생명도 귀하지 않은 것이 없다는 생각을 가지고 모든 생명과 더불어 살아가는 삶이겠고요. 그것이 곧 연기법적인 삶이기도 하겠죠. 연기법을 다른 말로 표현한 것이 중도이고 선禪이 아닐까 싶습니다. 선이라는 글자가 볼 시示와 홑 단單 자가 합해진 것인데, 단순하게 글자 그대로 선을 말하면 세상과 나, 대상과 나를 하나로 보는 것을 의미하잖아요."

"중도는 어디에 치우치지 않고 균형감을 가지고 전체를 바라보는 것을 말합니다. 이분법적 사고가 끊어진 자리죠. 사람들은 모든 걸 둘로 나누어 재단하고 이해합니다. 선 아니면 악, 정 아니면 사, 큰 것 아니면 작은 것, 더러운 것 아니면 깨끗한 것, 이렇게 둘로 나누어 바라보는 습성이 있는데, 중도는 그것을 초월한 상태에서 바라보는 거예요. 초월한 상태에서 사고하고, 말하고, 행동하는 것을 중도적 삶이라고 하죠.

모든 것을 초월한 상태가 되면 지을 선도 없고 지을 악도 없는 것이 중도입니다. 보고 듣는 것이 끊어졌다고 하니까 귀도 먹고 눈도 멀었는가 생각하는데, 그 자리에 가면 무엇을 보아도 본 게 아니고 들어도 들은 게 아닙니다. 그러면서도 분명히 보고 들어요. 보고 듣는 대로 물들어 버리면 중도적인 게 아니죠. 공부한 선사들이 경을 마음으로 보기 때문에 글을 글 그대로 안 봐요. 그래서 성인들은 글에 너무 집착하면 마구니가 되고 글을 근거하지 않으면 삿되어진다고 했습니다. 정견을 정립하지 못하면 마구니가 되고 삿되어지는 겁니다."

지난 안거 결제일에도 외국의 철학자를 비롯해 여러 사람들이 방문한 자리에서 중도를 묻는 그들에게 스님께선 선악과 정사, 시비에 대한 초월을 말씀하셨다. 지면에서 보니까 모두 초월한다는 의미를 수월하게 이해하지 못하고 있는 것이 느껴졌다. 그 말씀을 드렸더니 스님께서 다시 답하셨다.

"쉽게 생각하면 어디에 치우치지 않는 것, 어디에 집착하지 않는 것을 말합니다. 그런데 막상 상황에 처하면 치우치지 않고 접근하기가 어려워요.(웃음) 그러나 형식적으로라도 그렇게 접근하려고 노력하는 것이 필요하다고 생각합니다. 우리가 일상생활에서도 너무 한쪽에 치우친 생각으로 살면 자신도 힘들지만 상대방도 힘들게 하잖아요. 균형을 잡는 일이 중요하죠. 마음속에 진선미를 갖춘 사람을 가장 이상적인 사람이라고 해요. 너무 지성적인 사람은 냉정해서 인간미가 없잖아요. 좀 감성적인 면을 가져야 인간미가 있죠. 감정과 이성, 의지로 조화를 잘 이룬 사람을 균형 잡힌 사람이라고 하는데, 그런 사람이 가장 바람직한 인격자이고 중도적 삶을 살아가는 사람이라고 할 수 있죠."

좋은 성격을 만들려고 노력하라

"한쪽으로 치우치지 않는 균형감을 가지고 살아가는 것이 중도적인 삶이고 그것이 곧 지혜로운 삶이라는 생각이 듭니다. 그런데 각고의 수행을 거치지 않으면 균형을 가지기가 어렵다고 하시니, 정진하는 수밖에 다른 길이 없다는 결론이군요.(웃음) 매사를 자기 식으로 분별하고 판단하는 습성이 문제인데, 자신이 하는 일을 열심히 하면서 분별하는 마음을 내려놓는 건 어떨까요? 일에 열중하는 것과 수행에 열중하는 것은 다를까요?"

"좀 달버요(달라요). 일을 할 때는 일에 대한 분별심이 자꾸 일어나기 때문에 번뇌를 가라앉히는 것이 힘들어요."

"일을 열심히 하고 따로 수행을 해야 한다는 말씀인가요?"

"그럼요! 수행 쪽의 덩어리가 커지는 거죠. 한 단계 올라가면 일을 아무리 해도 분별심이 아닌 속에서 일을 하는 거지요. 하루 종일 밥을 먹었는데 한 톨의 쌀도 먹지 않았다는 말이 있는데, 분별심이 떨어져 나가니까 애착하는 마음이 없게 되는 거죠.

그런데 어떤 공부를 하든, 어떤 종교를 가지든, 좋은 성격을 가지려고 노력하는 것이 무엇보다 중요해요. 그것이 곧 수행이고요. 인간은 운명과 숙명을 함께하는 존재 같아요. 내가 대한민국의 김씨, 박씨네 아들딸로 태어난 것은 숙명이고, 학교나 직업을 선택하거나 공부를 하고 안 하는 것은 운명이죠. 숙명은 필연적인 것이고 운명은 선택적인 거예요. 그래서 좋은 성격을 선택하는 것이 중요합니다.

그럼, 좋은 성격을 가진 사람들은 어떤 사람인가? 대인 관계가 원만한 사람들, 자신에 대한 신념이 확고한 사람들, 자기가 하는 일에 보람을 느끼면서 사는 사람들이 좋은 성격을 가진 사람들입니다. 밝고 긍정적인 에너지를 가지고 살아가는 사람들이죠. 아무리 처해진 상황이 어렵다고 해도 이상을 그리워하며 사는 사람들이 정서적으로 잘 사는 사람들입니다. 그리고 희망의 등불이 마음속에 항상 켜져 있고 의지가 아주 견고한 사람들입니다.

그러면 나쁜 성격은 무엇인가? 편협하거나 남을 의심하고 교만한 성격을 말해요. 욕심이 너무 많거나 부정적이고 시기, 질투와 분노심을 가진 성격은 좋지 않습니다. 이러한 것들은 탐진치 삼독을 무더기로 뭉쳐 놓은 성격이기 때문이죠. 불교에서 계율을 지키고 자정기심自淨其心(마음을 깨끗이 하라)을 강조하는 이유가 여기 있습니다. 성격이 좋지 않으면 자기도 불행하지만 남도 힘들게 해요. 이런 사람들은 어지간해서는 일어나지 못하고 주저앉습니다. 그래서 좋은 성격을 가지기 위해 끊임없이 노력해야 합니다."

"자신이나 세상에 너무 부정적이고 비판적인 성격을 가지고 있으면 자신 안에 있는 불성의 에너지를 잃게 되는 게 아닌가 싶습니다. 그래서 무엇보다 좌절감이 참 무서운 것 같습니다."

"우린 모두 이 세상에 나올 때 발가벗고 나왔습니다. 무로 나와서 유를 창조했다가 가는 거예요. 인생은 마치 예술품을 창작하는 것과 같습니다. 인생이라는 조각품을 만드는데 어떤 사람은 걸작을, 어떤 사람은 졸작을 만듭니다. 또 우리는 이 우주 공간에 단 하나의 연출자이자 그 시대, 그 역사를 사는 배우입니다. 같은 사람으로 세상에 태어나서 어떤 사람은 역사적인 인물로 살아가는데 왜 연출을 잘못해서 남한테 좋은 인상도 주지 못하고 스스로도 슬프게 살아야 합니까? 인간의 행과 불행은 자기가 만드는 겁니다. 기왕에 이 세상에 나왔으면 좋은 작품을 만들려고 노력해야 합니다. 창조적인 생각을 하고 세상을 바라보는 시각이 건전해야 돼요. 그렇지 않으면 좋은 작품이 나올 수가 없죠."

"먼저, 어떻게 살아야 하는가에 대한 가치관을 뚜렷하게 해야 할 것 같습니다."

"그렇습니다. 올바른 인생관을 가지고 살아야 좋은 작품이 나와서 다른 사람에게 용기를 줍니다. 불행하게 살고 싶은 사람은 없습니다. 행복하게 사는 것은 누구나 기대하는 바입니다. 불행하게 사는 가장 큰 원인은 부정적인 생각을 하는 데 있습니다. 그래서 성격이 가장 중요한 거예요. 성격은 유전적, 환경적인 영향을 받기도 하고 또 교육을 통해 형성되기도 합니다. 그러나 가장 효과적인 것은 스스로 자각해서 부정적인 성격을 긍정적으로 바꾸는 것입니다.

어두운 것은 어두운 것을 끌어 모읍니다. 내가 어두우면 많은 장애를 받고 밝으면 장애를 받지 않습니다. 그래서 밝은 성격으로 바꾸는 것이 중요해요. 요즘 우리 사회를 보면 불성이 실종되었습니다. 그래서 자기를 회복하는 것이 가장 시급해요. 나를 성찰해서 바로 보고 발견해야 불성을 가진 나를 인정하고 불성을 쓰며 살아갈 수 있습니다. 이것이 안 되면 개인도, 국가도 미래가 어둡습니다."

인생을 어떻게 살아야 하느냐고 물으러 간 나에게 스님은 세상이 아무리 척박하고 살기 어려워도 '이상을 그리워하며 살라.'고 하셨다. 물질이 마치 무소불위의 신처럼 되어 버린 세상에 살면서 참 오랜만에 듣는 말씀이다. 스님께서 말씀하신 이상을 그리워하는 일이란 '불성을 가진 본래의 나, 진정한 나'로 돌아가는 것을 뜻하는 것일 것이다. 사실 선지식을 찾는 것도, 수행을 하는 것도, 책을 읽는 것도 이상에 대한 그리움으로 다가가는 노력이며 발걸음일 것이다. 그걸 해 보면 그 어떤 것보다 자존감이 회복되고 기쁜 마음이 들기 때문이다. 누가 그랬던가. 고향(이상)으로 돌아가지 않는 한 우리 모두는 실향민이라고.

스님의 말씀을 듣고 봄 햇살이 아직 사라지지 않은 덕숭산을 내려오면서 나에게 물었다.

"그동안 오욕에 물들지 않은 나, 무한한 능력과 지혜를 지닌 불성의 존재인 나로 살아왔는가?"

그 질문이 어떻게 살 것인가에 대한 첫 번째 답이었다. 마음이 조금 단단해지는 것 같았다.

2

지금 행복한가

행복을 결정짓는 것

산중의 철학자를 만나러 간 두 번째 날이다. 이날 역시 하늘은 푸르렀고 소나무 사이로 불어오는 바람은 맑았다. 수덕사 템플스테이에 온 학생들의 웃음소리가 푸른 하늘처럼 맑게 들렸다. 돌아와 인터뷰한 녹음을 들어 보니 또 다른 생명의 소리가 담겨 있었다. 밖에서 들린 새들의 지저귐 소리였다. 그렇게 많은 생명들이 동참한 법석이었다.

"지난번에 어떻게 살아야 하는 것에 대한 가치관이 올발라야 좋은 작품의 인생을 만들 수 있다는 말씀을 하셨습니다. 가치관이란 불교의 팔정도八正道에서 정견에 해당하지 않습니까? 정견이 팔정도의 가장 첫머리에 오는 것도 가치관이 바르게 서야 나머지도 가능하기 때문인 것 같습니다. 가치관이 올바르지 않은데 바른 말을 하고 바른 직업을 가지고 바른 삶을 살 수는 없을 테니까요. 우선 행복에 대한 가치관부터 바로 해야 할 것 같습니다. 사람은 본능적으로 행복해지고 싶어 하고, 또 그것을 추구하면서 사니까요."

"많은 사람들이 재물과 명예, 권력, 이성, 수면의 이 다섯 가지에 대한 욕심을 중시 여기고 이것이 충족되어진 것을 행복이라 여깁니다. 그러나 불교에서는 이 다섯 가지 욕구를 탐욕과 성냄과 어리석음이라는 세 가지 독이 드러난 것으로 봅니다. 이렇게 말하면 사람들은 '저 다섯 가지 욕구가 인생의 전부인데 저것을 제하면 이 세상이 없겠네.' 하고 반문합니다. 우리가 살아가는 세상이 욕심으로 이뤄진 세계인데 욕망 없이 어떻게 살아갈 것인가 하는 말과 같죠. 그래서 불교를 잘못 이해하면 허무주의나 방관주의에 매몰되어 현실에 무책임한 사람으로 취급받기 쉽습니다.

그러나 돈이나 명예, 사랑이 충족된 것을 행복이라 여기는 것은 오늘날의 미디어가 부추겨 만들어 놓은 잘못된 가치관이에요. 그러면 저러한 욕망들을 어떻게 승화시켜서 살아갈 것인가 하는 문제를 잘 생각해봐야 합니다. 보통은 저러한 것들에 목을 매다가 그것이 조금만 잘못되면 죽네 사네 야단들을 하고 삽니다. 그러나 가치관이 분명하고 올바른 사람들은 어떠한 난관에 부딪쳐도 그것이 전부라고 생각하지 않기 때문에 절망하지 않습니다."

"자신이 가지고 있는 가치관이 바르지 않다는 것을 먼저 깨달아야 하는데, 그것을 판별하는 기준은 무엇일까 생각해 봐야 할 것 같습니다."

"실제로 돈이나 명예, 사랑은 상대적인 것이 아닙니까? 우리가 목표로 해야 할 것은 궁극적으로 상대적인 것을 초월하는 것인데, 그것을 어떻게 실천해 나갈 것인가 하는 것을 생각해 봐야 합니다. 돈의 가치는 유통에 있고 권력의 가치는 봉사와 희생에 있습니다. 피땀 흘려서 열심히 번 돈을 나에게만 쓰는 것이 아니라 더 많은 사람들에게 유통시키고 기여할 때 비로소 행복감을 느낄 수 있는 겁니다. 그런데 개인의 이익에 가치관을 두고 있기 때문에 그것이 조금 어떻게 되면, 절망하고, 또 그걸 지키기 위해서 수단과 방법을 가리지 않고 삽니다.

그런데 이 모든 것은 '나'라고 하는 상에 집착해서 오는 것이죠. 세상의 유정, 무정의 존재들과 연관된 '나'가 있을 뿐, 개인적인 '나'는 고정된 실체가 없는 것인데 그걸 깨닫지 못한 채, 모든 것을 나를 향하게 하고 귀속시키려 하기 때문에 추한 일을 하고 삽니다. '나'라는 상에 집착했을 때 점점 추해지고 탁해지는 거지요.

사람은 어떠한 가치관을 가지고 사는가가 중요합니다. 그 가치관이 행동을 지배하고 행동이 습관을 만들고 습관이 업을 만들기 때문이죠. 업이 맑은가, 탁한가에 따라 행복과 불행이 결정됩니다. 우리는 지금 과거, 현재, 미래가 연결된 업의 레일 위를 달려가고 있는 거예요. 그래서 행복을 결정짓는 바른 가치관을 갖는 것이 중요한 겁니다. 오욕이 머릿속에 꽉 차 있으면 탁하고 혼란스러워서 생각이 맑을 리가 없죠. 선禪 수행은 저 다섯 가지 욕구에 대한 갈망을 없애는 것입니다. 그것만 없애면 그대로 선적인 삶입니다."

"저 다섯 가지가 인간이 살면서 지니는 본능적인 욕구인데 그것을 없애라고 하는 것은 현대인들에게 불교는 어렵다, 불편하다는 인식을 주어서 쉽게 접근하지 못하게 하는 것 같습니다. 어떻게 이상과 현실을 균형감 있게 조화를 이뤄야 할까요? 또 수행을 한다고 해도 쉽게 번뇌가 없어지지 않는 것 같습니다."

"나 자신의 이익만을 위해서가 아니라 다른 사람의 생명이나 건강, 편리를 위해서 돈을 벌고 명예를 가져야겠다고 생각하고 실천하는 것이 욕망을 원력으로 승화시키는 것입니다. 그 원력의 덩어리가 커지고 넓어지면 내 마음도 편해지고 당당해져요. 또 그것을 실천하면 필연적으로 복과 덕이 따라와요. 그러면 남 보기에도 아름답고 좋잖아요. 사람의 심리가 이기적이고 독선적인 사람 옆에는 가기 싫잖아요. 그렇게 상부상조의 좋은 상승효과들이 나오는 것이 공생하는 길이고 바른 가치관으로 사는 거예요.

그리고 번뇌가 쉽게 없어지지 않는다고 했는데, 아무리 수행을 많이 하더라도 번뇌가 바글바글 끓으면 안 돼요. 참선을 한다는 것은 잘못된 견해를 자르는 겁니다. 화두를 들어서 번뇌가 들어오지 못하도록 꽉 막고 잘라 버리는 거지요. 수행을 계속함으로써 잡된 생각이 들어오지 못하도록 하는 겁니다. 청정한 마음으로 돌아와야 하는데 다생 동안 살아왔던 습기가 지중해서 그놈들이 사정없이 몰고 들어오잖아요. 화두는 사방에서 몰려 들어오는 탁한 기운을 쳐 내는 방편인 겁니다."

육바라밀의 실천

"불교에서의 올바른 가치관은 연기법적인 사고와 시선으로 세상을 보는 걸 말하지 않습니까. 이 우주의 모든 유정물과 무정물이 다르지 않고 나와 연결되어 있어서 어느 것 하나도 소중하지 않은 것이 없다는 것이 바른 가치관일 텐데요. 그런데 사람들은 늘 자기가 우선이잖아요. 자기가 더 귀한 존재이고, 남보다 많이 소유해야 하고. 오욕에 대한 갈망도 연기법을 깨닫지 못한 데서 오는, 즉 바른 가치관이 형성되지 않은 데서 오는 결과라고 봅니다. 어쨌든 끊임없이 '나'라는 개인에 집착하면서 탐욕과 성냄과 어리석음이라는 윤회의 레일 위를 달리는 것이 중생의 삶일 텐데요, 바른 가치관을 확립하고 '나'에게 집착하지 않기 위해서는 방편이 필요하지 않겠습니까?"

"부처님의 가르침인 팔정도, 대승불교의 육바라밀六波羅蜜이나 사섭법四攝法이 올바르고 좋은 가치관이자 실천법입니다. 이것만 실천하면 작위적으로 지켜야 할 법이 따로 없어요. 육바라밀에는 우리가 수행해야 할 모든 것이 담겨 있습니다.

육바라밀의 첫 번째가 보시布施인데, 보시는 놓아 버린다는 뜻이에요. 보시를 대개 물질을 주는 것으로 생각하는데, 더 깊은 의미는 모든 것에서 '나'를 쏙 빼는 것을 말합니다. 내 것을 놓아야 남에게 봉사하고 기여할 것인데 틀어쥐고 있으면 보시를 할 수 없지요. '나'를 실체시하는 관념과 내 소유를 일단 버렸을 때 상대방에게 기여할 수 있기 때문에 보시를 잘 실행했을 때 나머지 다섯 가지 바라밀(지계, 인욕, 정진, 선정, 지혜)도 이뤄집니다.

육바라밀 중 두 번째는 지계持戒, 즉 계를 지키는 것인데, 살생하지 말라〔不殺生〕, 도둑질하지 말라〔不偸盜〕, 거짓말하지 말라〔不妄語〕, 사음하지 말라〔不邪淫〕, 술을 먹지 말라〔不飮酒〕 이렇게 다섯 가지가 있어요. 불자라면 반드시 지켜야 할 다섯 가지 도덕적 계율〔五戒〕이 팔정도와 육바라밀에 포함되어 있습니다. 오계五戒를 설명하면 이렇습니다.

살생하지 말라는 것은 생명을 소중히 여기라는 뜻입니다. 생명을 죽이지 말라는 것은 소승에서는 사람을 죽이는 것을 말하는데, 대승에선 우주에 있는 생명을 다 편안하게 해 주자는 의미입니다. 예전에 슈바이처 박사가 쓴 『생명의 경외』이라는 책을 상당히 감명 깊게 보았는데, '미물인 곤충 하나도 소중하지 않은 것이 없다. 모든 생명은 외경할 만한 가치가 있다.'는 내용을 보면서 불교의 생명관과 같다는 것을 느낀 적이 있어요. 폭력적인 생각, 잘못된 생각, 남을 미워하고 싫어하는 생각도 생명을 죽이는 것과 같습니다. 기분 나쁘면, '저 놈 죽었으면 좋겠다.'고 말하는데 사람을 죽이는 것만 살생이 아니고 이러한 폭력적인 언어도 살생의 범주에 속하는 겁니다.

살생을 하지 말라고 하는 것은 다음 생에 걸림돌이 되기 때문이에요. 과보에는 이번 생에 당장 나타나는 것, 다음 생에 나타나는 것, 몇 번의 생을 걸러 나타나는 것이 있습니다. 살생을 하지 말라는 계를 지켜서 자비로 바꾸고, 도둑질하지 말라는 계는 보시로, 사음하지 말라는 계는 청정한 삶으로 바꾸는 것이 지계 수행입니다.

도둑질하지 말라는 것은 남의 물건을 탐하지 말라는 뜻입니다.

사음하지 말라는 것은 배우자 외에 다른 사람을 가까이하지 말라는 것입니다. 인류가 생긴 이래 식욕과 색욕으로 인해 싸움이 그치질 않고 있습니다. 배우자 이외의 이성에 대한 욕심 때문에 가정이 파괴되고 사회가 혼란해지는데, 사음이 만연되면 그 나라는 대번에 망합니다.

거짓말하지 말라는 것은 미워하고 저주하는 말을 사용하지 않아야 한다는 뜻입니다. 경제가 어려운 것이 문제가 아니고 따뜻한 말 한 마디 건네지 못하는 삭막한 정서가 문제입니다. 심성이 나쁜 사람은 입에 도끼를 달고 산다고 하잖아요. 말이 정화되지 않고는 좋은 삶을 영위할 수 없습니다. 따뜻한 말 한두 마디면 풀어질 관계를 자존심을 가지고 대결하면 풀리지 않습니다.

술을 마시지 말라는 것은 정신이 흐려지도록 지나치게 술을 많이 마시지 말라는 것입니다. 부처님께서는 음주로 인해 생기는 결과, 즉 건강이 나빠지고 얼굴이 미워지고 육근이 청정하지 못하고, 머리가 탁해지는 것 등 36가지 과실을 경전에서 밝혀 놓으셨어요."

스님께서는 아주 정확하게 부처님께서 말씀하신 과음이 지니는 과실을 말씀해 주셨다. 지금 우리 사회에 지나친 음주로 인해 생기는 폐해가 점점 심각해지는 것 같아서, 참고로 『선악소기경善惡所起經』에서 밝힌 술을 마셔서 생기는 36가지 과실을 옮겨 보았다. 하나하나 내용을 음미해 보면 내용이 기막히게 정밀하고 사실적이다. 술을 좋아하는 사람들이 보면 좀 두려운 생각이 들어 음주량을 줄이지 않을까 싶다.

재물이 모이지 않고 돈을 쓰게 되며, 질병을 앓게 되고, 술 때문에 싸우게 되고, 남을 해치려는 마음이 늘어나고, 성내는 마음이 늘어나고, 뜻대로 되지 않는 일이 많아지고, 지혜가 줄어들고, 복덕이 늘지 않고, 복덕이 줄어들며, 비밀을 지키지 못하고, 사업을 이루지 못하고, 걱정 고통이 많아지고, 눈과 귀 등 감각기관이 어두워지고, 부모를 욕되게 하고, 스님들을 존경치 않으며, 바라문을 공경하지 않게 되고, 부처님을 공경치 않게 되고, 부처님 진리를 공경치 않으며, 나쁜 벗들과 어울리고, 좋은 친구들과 멀어지게 되고, 음식을 자주 버리고, 모습이 단정치 못하고, 음욕이 불타듯 하고, 사람들이 싫어하게 되고, 쓸데없는 말과 웃음이 늘고, 부모가 기뻐하지 않으며, 친척들이 꺼리고 싫어하며, 옳지 못한 일이 따르고, 바른 진리를 멀리하고, 어질고 착한 사람을 공경하지 않고, 잘못과 실수를 저지르게 되고, 열반에서 멀어지며, 미치광이 짓이 자꾸 늘게 되고, 몸과 마음이 산란하고, 나쁜 짓을 하고 게으르게 되어 죽고 나서는 큰 지옥에 떨어진다.

"계는 자기 자신을 위한 것입니다. 남의 것을 공짜로 탐내어 빼앗은 사람들은 아무리 뭘 해도 안 됩니다. 돈이 사람을 좇아가야지 사람이 돈을 좇아가면 안 됩니다. 그래서 복을 지으라고 하는 겁니다. 과거에 박복한 일을 했다 하더라도 남에게 베푸는 일을 자꾸 쌓으면 인과가 소멸되어 가는 것입니다.

사음하는 과보도 무섭습니다. 좋은 배우자와 자식을 만날 수 없어요. 부부로 만나도 자주 싸우고 미워하게 됩니다. 계율을 철저히 지키고 수행하며 마음을 밝혀야 합니다. 참선을 하고 염불이나 주력을 하는 것도 마음을 밝히는 거잖아요. 실생활에서 걸림돌이 되는 것을 보면 대부분 계행을 지키지 않아서 그런 거예요. 돈이 잘 안 벌리는 사람은 전생에 남의 돈을 빌리고 갚지 않은 때문이고, 열심히 사는 데도 남에게 비방을 받으면 거짓말을 많이 해서 신의를 잃었기 때문이죠. 인과의 법칙은 우주의 정확한 파장으로 생긴 것이기 때문에, 계를 지키는 것은 결국 자기를 위한 것이죠."

"인과법을 생각하면 손가락 하나 움직이는 것조차 조심해야 할 것 같습니다. 그런데 저희들은 이미 지나간 잘못된 일에 너무 매달리고 괴로워하면서 살아가는 것이 또 문제예요."

"심성만 열려서 깨달음을 성취하면 그대로 과보가 떨어져 나가요. 그래서 공부해서 깨치라는 것입니다. 우주법계의 에너지와 내가 일치하는 자성을 깨달으면 과보가 있다 해도 관계없어요. 중생의 업력으로 따지면 죄가 있는 것이지 죄란 원래 공한 것입니다. 그러나 중생의 업을 가지고는 피해갈 수 없습니다. 우주 공간에는 욕계와 색계, 무색계가 있는데, 불교에서는 천상에 나는 것도 좋게(달갑게) 생각하지 않습니다. 삼계에서 벗어나는 것을 목표로 하지요. 원효 스님의 말씀처럼 일체 걸림에서 다 벗어난 무애도인이 되기를 바라죠."

『천수경』에 보면 '죄라는 것은 자성이 없어 마음 따라 일어나므로 죄의식에 얽매인 마음이 소멸하면 죄도 또한 사라진다. 그리하여 죄와 죄의식 모두가 비어 있음을 깨닫게 되면 그것이 진정한 참회다.'라는 내용이 있다. 경을 읽을 때마다 그 말씀이 위로가 되긴 하는데 내 것으로 다가오지는 않았다. 스님의 말씀을 들어 보니 내 안 깊숙이에 숨어 있는 심성(불성)이 열리지 않아서인 것 같다. 열심히 정진하는 것밖에 별도리가 없을 것 같다. 그래도 얼마나 다행인가, 수행하면 그대로 지은 업이 떨어져 나간다고 하니까 말이다.

"여섯 가지 바라밀에서 보시와 지계를 말씀하셨습니다. 세 번째 인욕에 대해서 말씀해 주세요. 내 것을 내려놓는 보시와 다섯 가지 계율을 잘 지키는 것도 쉬운 일은 아니지만 나에게 닥친 어떠한 상황에서도 참고 견디는 인욕 수행 또한 무척이나 어렵습니다."

"인욕은 모든 죄업을 녹일 수 있는 용광로와 같은 것입니다. 살아가면서 먹고 싶은 것 다 먹고, 자고 싶은 것 다 자면 무엇을 성취할 수 있겠어요? 인욕하는 그 속에 무한한 복이 다 들어 있는 것입니다. 스트레스가 쌓이면 소리를 지르라고들 하는데 그것은 일시적인 거예요. 먹고, 놀고, 잠자고, 편하고 싶은 것 등 이 모든 것이 잘못된 습관인데 이 잘못된 습관을 변화시켜 나가는 것이 인욕입니다. 곡식을 심으면 풀을 뽑고, 약을 치고, 벌레를 잡는 것처럼 공부를 하려면 적재적소에 이 인욕을 사용해야 합니다.

그리고 정진은 앞의 세 가지 보시, 지계, 인욕을 정밀하게 유지해 나가는 것입니다. 정진이 계속될 때 마음이 안정되어 맑아져 있는 것이 선정이고, 선정이 깊어지면 결국 지혜가 나타납니다."

"우리가 보통 수행한다고 하면 마음을 맑히는 선정을 생각하는데, 스님께 육바라밀에 대한 말씀을 듣고 보니 보시와 지계, 인욕을 익히고 닦는 일도 아주 중요한 수행이라는 생각을 하게 됩니다. 이 세 가지를 실천하지 않으면 선정에 이르지 못할 것이고 선정이 깊어지지 않으면 지혜 또한 나올 수 없을 거고요. 그런데 저 다섯 가지가 충족되었을 때 드러나는 지혜는 어떤 걸 말하는 걸까요?"

"사물을 있는 그대로 보는 원만하고 분명한 지혜, 일체 유정, 무정의 모든 존재가 평등함을 깨닫고 대자대비한 마음을 일으키는 지혜를 말합니다. 또 사물의 이치를 환히 아는 지혜, 상황에 따라 대처할 수 있는 지혜를 말합니다. 이 네 가지가 드러난다는 것은 내가 우주법계와 혼연일치가 되어 우주와 내가 둘이 아니라는 이치를 아는 거예요. 그 이치를 깨달으면 어떤 것에도 홀리거나 매이질 않습니다.

그리고 이 지혜가 드러나면 저절로 자비희사와 순리에 따라 사는 효순의 기능이 나와서 중생을 이롭게 하죠. 중생의 기쁨과 괴로움을 함께하고 즐거움을 주고 봉사하고 순종하게 되는 것입니다.

공부해서 심성이 열리면 자연(대상)과 내가 둘이 아님을 깨쳐서 함부로 할 수 있는 생명은 하나도 없음을 알게 되죠. 깨친 입장에서 보면 증오심이 있을 수 없어요. 생명의 실상을 깨달았을 때 우주적인 삶을 살 수 있습니다. 이러한 것을 깨달아 실천하는 것이 지혜롭게 살아가는 것입니다."

행복에 대한 가치관은 저마다 다를 것이지만, 다만 나는 '편안한 마음으로 내 생명을 세우는[安心立命]' 가치관을 가지고 삶을 살 때 행복할 수 있다고 생각해 왔다. 그렇다면 안심은 어디에서 얻을 것인가. 스님께서 말씀하셨다. 올바르고 좋은 가치관인 저 육바라밀을 익히고 실천하라고. 그러고 보면 행복의 길은 먼 곳에 있지 않다. 모든 것에서 나를 앞세우는 마음을 내려놓고, 모든 생명을 소중히 여기며, 바른 말, 순한 말을 하고, 남의 것을 탐내지 않고 내가 노력해서 얻으며, 이 세상을 인욕하기 위한 땅이라 여기며 처한 상황을 내 것으로 온전히 받아들일 때 행복할 수 있는 것이다.

행복에 대한 가치관을 올바로 하고 살아왔는가. 어떻게 살 것인가에 대한 두 번째 답이었다. 한여름의 솔바람 소리가 싱그럽게 들렸던 정혜사에서 내려오는 발걸음이 가벼운 날이었다.

3

지혜롭고 성실했는가

'배우는 사람은 반드시 혜慧와 근勤과 적寂, 세 가지를 갖추어야만 성취함이 있다. 지혜롭지 않으면 굳센 것을 뚫지 못한다. 부지런하지 않으면 힘을 쌓을 수가 없다. 고요하지 않으면 오로지 정밀하게 하지 못한다. 이 세 가지가 학문을 하는 요체다.'

다산 정약용 선생이 초의 선사에게 보낸 편지 내용의 일부다. 삶이란 살아가면서 숙제처럼 생기는 많은 일들을 해결하며 살아가는 과정일 것이다. 그런데 풀어 가야 할 일들이 산적해 있는 일상에서 지혜가 없으면 그것들을 뚫지 못한다는 것이다. 지난 일들을 돌아보면 왜 그렇게 지혜롭지 못했을까, 후회하게 되는 일 천지다. 다음엔 좀 더 지혜롭게 대처해야지 하는데, 돌아보면 결과는 역시 만족스럽지 않다. 무엇이 지혜로운 삶인가를 묻는 나에게 스님은 '행복을 추구하고 지혜롭게 사는 데 가장 중요한 가치는 성실인데, 거기엔 양심이 전제되어야 한다고 하셨다. 양심이 결여되면 인간은 어느 상태에서도 불안정하다는 것이다. 이날 스님께선 우리 삶의 근간을 이루는 지혜와 성실에 대해서 오래 이야기 하셨다.

지혜로운 삶이란 무엇인가

"지혜로워야 굳센 것을 뚫고 부지런해야 힘을 쌓을 수 있으며 마음이 고요해야 일을 정밀하게 할 수 있다는 정약용 선생의 말씀을 대하면서, 지난번 스님께서 설명하신 육바라밀의 정진과 선정, 지혜와 다르지 않다는 생각을 했습니다. 살아가면서 '지혜로워야 한다.'는 생각을 많이 하고 사는데, 삶에 적용하기가 참 어렵습니다. 과연 지혜란 어떤 것을 말하는 걸까요?"

"세상에서 말하는 지혜와 불교에서 말하는 지혜는 다릅니다. 세상에서의 지혜는 많은 지식과 경험을 통해서 사물을 판단하는, 이른바 분별과 차별에서 나오는 알음알이라고 한다면, 불교에서의 지혜는 그런 알음알이를 초월한, 즉 분별과 망상이 다 떨어지고, 갈래야 갈 수가 없는 그 자리에서 일어나는 심성의 밝은 빛을 말합니다. 불교를 잘 모르면 이러한 지혜가 인간의 보편타당한 가치를 실현하는 데 맞는 것일까, 특수한 계층만이 할 수 있는 것이 아닐까, 이렇게 생각하는 사람이 많을 겁니다. 그러나 궁극적으로 불교의 지혜만이 모든 사물을 바르게 분별, 판단할 수 있고 진실로 자비를 실현하며 중생을 제도할 수 있습니다.

'알지 못하되 모르는 게 없고, 모르되 모르는 것이 없다.'라는 묘한 표현이 있어요. 모든 분별이 다 떨어져서 추구하고, 분석하고, 감상하는 것이 하나도 없되 전체를 다 아는 것을 말하죠. 이것이 불교에서 말하는 지혜입니다. 이것은 그 경지에 가 보지 않으면 이해하기 어렵습니다."

"분석하고 판단하는 것 없이 전체를 환히 안다는 말씀을 알 것 같으면서도 모르겠네요.(웃음) 정진해서 심성이 열리지 않으면 진정한 지혜가 나올 수 없다는 말씀이지요?"

"부처님께서 처음에 깨달음을 성취하고서 『화엄경』을 설하시는데 아무도 알아듣는 사람이 없었어요. 『화엄경』은 『대방광불화엄경』이라고도 하는데, 크고 넓고 깊고 높아서 말로 표현할 수 없는 허공과 같은 그런 깨달음에서 보니까 세상은 꽃으로 장엄된 세계더라는 뜻이에요. 깨치지 못한 사람의 입장에서 보면 이건 깨끗하고 저건 더럽고 한데, 깨친 사람의 입장에서 보면 세계가 청정법신 비로자나부처님의 몸뚱이인 거예요. 이걸 알아듣지 못하니까 단계적으로 『아함경』, 『방등경』, 『반야경』, 『열반경』, 『법화경』을 설하셨습니다.

그러면 불교에서 말하는 지혜가 그렇듯 출중하다면 어떻게 방편문을 열어서 중생을 제도할 것이냐 하는 것이 문제죠. 지혜와 자비의 종교라

ⓒ 하지권

대담자인 박원자 작가와 함께

고 하는 불교가 이 세상에 존재하는 당위성은 중생구제에 있습니다. 깨치지 않으면 알지 못하고, '알지 못하되 일체를 다 알고 있고, 모르되 모르는 것이 하나도 없다.'는 지혜이지만, 중생의 수준에 맞추어 다가갈 수밖에 없습니다. 이것이 육바라밀이요, 사섭법이요, 사무량심四無量心이에요.

사무량심은 자비희사慈悲喜捨를 말합니다. 중생을 불쌍히 여기기 때문에 모든 생명을 다 보듬고, 고통을 덜어 줘야겠다는 것이 자慈입니다. 비悲는 다른 이의 아픔을 내 것으로 여겨 함께하는 것이고, 희喜는 중생들을 기쁘게 할 수 있는 길이 무엇인가를 살펴 실천하는 것입니다. 사捨는 끝없이 봉사하는 것을 말합니다. 봉사만큼 위대한 길은 없습니다. 가장 위대한 성자는 나면서부터 죽을 때까지 봉사만 하고 갑니다. 중생은 자기를 위해서 살지만 성자는 남을 위해서 모든 걸 희생합니다. 세상에는 이기주의, 개인주의, 합리주의, 봉사주의 이렇게 네 가지 유형이 있는데, 마지막 봉사주의는 성자만 할 수 있는 거예요.

지금 한국 불교가 딜레마에 빠진 것은 대승불교를 지향하면서도 소승의 성문이나 독각, 아라한들이 가는 형태에도 미치지 못한 사람이 많기 때문입니다. 겉으로만 대승불교지, 실제 행동은 소승의 경지에도 미치지 못하고 있습니다. 이기적인 사람들이 많은데 이는 부처님의 가르침을 따르고 실천하는 사람들이 아닙니다.

불교의 교리나 사상, 가치관은 어느 종교도 따라올 수가 없을 만큼 수승합니다. 그럼에도 승가 구성원 자체가 상당히 자기 구실을 못하고 있어요. 불교가 민중에게 다가가지 못하는 원인이죠. 어떻게 저 중생을 기쁘게 해 줄 수 있을까? 오로지 마음속에 항상 그런 생각이 담겨 있어야 합니다."

"그러니까 지혜롭게 사는 것은 지난번에 말씀하신 육바라밀이나 저 한량없이 큰 네 가지 마음을 실천하면서 사는 것이라는 말씀이군요. 그런데 가까이 사는 사람들에게도 그것들을 실천하기가 참 어렵습니다."

"습관을 들여야죠. 그렇지 않으면 스스로가 힘들어지고 추해져요. 힘들어도 그 길을 가야 합니다. 우리가 대처해서 없애야 할 것이 탐욕과 분노와 어리석음의 삼독입니다. 이 삼독이 몸에 침투하면 빠지지가 않아요. 그걸 떼기 위해서 참선이나 염불, 주력도 하고, 육바라밀도 실천하고, 사섭법도 익히는 겁니다. 사실은 육바라밀, 사무량심, 사섭법도 깨침이 있는 상태에서 실천해야 완전한 거예요."

성실의 가치를 알라

"깨달음이 와서 지혜가 열리고 자비희사의 마음이 항상 마음속에 담겨 있어야 하는데, 깨침이 없는 상태에서 행동하기 때문에 지속적이고 온전한 실천이 안 되는 것 같습니다."

"지속적으로 실천하려면 신심과 발심이 철저해야 합니다. 그러니까 내가 왜 지금까지 중생으로 살면서 이런 못난 짓만 하고 살았는가 하는 철저한 자각과 성찰이 항상 자기 몸에 자리하고 있어야 해요. 세상을 살아가면서 가장 소중하게 여겨야 할 것이 이성과 양심 아닙니까. 모든 시비를 밝게 성찰할 수 있는 것이 이성이고, 항상 자기를 통제하고 재판하는 것이 양심입니다.

우리 사회가 왜 이렇게 나쁜 쪽으로 치닫고 있을까요? 예전엔 그렇지 않았어요. 내일 당장 밥을 굶게 되더라도 이웃과 나눠 먹고 살았는데, 지금은 예전보다 훨씬 잘살아도 OECD 국가 가운데 행복 지수가 가장 낮은 나라 중의 하나이고, 자살률이 가장 높다고 해요. 예전엔 함께 잘 살자고 했는데 요즘은 어떻게 하면 저 사람을 누르고 내가 더 잘살까를 궁리하기에 여념이 없습니다.

행복을 추구하고 지혜롭게 사는 데 가장 중요한 가치는 성실입니다. 인륜과 도덕이 깨졌다는 것은 성실성이 없어졌다는 얘기예요. 돈과 명예와 출세를 추구하는 데만 전념했지 인간이 지녀야 할 기본적인 성실성이 깨져 버린 겁니다."

"성실성을 회복하는 것이 무엇보다 중요하겠군요."

"왜 사람을 인간이라고 했을까요? 사람은 간間적인 존재입니다. 부부, 형제, 동료, 사제 등 함께 살아가면서 중요한 것은 간(관계)입니다. 사람은 관계를 떠나서는 하루도 존재할 수 없습니다. 사람뿐 아니라 물건과 일과의 관계도 있죠. 사람과 사람, 사람과 일 사이에서 가장 도덕적으로 중요한 것이 성실입니다. 예를 들어 상대방을 건성으로 성의 없이 대하면 기분이 나쁘지 감동을 받겠습니까? 부부 사이에도 정성을 다해서 진심으로 '사랑합니다.' 해야지 건성으로 말로만 해서는 안 됩니다. 그것을 충신忠信이라고 말합니다. 마음에 거짓이 없는 것이 '충'이고, 언행에 거짓이 없는 것이 '신'입니다. 인간관계에서 말 따로 행동 따로 하면 누가 그 사람을 믿고 존경하겠습니까?

이렇듯 충신이 인간관계에서 가장 중요한데 지금 그것이 모두 깨지고 있습니다. 부모 자식 간에도 돈 문제로 부모를 윽박지르고 심지어 죽이기까지 하잖아요. 사제지간에도 스승이 제자를 추행하는 험한 일이 벌어지고 있는데, 성실성이 빠지면 그렇게 될 수밖에 없어요. 자기 역할을 제대로 하지 못하기 때문에 일어나는 현상이죠. 인간이 제자리에서 제 역할을 한다는 것은 성실성을 가지고 살아간다는 얘기입니다. 아무리 우리 국민소득이 2만 불이 넘는다 해도 지금과 같은 가치관으로 살아간다면 사상누각입니다. 행복해질 수가 없죠. 행복은 지나가다가 우연히 돈 가방을 줍는 요행과는 다릅니다."

"모두 자기가 서 있는 위치에서 제 역할을 제대로 하는 것이 성실하게 살아가는 것이라고 말씀하셨는데, 자기 역할을 충실히 한다는 것은 어떤 의미일까요?"

"세상을 살아가면서 기본적으로 필요한 것은 감인대堪忍待, 즉 감당하고 참고 기다리는 자세입니다. 자기에게 온 그 일을 감당해야 합니다. 감당한다는 것은 자기 역할을 다하는 것입니다. 학생은 학생답고, 주부는 주부답고, 선생은 선생다운 것이 '감'입니다. 자기 역할을 제대로 하지 못하면 무시당하고 존경받지 못합니다. 그리고 참고 기다려야 합니다. 모든 일이 금방 성취될 수는 없잖아요. 그러나 자기 역할을 제대로 하고 참고 기다리며 살아간다고 해도 만약, 거기에 성실성이 빠지면 아무 의미가 없어요. 매사에 성실해야 합니다. 일을 해도 학문을 해도 수행을 해도 최선을 다해 성실해야 합니다. 성실은 우주 만물을 기르는 기틀입니다. 그것이 결여되면 아무것도 성취되지 않습니다."

양심이 없는 성실은 조건부 선일 뿐

"근데 제 주위를 보면 큰 욕심 부리지 않고 성실하게 사는 사람들은 많은데 근본적으로 우리 사회가 더 나아지지 않는 것 같습니다."

"그렇죠. 성실하되 거짓되지 않아야 하는데, 요즘은 거짓된 사람이 너무 많습니다. 지금 한국 사회가 갈등을 겪고 있는 것은 거짓된 사람이 너무 많기 때문입니다. 우리 현대 교육이 리더십, 용감함, 근면, 성실, 조직성 등을 가르치는 데 반해 양심(선의지)을 가르치고 있지 않아요. 성실하고 부지런하고 철저한 것은 조건부 선입니다. 그런데 선은 무조건적인 선이어야 해요. 양심은 사람이나 물건을 해치지 않고 불편하고 불안하게 하지 않겠다는 생각입니다.

그런데 성실은 양심과 결합했을 때 비로소 빛이 나기 시작합니다. 예를 들어 조건부 선이 화*와 결합을 한다고 생각해 보세요. 의사가 칼을 쓰면 사람을 살리지만 강도나 도둑이 칼을 가지면 사람을 죽이는 것과 마찬가지입니다. 가치관이 잘못되고 양심이 없는 사람이 지식이나 부지런함, 용감함, 체계적인 조직과 결합된다면 어떻게 되겠습니까? 양심이 결여되면 인간은 어느 상태에서도 불안합니다. 행복은 양심을 갖고 차분하고 성실하게 노력하면서 얻어지는 것입니다. 요즘 창조 경제라는 말을 많이 하는데, 행복도 자신이 창조하는 것입니다.

사람뿐 아니라 자연 등 모든 존재는 역할 분담을 하며 살아갑니다. 꽃은 향기로, 사람은 성실로 자기 역할을 하죠. 거기에 자비희사라고 하는 진정한 선의 가치가 출연되어야 해요. 성실은 윤리의 기본 바탕이기 때문에, 성실에서 모든 윤리와 도덕이 나옵니다. 성실은 생명의 실상이고 인생을 이루는 기본 틀입니다.

성실하지 않은 데서 이 세상의 크고 작은 사건이 다 나오는 겁니다. 성실하지 않으면 아무것도 이루어지는 게 없습니다. 만약 성실하지 않은 자세로 제품을 만들었다면 그 제품이 좋을 리가 있겠습니까? 성실하지 않은 언어, 행동, 마음은 죄업을 만드는 공장입니다. 불성실에서 삶의 쓰레기가 쏟아져 나옵니다. 세상 사람들은 명예와 이익을 얻기 위해서 불성실한 행위를 하는데 그렇게 살면 결과는 뻔해요. 콩 심은 데 콩 나고 팥 심은 데 팥이 나오는 것이지, 콩 심은 데 팥이 나올 수가 없는 것이 인과의 법칙입니다."

"보통 성실이라고 하면 열심히 부지런히 살아가는 것으로 생각하는데, 스님께선 언행일치가 되어야 성실한 것이고 그 바탕에는 양심이 깔려 있어야 한다고 강조하시는 거죠?"
"성실하고 근면할 수 있습니다. 조직적이고 체계적이고 리더십 있고 용감할 수 있어요. 요즘 현대 교육이라는 것이 그런 것을 가르칩니다. 그런데 그런 것은 다 조건부 선이죠. 예를 들어 성실한 도둑, 부지런한 사기꾼, 조직적이고 용감한 깡패는 안 되잖아요."

"중요한 말씀입니다. 그렇게 보면 조건부적인 선을 바탕으로 교육받은 사람들이 사회의 리더가 되는 게 문제입니다."
"인간의 기본적인 바탕을 이루게 하는 이른바 교육이라고 하는 것은 인격을 형성하는 중요한 도구입니다. 그런데 지금은 교육이 물질 가치에 치중되어 있어요. 인간이 갖추어야 할 도덕, 윤리, 가치관에는 관심이 없어요. 이러다 보니 자식이 부모를 버리고 살해하는 일까지도 벌어지고 있는데, 인간의 가치를 놔두고 물질만 중요시하기 때문에 그런 무시무시한 일들이 일어나는 거예요. 지금 일어나는 일들은 빙산의 일각이에요. 계속 일어날 거예요. 먹고사는 것에 중점을 두는 교육을 하다 보니까 모두 돈 앞에 고개를 숙이고 있잖아요. 이렇게 가면 한국의 미래는 결코 밝지 않습니다.

인간이 왜 만물의 영장인가를 생각해 봐야 합니다. 만물의 영장이면 영장다운 짓을 해야죠. 우리나라가 자유민주주의 국가인데 이건 너무 좋은 겁니다. 자유는 목숨을 걸고 투쟁할 가치가 있는 거예요. 그런데 자유를 지킬 만한 인격을 갖추어야 합니다. 양심이 자리 잡지 않은 자유는 방종으로 흐를 수 있습니다."

"성실하지 않으면 아무것도 이룰 수 없다는 말씀이 가슴에 와 닿습니다. 『중용』에 보면 '성실은 만물의 근원이고 성실이 없으면 만물은 존재하지 않는다.' 또 '오직 천하의 지극히 성실한 사람만이 남을 교화시킬 수 있게 된다.'는 말이 있는데, 스님의 말씀과 일맥상통하지 않나 싶습니다. 큰 삶을 산 사람들을 보면 부지런하고 성실한 것이 가장 큰 공통점이기도 하죠."

"대부분 나태하게 살면서 행복하길 바랍니다. 나태하면 행복할 수가 없습니다. 성실성을 가지고 정말 열정적으로 부지런히 살아야 합니다. 우리나라가 지금 여러 종류의 세계 최고 제품들을 보유하고 있다고 하는데, 그건 노동자들의 성실과 희생정신 때문이에요. 그런데 기업하는 사람들이 천민자본주의에 빠져서 기업에 소속된 생명에 대한 배려나 존중, 이해가 부족한 채 기업의 이윤만을 추구하면 진실한 사회가 이뤄질 수 없습니다.

요즘 대두되고 있는 갑을 관계도 큰 문제인데, 이것도 천민자본주의에서 나온 겁니다. 각자 해야 할 일은 다르지만 인간의 관계는 평등해야 합니다. 최근 제기된 재벌가의 갑질 문제도, 갑이 을에게 가하는 오만이 얼마나 자신에게 독이 되어 돌아오는지 당하고 나서야 깨달았을 겁니다. 그런데 그런 사람이 그 사람 하나뿐이 아니에요. 우리 사회가 그런 사람들로 꽉 차 있습니다.

노사 관계, 정치인과 국민과의 관계, 부부 관계 등 모든 관계에 불신이 자리하고 있어요. 신뢰가 없으면 기초부터 깨지게 되어 있습니다. 그런데 그 불신은 성실치 않은 데서 오는 겁니다.

각자 자기 자리를 지켜야 합니다. 국화꽃은 자기만의 아름다움과 향기가 있어야 제 빛을 발합니다. 자기 자리를 망각하고 이탈해서 제멋대로 향락에 빠져 살면 언젠가는 그 과보를 비참할 정도로 단단히 치러야 해요. 인생은 먹고 놀고 춤추고 방탕하게 살아가는 놀이터가 아닙니다. 향락에서는 창조의 기쁨이나 보람을 찾을 수가 없습니다. 항상 허전할 뿐이에요. 그런 사람들은 고독하고 비참한 고난 속에서 살아갈 수밖에 없습니다. 그런데도 불구하고 계속해서 가고 있는 것이 문제입니다. 마치 나방이 화려한 불빛에 돌진해서 불타 죽는 것과 마찬가지죠. 정신 혁명을 일으키는 것이 가장 필요하고 또 중요합니다."

생명보다 더 소중한 가치로 살아가라

인터뷰 도중 초로의 거사님 한 분이 스님을 방문했다. 얼굴에 수심이 가득해 보였다. 자주 찾아뵙지 못해 죄송하다면서 삼배를 올리고 앉아 찾아온 사연을 이야기했다. 얘기 내용으로 보아 수덕사에서 일을 하신 분

같았다. 아들딸 자제분 둘이 모두 암 투병을 하고 있다고 했다. 그래도 처음보다는 많이 나아졌다고 한숨을 돌리는 거사님에게 조용히 듣고 계시던 스님께서 이렇게 말씀하셨다.

"열심히 치료를 받아서 빨리 쾌차되길 바랍니다. 인간의 삶을 보면 리듬이 있는 것 같아요. 한때 불행하지만 항상 불행한 것은 아니고, 불행의 신이 임무를 다하고 물러가면 행복의 신이 다가옵니다. 리듬이 그래요. 밤이 가면 낮이 오고 낮이 가면 밤이 오듯 불행의 신이 왔다가는 언젠가는 떠나요. 용기를 잃지 마시고 행복을 기대하고서 참고 견뎌야 합니다."

좋은 것이든 나쁜 것이든 영원한 것이 없다는 것은 얼마나 큰 위로인가. 그렇다. 지나간다. 스님께서 앞에서 말씀하지 않았던가. '자기에게 온 그 일을 감당하는 것이 자기 역할을 다하는 것입니다.'라고. 무심히 감당하며 사는 것이 본성(불성)에 다가가는 일이 아닐까 하는 생각이 들었다.

자리에서 일어나는 거사님에게 '아드님이 먹는 약은 일전에 그 스님께 언제든 거사님이 오면 드리라고 부탁해 놓았어요.' 그렇게 말씀하시며 스님은 격려금이 든 봉투를 들고 밖에 나가 배웅하고 들어오셨다.

"인간이 발명한 3대 발명품이 언어와 문학, 그리고 종교라고 합니다. 그런데 종교를 존속시키게 하는 사람이 종교인이잖아요. 저희 어머니가 돌아가시고 제가 『지장경』을 백일 동안 읽었는데, 경전을 읽을 때마다 세상의 출가 수행자들은 중생이 모두 고통에서 벗어날 때까지 자신의 성불을 미뤄 두고 그들의 고통을 구제하리라는 서원을 세운 지장보살이 되어야겠구나 하는 생각을 했습니다. 승속을 막론하고 많은 사람들이 방장스님에게 물심양면으로 도움을 요청할 테니, 피곤하실 때도 있지 않을까 싶습니다."

"지장보살처럼 완전히 깨달은 승이 되어서 중생을 제도하면 피로가 없습니다. 그런데 그렇지 못한 사람들은 피곤할 수밖에 없어요. 왜냐하면 우선 시간적, 경제적인 여유와 지식이 있어야 남을 편안하게 해 줄 수가 있는데, 그것을 만들어서 한다는 것은 현실적으로 맞지 않죠. 그래도 노력하며 가야 하고, 그것이 이기적인 생각을 극복하는 과정이겠지요. 그러한 노력이 또 창조적인 삶이에요. 이기적이고 개인적인 것에 머물러 있으면 발전이 없습니다."

"그런데 그 노력이 언제나 미미합니다. 조금 되는 것 같다가도 다시 제자리에 와 있고요."

"그래서 깨달음이 그렇게 중요한 겁니다. 깨달음이 와서 항상 유지되고 물 흐르듯이 자연스럽게 가야 되죠. 모든 생명이 밝은 것을 향하는 게 순리이듯이 나의 모든 행은 부처를 향해서 가야 합니다. 완전한 지혜와 자비는 깨침을 통해서 실현되지만, 한편으론 업을 바꿔 가면서 실천할 때 부처로 향할 수 있어요. 그래서 실천이 최고의 덕목입니다.

우리 사회가 물질이 목적이 되다 보니 배금주의로 가 버려서 인간의 가치에 대한 시각이 저급하게 되어 버렸죠. 인간은 이성과 양심을 가진 만물의 영장인데 그것이 무너져 버리고 물질과 돈만 좇아가다 보니 만족감이나 행복감이 있을 수 없죠. 물질 숭배로 인해 우주에 단 하나밖에 없는 생명을 함부로 한다는 것은 생명을 물질보다 아래로 둔 어리석은 행위예요.

그러나 생명이 아무리 소중하다고 해도 인격이 갖춰져 있지 않으면 생명다울 수가 없어요. 생명보다 더 소중한 가치가 인격 가치입니다. 인격을 갖추지 않은 생명은 다른 생명에게 독이 되죠. 그런데 물질이나 생명, 인격 가치보다 더 소중한 가치가 성불 가치입니다. 이는 궁극이며 최상이고 절대의 가치죠. 부처님께선 이 가치를 실현하기 위해서 세상에 나오셨고, 중생을 위해서 45년 동안 끊임없이 '너희들 자신 속에 세세생생 쓰고도 남을 무진장한 지혜와 자비, 덕과 위신력이 담겨 있다.'는 말씀을 하신 겁니다.

'낱낱의 생명이 다 천상천하유아독존'이라는 선언은 삼천대천세계를 다 빼개는 천둥소리와 같은 겁니다. 그런데 이렇게 무한한 보물을 담보하고 있는 것이 자기 자신인데 탐욕과 분노와 어리석음을 자기 재산으로 잘못 알고 살아가는 게 중생들입니다. 비유가 좀 심하게 들릴 수도 있겠지만, 구더기는 똥구덩이가 삶의 최고 터전입니다. 그곳을 오르내리며 목숨을 겁니다. 마찬가지로 사람도 탐진치 삼독과 오욕의 번뇌에 싸여 목숨을 걸고 삽니다. 이 모두가 비어 있는 것인데 그것에 속아 목숨을 끊기도 하고 괴로워하며 삽니다. 중생의 어리석음이라는 것이 그렇게 무섭습니다. 108번뇌를 압축하면 탐진치인데, 이 세 가지에 물들어 있어 본래 밝은 심성이 어두워 있는 겁니다."

남 괴롭히지 말어

"자신에 대한 그릇된 인식과 집착을 무명(어리석음)이라 하지요. 자신의 성격이 어떤지를 알고, 쓰고 있는 말과 행동이 어떠한가를 늘 자각하는 일이 중요할 것 같습니다. 자신을 바로 봐야 변화가 될 것 같아요."

"불교라는 거울로 자신을 비추어 보는 것이 곧 자각하는 일입니다. 부처님께선 인간의 행복을 위해서 말씀하셨지 불행을 위해서는 말씀한 게 없어요. 불교는 수행하기가 힘들고 어렵다고 하는데, 수많은 생애를 살아오면서 잘못된 습에 의해 자기가 만들어졌기 때문에 변화시키기가 그렇게도 어려운 거예요.(웃음) 학문을 하는 목적도 자기를 변화시키는 데 있는 겁니다. 좋은 성격으로 바꾸는 것이 자기를 변화시키는 것이죠.

누구에게나 자유의 가치가 소중한 겁니다. 그 자유를 얻기 위해서 투쟁도 하고 전쟁도 하죠. 그런데 자유도 잘 선택해야 합니다. 자유로워지고자 노상 방뇨를 한다거나 남을 해치면 되겠어요? 선악을 선택하는 건 자유지만, 자기 인내와 절제가 없이는 자유를 누릴 수 없다는 것도 알아야죠. 인내와 절제가 전제되지 않은 자유는 자신에게 해를 입히거나 다른 사람에게 해를 입히게 되어 있어요. 그렇다면 좋은 성격을 만들어서 수용해 나가는 것처럼 소중한 게 없어요. 좋은 성격을 선택할 때 자기는 물론 상대방도 편하게 살아갈 수 있는 거지요.

남을 힘들게 하지 않는 것이 복을 짓는 일이고 잘 사는 거예요. 상대방의 어려운 점을 이해하고 좋은 것은 칭찬해 주고 상대방의 취향에 대해 시비를 가리지 않는 것이죠.

경허 선사에게 인가를 받은 혜월 스님이 부산 선암사에 사실 때 서울에 볼일이 있어서 기차를 타셨습니다. 승객 한 사람이 수박을 먹다가 버리자, '이 아까운 것을 버리다니.' 하고는 주워서 드셨어요. 함께 간 시자가 부끄러워서 고개를 못 드는데, 이 광경을 보고 있던 소매치기 한 사람이 가만 보니까 예사 스님이 아니거든요. 그래서 최면을 걸어 놓고 돈을 훔치려고 하는데, 아무리 최면을 걸어도 걸리질 않는 거예요. 소매치기 수십 년 동안 최면에 걸리지 않은 사람이 없는데 이런 경우는 없다 싶어서 포기하고, 나중에 선암사로 찾아가 이실직고하고 사죄하면서 '저 같은 사람은 어떻게 살아야 합니까?' 하고 묻습니다. 이에 스님께서 딱, 한마디만 하십니다.

'남 괴롭히지 말어.'

말은 쉬운데 실천하기는 어렵죠. 부모 자식이거나 친구거나 혹은 죽은 사람이거나 간에 남을 힘들게 하거나 괴롭게 하지 않는 것, 남을 분하게 하거나 슬프게 하지 않는 것이 잘 사는 것이라는 말씀인 거지요.

그 이후로 그 사람은 과거의 잘못된 삶을 참회하고 아주 신심 있게 잘 살았다고 해요. 그렇게 못된 사람이 과거를 뉘우치고 새로운 삶을 살 수 있었던 건 수행자의 법력 때문이죠. 사실은 말을 많이 하는 게 중요한 것이 아니고 적재적소에 필요한 말로 상대방의 마음을 움직여 비뚤어져 있던 삶의 방향을 바르게 해 주는 사람이 선지식입니다."

어떠한 큰 계기가 없이 자신을 변화시키기는 쉽지 않다. 그러나 나는 늘 좀 더 좋은 사람, 지혜롭고 성실한 사람으로 변화되기를 원해 왔고, 다행히 그 갈망 곁에는 수행이 있었다. 그럭저럭 편한 것을 추구하고 살아가는 일상에서 문득, 지혜로운 본래의 나로 돌아와야 하지 않는가 하는 생각이 일어날 때 염불을 했고 108배를 했다. 절하면서 정화된 만큼, 원만한 지혜와 공덕을 갖춘 내 안의 부처를 사무쳐 부른 만큼 본래의 나로 돌아갈 것이며, 본래의 나로 돌아가는 것이 곧 변화라고 믿고 있다. 정혜사에서 내려와 수덕사 법당에서 가만히 앉아 숨결을 고르고 나서 108배를 하며 나에게 물었다. 지혜롭고 성실하게 살아왔느냐고, 그렇게 변화하고 있느냐고.

4

제자리에서 주인 된 삶을 살고 있는가

이날은 세월호 사건이 일어난 지 백 일째 되는 날이었다. 2014년 4월 16일, 안산 단원고 학생 325명을 비롯해 476명의 승객을 태우고 인천을 출발해서 제주도로 가다가 진도 앞바다에서 침몰해서 304명의 희생자를 냈다. 대화의 내용이 자연스럽게 세월호 사건으로 옮아갔고, 국민 모두 가슴 아파하는 일에 대해 스님께서도 한 말씀하셨다.

"너무 인간의 가치를 무시하고 오로지 경제적 성장을 위해서 수단 방법을 가리지 않고 달려온 결과죠. 기업인이 인격이 성숙되지 않다 보니 불법과 탈법을 일상적으로 한 데에서 오는 과보인 거예요. 나는 이러한 사회가 좋은 쪽으로 변화할 수 있도록 마음속으로 기원하고 있습니다. 이런 일이 있게 되면 일을 당한 입장에서는 가슴 아프고 괴롭겠지만 원망하고 미워하거나 한탄하지 말고 밝은 생각을 가졌으면 좋겠어요. 어두운 생각은 어두운 기운을 불러들입니다. 서양 속담에 '돈을 잃은 것은 조금 잃은 것이고, 건강을 잃은 것은 많이 잃은 것이며, 용기를 잃은 것은 다 잃은 것이다.'라는 말이 있잖아요. 지금은 용기가 필요한 때입니다. 어떻게 새로운 각오로 삶을 일궈 갈 것인가를 생각해야 합니다.

이렇게 불신 사회가 된 것은 공업으로 인한 거예요. 국가가 바로 서지 않으니까 잘못된 기업인이 자리하고 사는 거예요. 참회가 무엇입니까? 잘못한 것을 뉘우치며 다시는 그런 일을 되풀이하지 않겠다는 다짐 아닙니까? 가슴 속에서 진정한 참회의 눈물이 나와야 새로워집니다. 참회가 되어야 잘못된 것이 바로 잡히고 순수해집니다.

위기가 곧 기회라고 했어요. 지금이 변화할 수 있는 좋은 기회입니다. 날을 분명히 세운 정책이 나와야 합니다. 남북이 갈려 있는데 어쨌든 우리 힘으로 통일을 이뤄야 하지 않겠습니까? 이런 중요한 문제를 풀기에도 시간이 모자란데, 지역 간의 갈등이 여전히 큰 딱지가 붙어 있듯 떨어지지 않고, 세대 간의 갈등으로 우왕좌왕하고 있지 않습니까?

나는 살면서 이익의 분배를 어떻게 할 것인가를 오래 생각해 오고 있습니다. 가장 중요한 것은 '사람'입니다. 그 일을 다루는 사람이 얼마나 진정성이 있는 사람인가가 중요합니다. 어떠한 가치관을 가지고 열정을 다하는 사람인가가 무엇보다 중요합니다."

신뢰가 없으면 바로 설 수 없다

"먼저 어른들의 인생에 대한 획일적인 사고나 가치관이 바뀌어야 할 것 같습니다."

"잘못된 가치관이 문제입니다. 인격의 바탕이 안 되어 있는 사람들은 지식이 아무리 많더라도 사상누각이죠. 젊은이들에게 희망과 용기를 줄 수 있는 가정, 사회교육이 되어야 하는데 어른들부터 잘못된 가치관을 가지고 있으니 큰 문제입니다. '어떤 경우든 내 삶의 주체는 나다. 어렵고 괴로운 것도 다 내 것이다.'라는 생각을 가지고 살아야 합니다. 좋은 일이든 나쁜 일이든 기쁜 마음으로 수용을 하고 타개해 나가는 것이 주인 된 삶입니다. 어느 곳에서든 주인으로 살아가는 삶이 성실하고 창조적인 삶이에요."

"한 유명한 정치인이 자식을 군대에 보내지 않아서 곤욕을 치렀잖습니까? 이기적으로 살아가는 사람들의 대표적인 예라는 생각이 듭니다. 반면에 안중근 의사의 어머니처럼 훌륭한 부모도 계십니다. 그분이 처형을 당하게 된 아들에게 '일제에게 목숨을 구걸하지 말고 당당해라. 목숨을 구걸하면 그들에게 항복하는 것이다.'라고 했다는 이야기를 들은 적이 있어요."

"국가에 소속된 일원이면 당연히 국가에서 시행하는 국방과 납세 의무를 다해야 합니다. 역대 관료들의 청문회를 보면 교묘하게 국방의 의무에서 빠진 사람들, 납세의무를 다하지 않은 사람들, 위장 전입이다 뭐다 해서 부정하게 재산을 축적한 사람들이 많더군요. 그런 사람들이 국민의 대표로 나와서 일을 한다는 것은, 국민들의 입장에서 보면 고양이한테 생선을 맡긴 것과 마찬가지란 생각이 들어요. 우리나라가 좀 더 잘되려면 자질이나 전력에 문제가 되는 사람들은 지도자나 한 집단의 대표자가 되어선 안 됩니다. 또 국민들은 그런 사람들을 뽑지 않아야 됩니다. 이번에 어느 총리 후보의 청문회를 보면서, 다시는 바로 자리에서 내려와야 하는 관료와 자질이 부족한 관료에게 실망하는 국민이 생기지 않았으면 좋겠다는 생각을 간절히 했어요. 저런 걸 볼 때마다 우리나라는 자신만만한 국가가 아니라는 생각이 들어요.

잘사는 사람들은 대부분 외국에 집을 사 놓고 도망갈 궁리를 하고, 민초들만 궂은일 어려운 일 다 하고 국방과 납세의무를 하고 사는데, 과연 이것이 정당하고 아름다운 나라일까요? 이런 상황이 되면 젊은 사람들이 절망스러운 거죠. 지금부터라도 제대로 된 틀을 만들어서 분명하게 가야 합니다. 국가 존립에서 신뢰가 가장 중요한데, 흠집을 가진 사람이 지도자가 되면 국민들이 저 사람이 얼마나 교활한 짓을 할까 생각하고 믿지 못하는 게 큰 문제예요.

믿음이 없으면 설 수가 없어요. 적어도 한 인간이나 그 집단이 건전하려면 성실한 인간이어야 해요. 신망을 받을 수 있는 사람이어야 합니다. 내 물건을 그 사람에게 다 주어도 믿을 수 있는 사람이어야 돼요. 신뢰할 수 없고 신탁할 수 없는 사람에게 어떻게 국가를 맡깁니까? 한국 사회의 갈등이 여기에 있습니다.

공자께서 '무신불립無信不立, 즉 신용이 없는 사람은 일어날 수가 없다.'는 말씀을 했습니다. 공자의 제자 가운데 정치에 뜻을 둔 자공이라는 사람이 공자에게 묻습니다.

'저는 앞으로 정치를 해서 많은 사람을 행복하게 하려고 합니다. 국가 경영에 가장 중요한 것이 무엇입니까?'

그러자 공자가 '첫째가 식량[食]이다.'라고 답하는데, 이는 국민을 배곯리지 말라는 뜻입니다. 경제적인 안정이 이루어져서 국민을 잘 먹이면 이의가 없다는 얘기인데, 부모 노릇을 잘하려면 아이들을 굶기지 말아야 합니다. 밥을 굶기면서 무슨 소릴 하겠어요?

둘째가 '군대[兵]다.'라고 답하는데 국방을 튼튼히 하고 치안을 잘해서 국민이 안심하고 살 수 있도록 하라는 거지요.

셋째가 '백성들의 신뢰[信]다.'라고 답하는데, 이는 진실해서 백성을 속이지 않는 것을 말합니다. 임금은 백성을 백성은 임금을 속이지 않고, 부모는 자식을 자식은 부모를 속이지 않는 것이 신이라는 얘기예요.

자공은 공자에게 세 가지 요소 중에 하나를 뺀다면 어느 것을 빼야 하느냐고 묻습니다. 그러자 공자는 군대를 빼라고 했습니다. 또 부득이 해서 하나를 더 뺀다면 어떤 것을 빼야 할지를 묻자 식량을 빼라고 했습니다. 마지막 남은 것이 신입니다. 백성들의 신뢰가 없으면 국가의 존립이 불가능하다는 뜻이죠. 이 신이야말로 가정이나 사회, 국가를 경영하는데 중요한 최고의 덕목이라 생각합니다. 신뢰만 있으면 뭉치게 되고 뭉치면 힘이 생기고 힘만 있으면 무엇이든 할 수 있어요. 나는 이 이야기를 참, 소중하게 생각합니다. 대학 1학년 철학 시간에 이 이야기를 들었는데, 한 번 듣고 나서 다시 잊어버리지 않고 있어요. 먹는 것, 즉 물질적인 문제와 군대는 지도자에 대한 신뢰가 바로 서 있으면 자연히 해결될 수 있다는 뜻의 이 이야기는 지금 사회 상황에서도 맞는 겁니다.

우리 사회는 지금 불신이 가장 문제입니다. 노사 간의 불신, 정치인과 국민 간의 불신, 정당에 대한 불신 등 많은 곳에 불신이 도사리고 있어요. 우리나라가 근사해지려면 하루빨리 신뢰가 회복되어야 합니다."

지도자는 겸손하고 너그러워야 한다

"국가나 사회를 이끌어가고 있는 지도자들에게 무엇보다 필요한 것이 소통과 인사 문제가 아닐까 싶습니다. 그런데 대부분 이 두 가지가 원활하게 이뤄지지 않는 것 같아요. 서로 신뢰하지 않기 때문일까요?"

"소통하려고 하면 내 전체를 열어야 합니다. 저 사람을 이해하려는 진실한 마음이 되었을 때 신뢰가 서는 겁니다. 목에 힘을 주고 오만하면 소통이 안 되죠. 남의 말을 안 듣는 사람들은 자신감이 없어서 그래요. 지도자는 당당하고 자신 있게 통치를 해야죠. 저 사람이 나를 해하려 한다는 생각을 가지면 안 됩니다. 최고의 통치자는 정당과 계파와 신앙을 초월하고 전체가 내 식구라는 생각을 가져야죠. 통치자가 확고한 신념과 의지가 있는 것은 좋은데 바탕에 진실이 있어야죠. 국민 앞에 겸손하고 사회 앞에 너그러워야 합니다.

외국에 나가 보면 내가 살아온 풍토라서 그런지 한국이 참 좋다는 생각을 합니다. 그런데 한편 생각하면 상당히 우울해져요. 모두들 무한 경쟁에 파묻혀 정신을 못 차리고 있는 거예요. 인간이 왜 사느냐 하는 존재의 당위성을 돈이나 명예에만 놓고 있습니다. 그러니까 행복한 마음이 나올 수가 없습니다. 별것 아니더라도 돈이 되는 일만 합니다.

우리가 사는 게 뭡니까? 자기 자신을 되돌아보는 삶을 살아야 합니다. 나는 어떤 존재인가, 무엇을 해야 하는 존재인가? 나의 보람은 무엇이며 나의 사명은 무엇인가, 이걸 확실히 알고 살아야 합니다. 제자리에서 자기 역할을 충실히 해야지 임금이 임금답지 않고, 신하가 신하답지 않을 때 문제가 생기는 겁니다."

"세상의 각 분야 CEO들에게 한 말씀 해 주셨으면 좋겠습니다."

"가장 먼저 진실성이 담보되어야 하고 다음엔 냉철한 이성과 양심이 항상 자리하고 있어야 합니다. 그리고 그 어떤 일이든 처리할 수 있는 자신감과 능력이 있을 때 일을 해야 합니다. 또 인사관리를 잘해야 돼요. 나는 한 번 쓴 사람은 잘 바꾸지 않습니다. 내가 믿은 만큼 잘할 수 있게 뒤에서 계속 받쳐 줍니다. 혹시 그 사람이 능력이 미치지 못하면 조언을 해 주고 스스로 결정할 수 있도록 기회를 줍니다.

그리고 투명해야 합니다. 특히 절 집안에서는 지켜야 할 규범이 똑같아야 돼요. 사상과 규범과 이익이 평등해야 합니다. 먹고사는 데서 평등해야 해요. 방장이나 주지라고 해서 특별하면 안 됩니다. 내가 대중과 함께 사는 이유도 여기 있어요. 내 처소에 과일 같은 것을 일체 놓아두지 않는 이유도 마찬가지예요. 다른 사람도 나와 똑같이 살면 불평을 못해요. 더 쓰고 챙기려는 사람이 있으면 그건 잘못된 겁니다. '방장스님께선 사람들이 용돈도 가져다주지 않습니까?' 하고 묻는 사람도 있는데, 모아 두었다가 사중의 중요한 일에 씁니다. 그래서 관리자의 삶은 누가 봐도 믿을 수 있을 정도로 어두운 데가 없어야 합니다. 그 밖에 카리스마가 있으면 좋죠. 그러나 편견이나 이기적인 데 집착하고 있으면 진정한 카리스마가 나오지 않죠. 진정한 카리스마는 편견과 이기심이 없어야 하고 보편적인 가치관에서 나와야 합니다.

적어도 지도자가 되려면 자기부터 정돈, 정비해야 합니다. 대중 앞에 섰을 때 '저 사람 저래서는 안 되는데….' 하는 손가락질을 당하면 안 돼요. 그리고 공정무사해야 합니다. 진실성과 이성과 양심이 바탕이 되면 공정무사해지죠."

젊은이들에게 가장 중요한 것은 용기

"사람답게 잘 사는 것이 중요한데 이런 얘길 해 주는 어른들은 별로 없습니다. 어떻게 하면 경쟁에서 이기게 할까, 그것이 전부인 것처럼 생각하는 어른들이 많습니다. 그래서 젊은이들이 질식하고 있는 것 같아요."

"그게 가장 큰 문제라고 보고 있어요. 마음을 넓히면 아름답게 인생을 살아가는 방법이 얼마든지 있습니다. 상선약수上善若水라는 말이 있습니다. 가장 좋은 것은 물 흐르듯 흘러가는 것입니다. 물이 흘러갈 때 큰 산을 만나고 큰 바위를 만나면 돌아서 갑니다.

'이거 아니면 나는 아무것도 할 수 없다.'는 생각에 갇혀 버리면 그 사람은 거기서 끝나 버리는 거예요. 나는 젊은이들한테 먼저 양심을 전제로 성실하게 살며, 자신이 원하는 것에 전심전력을 다하라고 말하고 싶어요. 그리고 변화를 추구하는 창조적인 생각을 가지고 세상을 바라보면 길이 보인다는 얘기를 해 주고 싶습니다. 찾아 나서면 무엇이든 할 일이 있습니다. A 아니면 B, C는 할 수 없다는 편협한 인생관을 가지고 있게 되면 돌파구가 없습니다. 젊었을 때는 한 길만을 고집하거나 서두르지 말고 많은 지식과 소양을 갖추면서 다양한 체험을 해 보는 게 중요합니다. 가장 중요한 것은 용기입니다. 시베리아 벌판에 가져다 놓아도 살 수 있다는 용기와 자신감을 가지고 살아야 합니다.

요즘 인문학에 대한 붐이 조금 일어나는 것 같은데, 다행스럽게 생각합니다. 인문학의 문사철文史哲에 정치, 사회, 문화가 합쳐졌을 때 진정한 인간학이라 할 수 있지요. 그것들을 갖춘 좋은 인격이 되려면 많은 책을 읽으면서 사고력을 길러야 합니다. 책을 많이 읽으면 감정이 풍부하고 세상을 바라보는 시각이 건전해져요. 책을 많이 읽은 사람이 세계 최고의 대학이라고 하는 하버드 대학을 나온 것보다 낫다는 말을 들은 적이 있는데, 동감이 되는 말입니다.

나는 이십대 때 한참 열을 내서 하루에 책 한 권을 읽는 것을 목표로 일 년 반 동안 읽었는데, 그것이 아주 소중한 자산이 되었습니다. 문학, 교양, 경영, 철학 등 다양한 분야의 책들을 닥치는 대로 읽은 것이 살면서 많은 도움이 되었어요. 젊은이들이 책을 많이 읽었으면 좋겠어요. 책을 읽지 않으면 사고가 빈약해서 창의적인 생각이 나오지 않고 경쟁에 뒤질 수밖에 없습니다. 적어도 지도자가 되려면 책을 많이 봐서 교양을 쌓으면 그것이 자신도 모르게 노출되어 나오죠."

"지면에서 보니까 세계적인 CEO들의 공통점 1위가 독서라고 합니다. 저는 책을 읽고 있으면 무엇보다 용기가 생기거든요. 아마도 그건 책을 쓴 사람이나 역사 속 인물들과 정신적인 교감이 되기 때문이 아닌가 싶어요."

"책을 읽을 때만큼 몰입해서 자기를 잊을 때가 없잖아요. 지금 우리나라가 OECD 34개국 가운데 자살률이 1위라고 하는데, 안으로 자기를 성숙시키려는 노력을 한다면 그런 일이 생기지 않을 거예요. 그리고 불교에서의 인과를 알면 그런 일을 선택할 수 없어요. 불교에서의 참생명운동은 자기를 지키는 것이기 때문에, 나는 늘 생명운동을 확산시키는 방법을 생각합니다. 인과를 알면 자살을 못합니다. 큰 죄악을 저지르는 겁니다. 유일한 생명인데 함부로 포기해선 안 돼요."

스스로 목숨을 버리지 마십시오

"요즘은 혼자 목숨을 끊는 게 아니고 가족이나 다른 사람들에게도 피해를 주어서 더 큰 문제인 것 같습니다."

"인터넷에 자살 사이트라는 것이 있다고 하는데, 얼마나 우치한(어리석은) 일인가를 생각해 봐야 합니다. 천상천하유아독존, 둘도 아닌 하나의 생명을 잘났든 못났든, 자식이 있건 없건, 여자건 남자건 간에 잘 가꾸고 관리할 자신감과 소신이 분명히 자리하고 있어야 돼요."

"살아 낸다는 일이 참 위대한 일인데 말이죠."

"벼슬과 돈 가진 것에 댈 게 아니죠. 대통령만 잘난 게 아닙니다. 이름 없는 꽃들도 자기를 내세워서 대지에 한껏 자기를 표현합니다. 크고 작은 게 중요한 게 아니라 자기의 아름다움을 최대한 발산하는 것이 인생을 살아가는 연출가이자 배우의 역할입니다."

"우리나라가 자살률이 높다고 하는 것은 그만큼 내면적인 성숙이 이루어지지 않아서라고 말씀하셨는데, 스스로 목숨을 버리는 극단적인 선택을 하기 전에 죽음 이후의 세계에 대해서도 생각을 해 봤으면 좋겠습니다."

"어두움이 습이 되어 있는 사람들은 어둠 속에서 헤어 나오질 못합니다. 그래서 다시 태어나도 목숨을 끊을 확률이 커요. 그러한 인과법을 알고

습을 바꿔야 합니다. 어둠을 밝음으로 바꾸면 그런 일을 하지 않아요. 그런데 어둠을 향한 사람들은 시기와 질투, 좌절감, 무력감, 원망, 미움, 한탄 이런 것을 많이 가지고 있는데 그것은 어둠의 덩어리입니다. 어둠에 싸여 있으면 안 좋은 쪽으로 갈 수밖에 없습니다."

"다음 생에도 다시 그럴 수 있다고 하셨는데 그러면 어떻게 해야 할까요?"

"의식을 바꾸어야 합니다. 부정적으로 생각하는 습관을 긍정적으로 생각하는 습관으로 바꾸는 거죠. 본인이 습에 매여 있어서 바꾸는 것이 힘들 땐 누군가 도와줘야 합니다. 나를 보러 온 사람 가운데 목숨을 버리려는 극단적인 마음을 가지고 왔다가 인과에 대한 이야기를 듣고 마음을 바꿔 잘 살고 있는 사람이 있습니다. 깜깜한 방에 있으면 어두운 모습만 보이고 환한 곳에 있으면 밝은 모습만 보이듯 생각을 밝게 바꾸어야 합니다. 어둠의 그림자에 엮여 흘러가 버리는 것이 어리석음인데 그 어리석음의 끈을 끊어 줘야 합니다. 누군가 우치 속에 살아가는 모습을 일깨워 주고, 참생명으로 살아가야 밝고 지혜롭게 살 수 있다는 확신을 주어야 합니다.

그리고 다행스럽다는 생각을 해야 합니다. 육체가 있어서 다행이다, 이것만 해도 자산을 확보한 거다, 그러니 얼마나 다행인가 이렇게 생각해야 합니다. 그리고 자신을 사랑하는 마음과 잘 살 수 있다는 자신감을 가지고 있어야 합니다."

스님의 말씀을 들으면서 선지식은 상대방이 '아, 이 사람은 어두운 것에 갇혀 있구나.'를 알고 어두운 곳에서 밝은 곳으로 끌어내는 역할을 하는 사람이라는 생각이 들었다.

이날 스님께선 세 시간이 넘도록 물 한 모금 드시지 않은 채 내 질문 '어떻게 살아야 할 것인가'에 대한 답을 해 주셨다. 순간순간 성실하게 최선을 다하시는 모습은 늘 감동으로 다가온다.

"살아가면서 가장 중요한 것은 용기입니다. 시베리아 벌판에 가져다 놓아도 살 수 있다는 용기와 자신감을 가지고 살아야 합니다."

두려움이 자신을 죽이고, 배짱이 없으면 영광도 없다고 하지 않던가. 그렇다, 용기를 내자. 두려움과 함께한 지난 시간은 전생의 일로 보내버리자. 그리고 당당하게 어깨를 펴고 새롭게 시작하자. 우리는 이미 완전한 부처이니까.

5

어떻게 나이 들어가고 있는가

십여 년 전 파키스탄에서 중국의 돈황까지 21일간에 걸쳐 실크로드를 여행한 적이 있다. 비구, 비구니, 우바새, 우바이 스물한 사람이 함께한 불교 유적지 순례였는데, 그 가운데 연세가 여든셋이신 노거사님이 우리 여행의 단장을 맡았다. 대학교수직에서 은퇴한 뒤 농사를 지으면서 참선 수행을 하는 분이었는데, 연세가 많으셔서 긴 여행길이 무리가 아닐까 하는 모두의 염려와는 달리 한 번도 뒤처지는 일 없이 언제나 앞장서서 힘차게 걸었고, 음식도 가리지 않고 항상 푸짐하게 드셨다. 아침에도 거뜬히 일어나 요가로 몸을 풀고 새벽 예불에도 가장 먼저 참석했다. 말씀이 많진 않았지만 길을 걸으면서나 차 안에서 종종 하시는 지혜로운 말씀은 여행길의 피로에 지친 우리들에게 비타민보다 더 청량한 힘이 되었다. 매사에 적극적으로 동참하면서도 때때로 뒤로 물러나 조용히 단원들을 이끌었던 리더십이 노동과 수행으로 자신을 가다듬은 데서 나온 것이란 생각이 들었다. 그 여행 이후 수행과 노동으로 균형과 조화를 이룬 채 나이 들어가는 것이 사람을 얼마나 아름답게 하는지를 잊지 않고 살아왔다.

함께 정진하는 도반 여러 사람과 같이 설정 스님을 찾아뵈었다. 참석한 사람들이 모두 중년층 이상이다 보니 주제가 자연스럽게 생로병사를 피할 수 없는 이 삶에서 어떻게 나이 들어가는 것이 지혜로운 것일까 하는 것에 맞춰졌다.

이날도 스님께선 한 질문도 버리지 않고 세심하고 정성스럽게 답해 주셨다. 평생 도반 인월 거사가 동석, 먼저 질문했다.

나를 놀리지 않겠다는 각오를 하라

"요즘은 대부분 오십대 중후반에 직장에서 나오게 됩니다. 그러다 보니 경제적 어려움과 함께 가장으로서의 위상도 무너지고 고독과 좌절감, 위기감에 싸여 있습니다. 평균수명이 길어지고 있는데 일선에서 물러나 향후 30여 년을 어떻게 살아야 할지 말씀해 주십시오."

"참, 어려운 질문입니다. 지금 우리나라 노인 인구가 6백만 명이 넘고 (2015년 기준 6,624,000명) 2030년에 가면 전체 인구의 사분의 일이 된다

ⓒ 하지권

정혜사 만월당에서

고 하지요? 백세 장수 시대를 살고 있는데, 오십이 넘으면 직장에서 나와야 하니, 보통 일이 아닙니다. 쉰 살부터 할 일이 없어서 논다고 생각하면 기막힌 일 아닙니까? 국가나 사회에서도 일거리를 다양하게 만들어 줘야 하지만, 일에 대한 국민들의 의식도 바뀌어야 합니다.

시골에서는 나이 예순이 넘어도 얼마든지 일할 수 있어요. 마음에 드는 일만 하겠다는 생각을 버리고 일거리가 있다는 자체를 다행으로 생각해야 합니다. 그리고 나를 놀리지 않겠다는 각오를 해야 합니다. 국가나 사회가 어떻게든 해 주겠지 하는 생각을 버리고 내가 해결하겠다는 각오로 무엇이든 일거리가 있는 곳에 좇아가면 길은 얼마든지 있습니다. 무엇이든 할 수 있다는 가치관만 가지면 퇴직을 해도 좌절할 일이 없습니다. 자연으로 나와 보세요. 일이 널려 있습니다. 영화롭던 지난날만 떠올리고 현재의 자신에게 한탄을 하고 앉아 있으면 무슨 희망이 있겠습니까?"

"직장에서 일찍 나오고 수명은 길어지는데 일을 하지 않으면 안 될 상황이 온 거지요. 이젠 70세가 넘어도 일하고 싶어 하는 사람들이 많습니다."

"나는 지금 칠십대 중반입니다. 힘은 부치지만 젊은 사람들과 똑같이 일합니다. 며칠 전에 등산객들이 산에 오면 누고 가는 똥을 퍼냈습니다. 양이 엄청나게 많아서 지고 내려갈 수가 없어서 밭에 큰 구덩이를 파고 묻었어요. 그렇게 썩혀서 완전히 분해시키면 최고의 거름이 되죠. 젊은 선방스님들과 손발과 얼굴에 똥물이 튀면서 그렇게 같이 일합니다.

지도자나 중간 계층, 그리고 밑에 있는 사람 모두 '이 국토는 내 것이다. 내가 사는 공간이니 내가 가꾸어야 한다.'는 생각으로 사는 것이 공생입니다. 공생의 기본은 사捨(봉사)이고요.

살아 보니 화합의 근본은 평등하게 나누는 것에 있더군요. 방장이라고 해서 더 먹고 더 쓰면 화합이 안 됩니다. 먹고 입는 것이 평등하지 않아서 갈등이 생기면 사회가 좋아질 수가 없습니다."

"맹자의 말씀에 '무항산 무항심無恒産無恒心'이라는 말이 있지 않습니까. '일정한 생업이 없으면 일정한 마음, 즉 바른 마음을 가질 수 없다.'는 뜻인데, 지금 일찍 일자리를 잃고 직장에서 나온 세대들의 마음을 대변해 주고 있지 않나 싶습니다. 일을 하지 못하니까 삶에 방향성을 잃고 자신감도 잃게 되는 것 같아요."

"나는 요즘 여기 사니까 주변 사람들이 '참, 팔자 좋습니다.' 그럽니다. 마음은 편하지만 팔자 좋게 살지는 않습니다. 오늘도 대중스님들과 하루 종일 일을 했습니다. 나는 일을 많이 시켜요. 생전 지게를 지는 게 뭔지 모르는 사람들한테 지게를 지게 하고 이런저런 일을 많이 시키기도 합니다.

여기 시골에는 일자리가 천지예요. 자기가 하고자 하는 일만 하려니까 잘 안 되는 거예요. 가장 좋은 것은 물 흐르듯 살아가는 겁니다. 물이 막히면 돌아서 흐르듯 사람도 막히면 돌아가면 됩니다. 스스로 운명을 만들어 가야 돼요. 설사 여건이 안 좋다 하더라도 그 여건을 내가 좋은 쪽으로 몰고 가야지 안 된다고 국가나 사회, 부모를 원망하면 일이 해결되지 않습니다. 노력하면 길은 있습니다. 철저하게 분수를 지키고 살면 마음이 여유로워집니다. 너무 남을 의식하고 살 필요 없어요. 벤츠 타고 다닌다고 대단한 것도 아닌데, 벤츠 자체에 의미를 부여하니까 대단한 것 같은 거예요. 부자라고 다 편한가요?

행복은 느낌입니다. 행복한 감정을 느끼는 것인데, 그건 스스로 만들어서 느껴야 돼요. 의식을 변화시키지 않고는 행복한 개인, 좋은 나라가 될 수 없습니다. 부탄은 일인당 국민소득이 3천불 정도인데도($2,884 2015년 기준) 행복 지수가 가장 높잖아요. 생각을 바꾸면 잘 살 수 있습니다."

단풍잎처럼 늙어 가야 합니다

"나이가 들어도 생활인으로서 먹고사는 것만이 전부인가, 어떻게 나이 들어갈 것인가, 늘 물어봐야겠지요?"

"사는 목적이 무엇인가를 생각하고 살아야지요. 대부분 그냥 허겁지겁 하루하루 먹고 살아가면서 허무하다고 얘기하잖아요? (일동 웃음) 요즘 현대인들은 죽으면 끝이지 뭐가 더 있는가, 그렇게들 생각합니다. 그래서 자살들을 많이 하는데 그렇게 자살하면 큰 업을 만들어요. 자살하는

죄는 참 커요. 자살 자체도 타살이나 마찬가지입니다. 타살하는 것보다 더 나빠요. 인과를 전혀 몰라서 그렇지 죽는 순간부터 더 복잡해질 거예요. 가치관이 잘못돼서 그런 건데, 그런 죽음은 정말 안 돼요!

사람들은 대개 죽음을 무서워하는데 정말 무서운 것은 죽음을 대비하지 않는 겁니다. 죽음만 대비하면 무서울 게 아무것도 없습니다. 하루하루 정말 정성스럽게 사는 것이 죽음에 대한 대비를 잘하는 겁니다. 늙으면 대부분 다 포기하고 소극적이 되는데, 늙을수록 자기 관리를 더 철저히 해야 합니다.

그리고 항상 하는 얘기지만, 사람은 단풍잎처럼 늙어 가야 합니다. 괜히 이것저것 원망하고 분해하고 슬퍼하면 달리아가 질 때처럼 찌들찌들 추하게 늙어 가는 거예요."

"단풍잎처럼 늙어 간다는 표현이 아주 문학적으로 들립니다."(웃음)

"비록 몸은 늙었더라도 정신이 초롱초롱하고 마음은 당당한 채 살아가는 겁니다. 자신 있어야 돼요. 자식들이 속 썩인다고 해서 속상해할 것도 없습니다. 자식들의 삶은 자기가 가꿔 가는 것이지 내 것이 아니잖아요. 자신감을 가지고 사람답게 살면 오늘 몸을 내버린다 해도 걱정할 게 없습니다."

"삶을 어떻게 잘 마무리하고 갈 것인가 하는 생각을 가지고 살면 오히려 적극적으로 살 것 같아요."

"나이든 사람이면 승속을 막론하고 죽음이 다가오는 하루하루 자기를 잘 관리해야 합니다. 지금 나는 불가에 대한 은혜를 갚기 위해 어쩔 수 없이 방장 자리에 있는데, 나 개인의 수행을 생각하면 이건 플러스가 아니고 마이너스입니다. 죽음에 대한 대비를 해야 하는데 부득이 해서 자리를 갖게 된 거예요.

회향을 잘해야 한다는 생각을 가지고 살아야 합니다. 쉽고 편하게 살려고 하면 안 됩니다. 회향을 잘해 완전히 생사를 벗어나 수억 겁 동안 내려온 죄와 업이 다 잘라졌다면 두 번 다시 윤회를 하지 않게 됩니다. 그러나 그런 확신이 안 들었다면 다음 생을 위해서도 열심히 살아야 합니다. 나이 들면 힘이 달리는데, 힘이 있는 데까지 자기를 관리하고 가야 돼요."

아흔 살로 아직 현역에 있는 무대미술가 이병복 씨는 한 일간지와의 인터뷰에서 이런 말을 한 적이 있다. '미친 것처럼 일하면 아픈 걸 모른다. 아무리 힘들고 슬퍼도 온 머리와 온 마음으로 필사적으로 덤비면 된다. 지성이면 감천이지 하는 마음만 있으면 이 세상에 못할 일이 없다.' 고 하면서, 즐겁고 슬픈 모든 감정을 마음껏 가지고 쉴 새 없이 움직이고, 그러다 보면 전체적인 생리 순환이 잘 돌아가는 것이 건강의 비결이라고 한다. 그렇게 아흔의 나이에도 희로애락을 충분히 느끼며 현장에서 일하는 모습으로 살아가는 것이 단풍잎처럼 늙어 가는 것이 아닐까 하는 생각을 해 보았다. 잘 늙어 가는 것이 곧 아름다운 회향이자 죽음에 대비하는 삶일 것이다.

부부의 도

인간관계에서 부모 자식이나 부부만큼 가까운 사이가 없지 싶다. 부부 관계만 원만해도 많은 문제가 해결될 수 있을 거라는 생각이 든다. 부부 사이가 좋으면 가정환경이 따뜻할 것이고, 가치관이 바르고 온화한 부모 밑에서 자란 아이들은 부모를 모범 삼아 그대로 보고 배울 것이기 때문이다. 무엇보다 부부가 서로 신뢰하고 사랑하며 함께 늙어 갈 수 있다면 아름다운 삶의 마무리가 될 것 같다.

"요즘 우리 사회도 황혼 이혼이 늘어나고 있다고 합니다. 부부처럼 지중한 인연은 없을 터인데, 서로 잘 이해하고 사랑하면서 늙어 가는 방법은 없을까요?"

"부부간의 인연은 그 어떤 인연보다 소중한데 공기의 고마움을 모르듯 함부로 대하고 있는 것 같아 안타까울 때가 많습니다. 부부 관계는 서로 사랑해야 하는 것이 순리인데, 그 사랑의 조건엔 다섯 가지가 있습니다. 그 첫 번째가 관심인데, 상대방이 어떤 상황에 있는지, 어떤 심정인지 관심을 가져야 합니다. 두 번째는 존중입니다. 상대방이 내 소유라는 생각을 가지지 말고 취향이나 사생활을 존중해 줘야 합니다. 세 번째는 책임입니다. 상대방을 이용 가치로 생각지 말고 책임져야 할 대상으로 생각하면서 헌신해야 합니다. 네 번째는 이해입니다. 항상 상대의 입장이 되어서 생각해 보는 겁니다. 다섯 번째는 주는 것입니다. 희망을 주고 사랑을 주고 위로를 주고 좋은 말을 해 주고 물건도 주고, 무엇이든 주면 줄수록 좋습니다. 준다는 것은 내 것을 다 놓아 버리는 것입니다.

부부의 인연이라고 다 좋은 것은 아닙니다. 나쁜 인연으로 만나는 경우도 많습니다. 악연일수록 조건 없이 무한대로 퍼 주어야 해요. 상대방에게 좋은 에너지를 주면 줄수록 악연은 빨리 풀어져요. 미워하고 저주할수록 악연이 뭉쳐져서 더 커집니다. 주면 업장이 풀어지고 좋은 에너지가 생성되어서 업장이 빨리 풀립니다.

예전에 공군 고위직에 있던 한 사람이 찾아와서는, 아들 하나가 다섯 살 때부터 장애가 있어 드러누워서 밥을 먹고 용변을 볼 만큼 중증이라는 말을 하는데 상심이 커 보였어요. 어떻게 하면 좋을지 모르겠다는 그분에게 이번 생에 아들을 잘 돌보지 않으면 몇 생을 거쳐 갚아야 하니, 최선을 다해 보살피라고 말해 주었습니다. 눈물을 쏟으면서 시키는 대로 하겠다며 갔는데, 세월이 흘러 한참 후 찾아와서는, 서른두 살에 그 아들이 죽었다는데, 하는 말이 정말 장애를 가진 아들 덕분에 진실하게 인생을 살 수 있었다고 하더군요. 부모 자식 간에도 빚쟁이로 온 인연이 있어요. 빚을 갚으려면 사정없이 줘야 합니다.

부인이 외도를 하는 것을 알고 부인과 상대 남자 두 사람을 죽여 버리겠다고 칼을 가지고 다니던 남자분이 있었어요. 그에게 '인간이 한 번 정도 실수할 수 있다. 아내는 원래 당신 것이 아니니, 집착하지 말고 화해하라.'고 다독여 주었지요. 몇 년 뒤 길에서 만났는데 잘 살고 있다고 하더군요. 두 부부를 데리고 가서 아이스크림을 사 주며 칭찬해 주었지요.(웃음)

그런데 '치지도외置之度外(내버려 두고 문제 삼지 않음)'라고, 인연이 아닌 것은 억지로 시간을 끌면서 시간을 낭비할 필요 없어요. 한쪽이 비틀면 인연을 끝내라고 말해 줍니다. 부인을 상습적으로 구타하는 남자를 불러서 이유를 물어보았더니, 보면 그냥 때리고 싶다더군요. 그런 경우는 헤어지는 것이 업장소멸의 길입니다. 원한으로 맺어진 인연은 풀어서 더 좋지 않은 상황이 되는 경우도 있어요."

"맺힌 것은 끊지 말고 풀라는 말을 합니다만, 그렇지 않은 인연도 있을까요?"

"풀어 주되 매듭이 더 묶여지고 커지는 경우라면 끊어야 하는 인연도 있습니다. 받아야 할 악의 과보가 한 생, 두 생, 또는 십 생으로 미뤄지는 경우도 있어요."

자리를 함께했던 예비시어머니 한 분이 자식의 결혼을 앞두고 어른으로서의 역할을 어떻게 해야 할지 마음이 무겁다고 하자 스님께서 말씀하셨다.

“보통 부모들은 자식을 소유물로 생각하고 인격적으로 존중해야 할 대상이라는 걸 잊어버리고 삽니다. 자식이 인격적으로 성장할 수 있도록 정성을 다 쏟아야 합니다. 예전에 부모들이, ‘저런 육시랄 놈, 빌어먹을 놈, 망할 놈 등 험한 말을 자주 썼는데 이런 언어는 상대방에게 큰 상처로 쌓일 뿐 아니라, 나쁜 말을 한 대로 운명이 바뀔 수 있어요. 자식이 마음에 안 들어도 인연법을 떠올리고 좋은 에너지를 보내세요.

부처님의 가르침에 사섭법이 있어요. 네 가지를 거두어들여서 끌어온다는 뜻입니다. 첫 번째가 보시布施예요. 돈이나 물건만 주는 게 아닙니다. 따뜻한 표정과 부드러운 언어, 좋은 마음을 보내는 것 이 모두가 보시입니다. 노동으로 서비스할 수 있는 것도 보시예요. 진실한 마음은 에너지(힘)를 갖습니다. 그 힘을 상대방에게 뿌리는 거예요. 상대방이 즐거웠으면, 부자로 살았으면, 아름다운 마음을 가졌으면 이런 생각을 보내는 겁니다.

두 번째가 애어愛語에요. 상대방에게 위로와 용기, 희망과 기쁨을 주는 말이 애어죠. 인간 사회에서 가장 어려운 것이 언어의 순화입니다. 세치 혀에 도끼가 들어 있다고 하잖아요. 잘못하면 말로 상대를 찍어 넘어뜨리는 겁니다. 상처를 주고 실망을 주는 언어는 삼가야 합니다.

세 번째가 이행利行입니다. 상대방을 이익 되게 하는 행위를 말합니다. 불편하지 않도록 하는 거죠. 자리를 양보하고 어두운 길을 갈 때 불을 비추어 주는 것도 이행입니다. 조금만 눈을 돌려도 남을 도울 수 있는 일들은 널려 있어요.

네 번째가 동사同事입니다. 술을 먹거나 놀음을 하는 사람에게 바로 좋지 않은 것이니 하지 말라고 하면 듣지 않습니다. 함께 막걸리도 먹고 화투도 치면서 상황을 보아 가며 서서히 빼내는 것이 동사예요. 이 동사섭이 중요합니다. 나와 견해가 다르다고 해서 싫어하기보다는 존중하되 바른 견해를 전달해서 변화시키는 것이 동사섭입니다. 이러한 행을 세밀히 실천하는 것이 수행이고, 이러한 행을 부모나 자식에게도 실천하고 살면 좋겠지요. 그리고 오계만 잘 지켜도 아름다운 세상이 될 수 있습니다."

『초발심자경문』을 권하다

"스님께서 행복하게 잘 살려면 좋은 성격을 가져야 하고 수행이 뒤따라야 한다는 말씀을 하셨습니다. 수행을 하면 어떤 게 좋은 걸까요?"

"그걸 한마디로 말하라고 합니까?(웃음) 집착하는 마음을 떨어뜨려 가면서 아름다운 성격으로 변모해 가고 선지식들을 만나 배우고 정진하다 보면 조금씩 성숙해 가면서 나름대로 자기 길을 찾지 않겠나 하는 생각이 듭니다. 자신을 되돌아보는 시간을 많이 가지면 돼요. 너무 바깥으로 좇아가다 보면 거기에 휘말려서 자기를 보지 못합니다. 나는 지금 어떻게 하고 있는가, 나는 지금 제대로 서 있는가, 내 모습은 괜찮은가 그것만 들여다봐도 어줍거나 추한 일은 안 할 수 있어요."(웃음)

"좋은 성격을 가지려고 노력하면서 수행을 겸비하면 좋겠죠?"

"전에 말한 대로 좋은 성격을 가지고 수행해야 돼요. 그랬을 때 날개 달린 것처럼 훨훨 날 수 있죠. 참선이나 주력, 염불 등의 수행을 하다 보면 탐진치가 자꾸 줄어들고 무뎌지죠. 오만한 마음도 줄어들고요. 그것이 부처님의 가르침이고 행복으로 가는 길입니다. 그렇게 가야지 처음부터 점프해서 위로 가집니까?"(웃음)

"스님께서 '맹렬하게 수행하면 수행한 만큼 밝은 지혜가 생겨서 슬프고 괴로운 것도 한순간에 웃음으로 바뀔 수 있게 한다.'는 말씀을 하셨어요. 수행의 효능을 말씀하신 걸 텐데요. 그런데 직접 해 보지 않고는 흔들림 없이 실천하기가 어렵더군요."

"그래서 수행이 필요한 거예요. 수행의 힘에서 나와야지 감성적인 쪽으로만 흐르면 언제 흔들려 넘어질지 모릅니다."

"스님께서 오계만 잘 지켜도 아름답게 살 수 있다고 하셨는데, 매일 일과적으로 하는 수행이 있으면 더 효과적일 것 같다는 생각이 듭니다. 제 경우 매일 삼백 배를 하고 『금강경』과 「보리방편문(청화 스님의 스승 금타 선사의 깨달음을 위한 방편문)」을 읽는 것으로 일과 수행을 하고 있습니다. 그리고 길을 걸을 때나 집안일을 할 때도 제 나름대로 만든 운율을 넣어서 '나무아미타불'을 염불해요. 한 경전을 지속적으로 읽으니까 『금강경』이라는 거울에 제가 비춰져 '아, 내가 지금 이런 마음을 가지고 있구나.', '이렇게 살아가고 있구나.' 하는 것을 돌아보게 되더라고요. 부처님의 말씀으로 제 모습을 성찰하게 되는 거죠. 그래서 경전을 매일 읽는 것도 참 좋은 수행이라는 생각을 하는데, 스님께선 어떤 수행법을 추천하고 계신가요?"

"지금 여기도 여러 사람이 있는데 수행법이 다 다를 수 있어요. 한 가지로 몰고 가 규제를 하면 틀에 갇힙니다. 자유롭지 못해요. 수행도 하나만 고집하지 말고 다양하게 해 보는 것도 좋습니다. 오계를 지키면서 자신에게 맞는 수행법을 한 가지 선택해서 하면 좋겠지요. 수행은 실제로 해 보면 그만한 효과가 나와요."

"서울 금강선원의 혜거 스님은 신도들에게 경전을 가르치는 것으로 교화를 하고 계신데요. 경전 강좌를 한 번 열면 몇 백 명이 참석해서 듣곤 하는데, 좋은 교화 방식이라고 봅니다. 금강선원에서 한 해에 한 번 『금강경』 암송 대회를 열어 발심을 시키는 것으로 알고 있는데, 앞으론 광화문 광장에서 열 계획이라고 하더군요. 그런데 이 대회를 불교계로만 국한시키지 않고 종교 화합 차원에서 타 종교와 함께할 계획이라고 해요. 경전 읽기 수행의 유익성을 알리는 좋은 아이디어라는 생각이 들어요. 내소사 조실이었던 해안 스님 같은 경우는 『금강경』을 전 세계인에게 읽히고 싶다고 하셨다더군요. 스님께서 매일 읽을 경전으로 추천하고 싶은 경전이 있다면 어떤 것이 될까요?"

"나는 『초발심자경문』을 권하고 싶습니다. 「초심初心」·「발심發心」·「자경

문自警文」, 이렇게 세 가지로 구성된 글인데, 「초심」은 처음 출가한 사람들이 지녀야 할 생활 에티켓이어서 아이들에게도 좋아요. 「발심」과 「자경문」은 언제 봐도 환희심이 나요. 원효 스님, 지눌 스님, 야운 스님 등 대가들이 지은 글들이어서 짧지만 초심자들의 가슴을 울리는 내용이 많아요. 어려운 경전보다는 부피도 적고 그것을 외우면 좋을 것 같아요. 원효 스님의 말씀에 '내 취미에 취해 사는 것을 스스로 버릴 줄 알면 그것은 참으로 믿고 존경할 만한 사람이다.', '어려운 행을 능히 행할 수 있으면 존경스럽기가 부처님과 같다.', 수행이 없는 빈 몸뚱이는 아무리 잘 먹이고 잘 입혀도 이익이 없다.' 이런 내용이 있는데, 얼마나 정곡을 찌르는 이야기입니까?"

"『초발심자경문』은 스님들이 절에 들어와 처음 배우는 글이기 때문인지 대부분 오래 잊지 못하시더군요. 돌아가신 법정 스님께서도 안거 해제일이 되면 처음 수계하던 그날로 돌아가 『초발심자경문』을 읽었고, 거처하시는 곳 불단에 늘 모셨다고 들었습니다."

스님께서도 출가해 처음 외운 글인 데다가 수덕사 주지 시절에 초심자들에게 직접 강의를 한 때문인지, 내용이 술술 풀어져 나왔다. 나는 몇 번 읽었지만, 선명히 기억되는 게 없어서 역시 여러 번 읽고 외워서 골수에 사무쳐야 행으로 나온다는 걸 실감했다. 그리고 아이들에게도 좋다고 하시니, 예전에 어른들께서 아이들이 학교에 들어가기 전에 『천

자문』을 외우게 했던 것처럼, 『초발심자경문』을 외우게 하면 바른 인성을 가진 아이로 성장하지 않을까 하는 생각을 해 보았다. 스님께서 동네 아이들을 모아 놓고 특강을 하시면 최고의 인문학, 철학 교실이 될 것이라는 생각도 해 본다.

"주력이나 염불, 참선, 간경 모두 방편이에요. 그런데 제일 빠르고 정확하다는 게 참선입니다. 지금 중국 사람들은 선을 해도 전부 염불선으로 해요. 간화선看話禪을 하는 사람이 드물어요. '염불하는 사람이 누구인가', 이렇게 자기를 찾는 거예요. 무량광 무량수의 '아미타불'은 자기 자성 자리예요. 이 몸뚱이는 인연에 의해 왔다가는 거지만 자성 자리는 영원한 거예요. 우주가 생기기 전에도 이미 있었고 우주가 다 깨져 없어도 이건 없어지지 않습니다."

"그러니까 화두나 염불이나 그 불성의 자리로 가기 위한 방편이라는 말씀이지요?"

"해탈과 열반을 향한 길입니다. 삼매에 들게 되면 그때부터 공부의 길은 자기 스스로가 알게 되고 그때부터 확신을 하게 됩니다. 사실, 삼매를 통하지 않고서는 공부의 맛을 모릅니다. 참선이나 주력, 염불 수행 모두 삼매가 올 정도로 한 번 고비를 넘기게 되면 그때부터 공부의 힘이 생기는데 그걸 득력이라고 합니다."

"실천할 힘이 생기려면 삼매에 들 수 있을 때까지 정진하는 길밖엔 다른 것이 없겠습니다."

"직장을 가지고 세속에 사는 사람들은 수행이 어렵다고 하는데 어려울 게 뭐가 있습니까. 누구나 다 할 수 있도록 부처님께서 시설해 놓았어요. 큰 상에 밥 좋아하는 사람, 보리밥 좋아하는 사람, 자장면이나 국수 좋아하는 사람, 누구든지 먹을 수 있도록 차려 놓았어요. 먹으면 누구든지 배부르게 되어 있습니다. 그게 뭐냐면, 참선, 염불, 주력, 기도, 참선, 간경을 말하는데, 이 모두 열반과 해탈, 행복으로 가는 길입니다."

"그런데 간화선은 좀 더 빠르고 정확하다는 말씀이신 거죠?"

"가장 우수한 수행법은 간화선입니다. 개안을 시킬 수 있는 선지식이 꼭 있어야 하고요. 지금 수행법 중에 간화선이 가장 경절문徑截門이라고 할 수 있죠."

경절문은 점진적으로 일정한 수행 단계를 거치지 않고, 간화선으로 곧바로 부처의 경지에 이르는 수행법을 말한다.

자신에게 맞는 수행법을 택해서 정진하라

"스님께선 밥상에 다 차려놓았다고 말씀하시는데, 참선 수행을 위주로 하는 조계종으로 출가하는 사람은 어떤 수행법을 선택해야 하나요?"
"자기의 분상에 맞는 수행법을 가지고 정진하면 됩니다."

"선종찰로 불리는 수덕사 방장스님께서 그런 말씀하셔도 되는 거죠?"
(웃음)
"아, 상관없습니다.(웃음) 나는 한 가지만 강요하지 않아요. 그 사람의 분상에 맞는 정진을 하면 됩니다. 부질없이 이 생각 저 생각 일어나지 않도록 마음을 가라앉히는 것이 수행입니다. 아까도 말했지만 우리 마음속에 좋지 않은 생각들을 다 내려놓는 것이 수행의 첫출발점이에요. 돌과 자갈이 섞여 있고 풀과 잡초가 우거진 곳에 씨앗을 뿌린다고 싹이 나오겠어요? 설사 싹이 난다고 해도 꽃을 피우고 열매를 맺지 못합니다. 그와 마찬가지로 먼저 마음자리를 정돈해야 돼요. 마음자리에 있는 욕심이나 오만한 마음 등 모든 복잡한 생각을 내려놓는 그 자체가 수행의 시작입니다."

유연한 사고로 한 수행법만을 고집하지 않는 것처럼, 스님은 후학들에게도 새로운 문화를 배워서 적극적으로 활용하는 열린 마음을 가지고 있다. 상좌스님이 한번은 인사를 드리러 갔더니, 최근에 스님들이 가사 입는 방법으로 가사를 수하면서, '보기에 좋아 보여서 한 번 해 보았지.' 하시더라는 것이다. 과거에 당신이 무엇을 여법하게 배웠다고 해도 고정관념의 틀에 갇히지 않고 배우고 활용하는 것이 스님의 장점 중 하나라고 한다.

"마음을 정화시키는 방편이 화두, 염불, 간경이라는 말씀이네요?"
"그것이 전제되지 않는 수행은 불가능해요. 어디에 있든 진지하게 인생을 살아야 합니다. 진실하고 순수하고 맑아야 돼요. 의지를 좀 강하게 가져야 합니다. 의지가 없는 사람은 아무 일도 못해요. 올림픽에 나가는 운동선수들을 보세요. 참선하는 것 이상으로 노력을 하잖아요. 종교 생활뿐 아니라 일상생활에서도 성실한 노력이 필요합니다."

스님의 간곡한 말씀으로 이렇게 두 시간이 넘는 긴 시간의 대담이 끝났는데, 함께 자리했던 불교에 이제 막 입문한 한 분(우바이, 여성 신도)이 물었다.

"마음속으로 불교를 믿으면 안 되나요? 꼭 절에 가야 하고, 108배를 해야 하나요?"
"반드시 그럴 필요는 없어요. 그러나 형식이라는 걸 통해서 믿음이 더 강해질 수는 있죠. 강을 건너는 데 다리가 수단이나 형식이지 목적은 아니잖아요. 초심자들은 절에 모여서 함께 기도를 하고 스님들의 얘기도 들어 보는 것이 자기 세계를 넓히고 불교를 이해하는 데 필요한 것이죠. 여럿이 모여 해 보면 닫혀 있는 자기를 발견하게도 됩니다. 닫혀 있으면 아무것도 모르잖아요. 자기를 열어 버리면 뭔가 이것저것 들어오죠.(웃음) 처음엔 들어도 잘 모르니까 어떻게 삶을 살 것인가 하는 문제를 두고 자기를 정돈하며 계획을 세우는 시간을 가질 필요는 있죠. 예불도 하면 좋아요. 예불을 하다 보면 자기도 모르게 신심이 나지요. 그러나 신앙심이 확실하다면 절에 안 가고 집에서 자기 생각을 맑게 하고 부처님 가르침대로 분명하게 생활하면 됩니다."

"그런데 자꾸 잡념이 생깁니다."
"생기죠. 그럴 때마다 염불을 하든지 주력을 하세요. 속담에 노는 입에 염불하라고 했어요.(웃음) 불법승佛法僧을 삼보라고 해요. 이해할지 모르지만 진짜 보배예요. 삼보만 마음속에 담고 있어도 상당히 좋은 에너지가 나오기 시작합니다. 우리가 제일 좋아하는 게 보배잖아요. 보배를 가지고 있으면 뭐든 하고 싶은 대로 할 수 있듯 불법승 삼보를 마음속에 지니고 있으면 하고 싶은 대로 다 할 수 있는 힘이 나옵니다."

스님께선 일어나 방에서 염주를 가져오시더니 초심자에게 주시면서 이렇게 말씀하셨다.

"부처님께 절을 한 번만 해도 복을 받는 게 한량이 없고, 부처님 명호를 한 번 부르면 그 한마디에 과거 생에 수많은 생사를 오가면서 지었던 죄가 녹아 없어진다는 얘기가 있습니다. 무한한 위신력과 공덕, 광명과 지혜를 갖춘 분을 부처님이라고 하잖아요. 부처님께 예불하고 이름을 부르면 부처님의 공덕으로 죄가 사정없이 무너지는 거예요. 염불을 하면 너무 좋아요. 108배 참회를 하는 것도 자기 자신을 이롭게 하고 주변 사람들을 위해서도 좋죠."

그래도 미진한 듯 초심자가 다시 물었다.

"숙제를 좀 내주세요. 하루에 몇 배를 하면 좋을까요?"

"무릎은 괜찮나요?"

"무릎이 좀 아픕니다."

"아프면 그렇게 못해요. 한 번을 해도 정성껏 하세요. 21배나 7배를 하던가, 아니면 삼배라도 꾸준히 하세요."

"염불은요?"

"아까 얘기했듯 노는 입에 염불하라고 시간 나는 대로 하세요."

"그래도 최소한 기본으로 얼마나 하면 좋을까요?"

"관세음보살을 108번 염송하는 것도 좋아요. 작년에 여기 정혜사 보리수에서 염주가 백 개 정도 나왔어요. 스님네들은 보시할 게 없어요. 그래서 진리, 법보시를 위주로 하고 삽니다. 여러분들도 물질적인 게 없더라도 부처님 법을 잘 알아서 다른 사람한테 전하세요. 그렇게 하는 것이 물질적인 보시보다 공덕이 더 커요. 재보시, 법보시, 무외보시 가운데 재보시는 누구나 할 수 있어요. 그러나 법보시는 아무나 할 수 없고, 무외보시는 더 어렵습니다. 법보시를 해서 사회가 좀 좋아져야 되지 않겠습니까? 원자탄을 많이 보유했거나 지하자원을 많이 가졌다고 해서 강국이 아닙니다. 고도의 문화와 사상을 가지고 있는 국가가 최고의 강국이 되는 겁니다. 우주의 보편적인 행복을 담보한 부처님의 가르침을 믿고 실천하면 강국을 만들 수 있습니다. 그렇다면 불자인 여러분이 불교를 많이 공부하고 저변을 확대해서 사람들로 하여금 자기 인생관을 확립하고 행복한 삶을 살게 하는 것이 중요하다고 생각합니다. 궁극에 전부 부처가 되는 것인데, 그 길을 가는 게 얼마나 소중합니까?"

직업병이다. 한 말씀이라도 더 들으려고 스님을 오랜 시간 너무 괴롭혀 드렸다. 다음엔 한 시간만 말씀을 듣고 와야지 하고는 스님 앞에만 서면 다시 이기심이 발동해서 시간 가는 줄 모르고 여쭈었다. 스님께 죄송한 말씀을 드렸다.

"그동안 말씀드린 것들이 사실은 하나도 쓸 말이 없어요. 여기 선방에 보내오는 책들을 보면서 나도 말을 조심해야 하는데 하고 생각하는데도, 이렇게 쓸데없는 얘기를 합니다. 더군다나 선방에서 말도 안 되는 일이죠. 한두 해 전에 동국대 평생교육원에 가서 강의를 했는데 공연히 했다는 생각이 들었어요. 왜냐하면 나는 전문가도 아니고, 또 말을 다 버리고 선방의 스님으로 사는 사람인데 말입니다. 사람들한테 도움이 될 것 같지가 않아요."

"아닙니다. 그동안 정말 소중한 말씀 잘 들었습니다. 스님께서 정성을 다해 하신 말씀이 인생을 잘 살려고 노력하는 사람들에게 많은 도움이 될 거라고 믿습니다."

"주변에 좋은 분들이 많이 있기 때문에 그런 분들을 찾아가 듣는 것이 좋습니다. 나는 항상 내 자신이 부족하다고 생각하고, 남을 이롭게 해 주는 힘이 없다는 생각이 들기 때문에 누구한테 자꾸 얘기하는 것이 망설여지고 그래요."

"스님, 괴롭혀 드려 죄송합니다."

나는 진심으로 스님께 그렇게 말씀드리며 녹음기의 멈춤 버튼을 눌렀다.

온 정성을 다해 질문에 답을 해 주셨던 스님을 뵙고 내려오는 산길에서 다시 앞에서 말한 노무대미술가의 말이 떠올랐다. 평생 옷이며 인형, 장치를 만지면서 살다 보니 지문이 거의 사라지는 지경에 이르렀다고 한다.

"무대 기술은 발전할 수 있지만 체취를 흉내 낼 수는 없는 것이다. 그 체취는 온몸으로 달려들어야 비로소 생긴다."

스님께 어떻게 살아야 하느냐고 물었던 답이 저잣거리의 삶에도 있었다. 저 말을 반추해 보며 한 번 주어진 이 소중한 삶을 나는 온몸으로 달려들어 살고 있는가, 물어보았다. 그 물음은 스님께서 주신 '어떻게 살 것인가'에 대한 마지막 답이기도 했다.

3부

수행자가 가야 할 길

1

수행자의 자격

용맹정진 기간 중, 스님께선 젊은 후학들과 정진하시다 객을 맞았다. 조용하고 청초해 보이셨다. 연세가 드셨어도 후학들과 함께 용맹정진하는 모습은 큰 벽력처럼 다가왔다.

잠깐 인사만 드리고 돌아오면서 생각했다. 아무 말씀도 안 하셨지만 그것으로 충분했다. 어떻게 살아야 하는가, 살아가면서 진정으로 중요한 것은 무엇인가, 각자 자기답게 사는 것은 무엇인가. 많은 것을 깨닫게 한 모습이었다. 동안거가 끝나고 봄처럼 따뜻했던 2월 정오, 활기차고 건강해 보인 스님과 다시 마주했다.

명예를 위해 자신을 천하게 만들지 말라

"이번에 해제 법문이 신문에 났는데 보니, 백양사 방장스님께서 지금 어려움에 처해 있는 세상 사람들에게 어떤 도움을 줄 것인가 고민된다는 법어를 하셨더군요. 설악산 어느 절의 조실스님이 '아파도, 실패해도, 가난해도, 늙어도 괜찮다.'라는 위로의 법어를 하신 것도 눈에 띄었습니다. 예전엔 스님들께서 일반인들은 알아듣기 어려운 한문 투의 법어를 내리신 경향이 많았는데, 요즘은 저희들이 삶의 현장에서 실천할 수 있는 말씀들을 많이 하시는 것 같아요. 많은 해제 법어 중에 특별히 저 두 분의 것이 일간지에 실린 것은 불교가, 특히 수행자들이 결제에 들어 공부한 것이 세상에 어떻게 회향되어야 하는가에 대한 관심이 반영된 게 아닌가 하는 생각이 들었어요. 이번에 스님께선 지난 하안거 해제 때 하신 법문보다 좀 고전적인 법어를 하셨더군요."(웃음)

지난 하안거 해제 일에 나는 수덕사에서 방장스님의 해제 법문을 들으러 온 수십 명의 스님들 뒤에 앉아 함께 법문을 들었다. 수행자답지 않은 사람은 산문에 있을 자격이 없다는 쎈(강한) 법문을 하신 것이 인상적이었는데, 이번 교계 신문에 난 동안거 해제 법어를 보니 좀 수위를 낮춘 것 같다는 느낌이 들어서 여쭈어 보았다.

"신문에 낸다고 해서 할 수 없이 몇 자 적었는데 뭐가 제일 문제인가요?"

"이번엔 좀 고답적인 법어를 내리셔서 그런지 산속에서 공부하는 스님들만의 얘기 같은 느낌이 좀 들었습니다."

결시結時에는 돌사람이 꿈을 꿈이요
해시解時에는 나무사람이 노래를 부름이다
꿈도 노래도 다 놓아 버리니
보름달이 밝기가 칠흑 같더라.

이번 동안거 해제 때 발표한 스님의 법어 첫머리 부분이다.

"그런데 사실은 그 몇 자 안에 잘 모르는 이야기가 있죠. 게송도 이해가 잘 안 되죠? 공부한 사람들은 이해할 겁니다. 신세대들에겐 동문서답 같기도 할 거고, 무슨 꿈같은 소리냐고 할 거예요. 그러나 실제로는 바다 속에서 우리는 연기가 피어나는 소식을 알아야 하고, 산 위에서 파도 치는 소릴 들어야 합니다. 산과 물을 놓고도 처음엔 '산은 산이요 물은 물이다.'라고 했다가, 다시 '산은 산이 아니요 물은 물이 아니다.'라고 해요. 그리고 다시 '산은 산이요 물은 물이로다.'라고 합니다. 그걸 어떻게 이론으로 표현할 수 있겠습니까? 불교의 깨달음의 경계는 직관이고 체험입니다. 있는 그대로의 얘기지 논리적으로 얘기할 수 없어요. 그런데 중요한 것은 그 언어 속에 생과 사를 영원히 놓아 버린 내용이 담겨 있다는 사실입니다. 이번 해제 일에도 방송 언어로는 불필요한 표현까지 하면서 안 좋은 소리를 했어요."

"무슨 안 좋은 소리를 하셨습니까?"
"출가자들이 중생을 제도하려는 큰 원이 없기 때문에 공부를 제대로 하지 않고 출가자로서 책임과 의무를 다하고 있지 않는 것에 대해 신랄하게 비판했어요. 스님네들이 수도에 전념하는 게 아니라 명예나 자리를 가지고 갈등하고 싸우는 천한 일들을 많이 하고 있습니다."

스님께선 얼마 전, 한 총림에서 방장 자리를 놓고 선거를 치른 것에 대해 말씀하시면서 안타까워했다. 방장은 총림의 산중 회의에서 추대하는 것이 전통적으로 내려오는 방식이다.

"수덕사만 조용한 편이지요. 방장인 내가 독재를 한다는 얘기들도 하는데, 나는 독재자라고 생각하지 않습니다. 내가 욕을 먹더라도 수덕사에서는 주지나 종회의원을 선거를 통해 선출하지 못하게 하겠다는 생각을 가지고 있습니다. 더러 말사 주지가 본사 주지에게 상납하는 예가 있다고 하는데, 나는 그런 사실을 아는 동시에 두 사람을 그만두게 합니다. 여기 수덕사에서는 그런 어쭙잖은 일은 있을 수가 없어요."

"스님께서 그만큼 솔선수범하는 모습을 보여 주고 계시기 때문이겠지요."

"내가 방장이 되고 주지가 세 번 바뀌었는데 내 상좌는 한 사람도 없었어요. 패거리 짓을 하고 아부하는 사람을 곁에 두지 않으니까 줄을 세우려는 생각은 할 수 없죠. 내가 항상 얘기합니다. '나는 자리에, 돈에 연연하고 사는 사람이 아니다. 나는 누구를 의지하지 않고 시베리아 벌판에 홀로 가져다 놓아도 살 수 있다. 오죽이나 못난 놈이 남에게 의지하고 신세나 지며 남의 것을 얻어먹고 사는가? 그건 이미 자격 상실이다. 권력을 유지하고 명예를 위해서 줄을 서는 일은 세속 사람들도 손가락질하는 일이다. 내가 죽기 전에는 선거하지 못한다. 내가 죽고 나서 할 테면 하라.'고 하죠. 그런 날 보고 '스님은 순한 것처럼 보여도 사나운 것 같다고 합니다.(웃음) 출가자는 일체 모든 일에 공정무사 해야 됩니다. 그러면 어느 누구 앞에서도 당당하고 떳떳해요. 내가 여기 대중들에게 항상 하는 얘기가 있어요.

'돈에 비굴하지 마라.'

'명예를 위해서 자기를 천덕스럽게 만들지 마라.'

'이성異性에 집착하지 마라.'

이 세 가지를 지키면 절은 최상의 낙원이에요. 한 끼를 먹더라도 수행자는 자신 있고 당당하며 떳떳하게 살아야 합니다."

"여러 어른스님들께서도 재물과 명예, 이성에 대한 문제에서 자유로워야 진정한 수행자라 할 수 있다는 말씀을 많이 하시더군요. 세속에서처럼 승가도 그 문제에서 자유롭기가 어려운가 봅니다."

"권력이라는 것이 참 묘한 힘이 있어서 대부분 집착하게 되어 있습니다. 인간의 욕망을 크게 명예욕, 식욕, 색욕으로 나누잖아요. 나이 들면 식욕과 색욕은 자연스럽게 떨어져 나갑니다. 그런데 마지막까지 떨어져 나가지 않는 것이 명예욕이에요."

이번 해제 법문은 수덕사 대중을 향해 한 얘기인데 방송에 맞지 않는 얘기를 많이 해서 욕을 좀 먹겠다는 생각을 하셨다는 스님께 나는 후학들을 향해 쓴 소리도 마다하지 않는 어른스님이 필요하다고 말씀드렸다.

수행에 철저하고 사명감에 충실하라

"지난번(2015.1.18)에 100인 대중공사가 열렸더군요. '조계종 무엇을 어떻게 바꿀 것인가'를 주제로 종단이 나아갈 방향을 모색하기 위해 마련되었다고 합니다. 종단 혁신과 백년대계의 불을 밝힌다는 취지 아래 종단의 수장인 총무원장에서부터 젊은 불자까지 함께 참여하는 대규모 대중공사였다고 해요. 총무원장 자승 스님이 '도대체 우리 불교는 중 정신이 없다. 지난 50년 동안 불교가 사회를 위해 기여한 것이 하나도 없다.'는 솔직한 발언을 해서 이번 대중공사가 진정성이 느껴진다는 긍정적인 시각도 있었어요."

"적어도 남을 지도하려면 그만한 역량을 가지고 있어야 합니다. 먼저 다른 사람의 사표가 될 만한 사고와 언행을 갖추지 않으면 불가능합니다. 불교가 수행에 우선을 두는 이유가 여기 있습니다. 열심히 하고는 있지만 이런 역량이 있는 사람이 승가에는 부족합니다.

남한 인구가 5천만 명이고 스님들의 수는 1만5천 명인데 한 사람이 몇 사람을 담당해야 할지는 계산이 나와요. 그런데 보살 정신이 없는 분들이 많아요. 자기 공부(수행 정진)를 열심히 하고 있는 사람들도 있으나 사명감과 책임감이 부족해요. 부처님이 제자들에게 가르친 것은 공부(깨달음)를 이루기 위한 자기 발원과 중생을 위한 서비스입니다. 그것이 자비와 희사입니다. 그걸 열정적으로 해야 하는데 중생을 향한 서비스를 포기하고 자기 위주의 공부를 하다 보면 이기적이고 독선적으로 흘러갈 수 있어요.

출가자들을 어떻게 사명감이 충실한 사람으로 만들어 가야 하는가, 이것이 지금 조계종단의 과제입니다. 스님들이 보살 정신을 마음에 담고 사명감에 충실한 사람으로 바뀌어야 돼요. 안으론 끝없이 자신을 단련하고, 밖으론 중생을 향해서 애정을 발휘해야 하는데, 현재 승려들은 이러한 출가 정신이 부족합니다.

이제 세계는 공생주의를 실현해야 합니다. 지금 스님네들의 지성이 높아지고 공부의 힘과 자비심이 충실하면 일당 백은 자신 있게 할 수 있어요. 소신이 있고 좋은 자질을 가진 스님이 배출되면 문제가 없습니다.

우선 사람을 키우는 것에 중점을 두어야 합니다.

수행자들은 무한한 빛을 향해 가고 있습니다. 2500년 전, 부처님이 온갖 지혜를 다 성취하고 우주를 혜안으로 관하실 때 삼천대천세계에 불가설 항하수와 같은 끝없이 많은 세계가 있다고 하셨어요. 부처님은 여섯 가지 신통을 가지셨습니다. 시방세계의 무한한 세계를 볼 수 있는 천안통, 온 세상의 소리를 다 들을 수 있는 천이통, 다른 사람의 마음을 다 꿰뚫어볼 수 있는 타심통, 우주의 수많은 모습이 변해 온 과정을 다 아는 숙명통, 생각으로는 헤아릴 수 없는 화현의 능력을 갖춘 신족통, 자재하게 번뇌를 끊는 힘을 가진 누진통이 그것입니다.

모든 것은 변하는데 변하지 않는 것이 심성입니다. 우주가 생기기 이전에도 이후에도 변하지 않는 것이 있으니 그것이 심성이며, 그 심성에는 우주를 한 몸으로 보는 지혜가 들어 있다는 불변의 진리를 알리기 위해 부처님께서 이 세상에 오신 것입니다. 지혜를 갖춘 사람은 우주 삼라만상을 하나로 꿰뚫어 보고 있어요. 우리 수행자는 그 길을 위해서 부단히 노력하며 가고 있는 겁니다. 근기가 약한 사람은 갈 수가 없어요. 나도 부처와 같은 능력을 가지고 있다는 확신으로 부단히 성불의 길을 향해 가야 합니다. 자기를 버릴 인내와 결심이 없으면 탁한 구석으로 버려질 수밖에 없어요."

"수행으로 무장된 인재의 양성이 가장 중요하다는 말씀이군요. 100인 대중공사 토론에서도 가장 관심과 애정을 보인 부문이 인재 양성을 위한 포교 프로그램 개발이었다고 하더군요. 그 다음이 사찰 재정 투명화, 종단 신뢰 구축, 승가 공동체 회복, 사회적 의제 실천, 지역사회 사찰의 위상과 역할 강화, 교구 중심의 지방분권화 등의 순이었다고 해요. 그런데 저는 스님들의 수행 정진 강화에 대한 관심이 눈에 띄지 않은 게 아쉽게 느껴졌습니다. 스님께서도 얼마 전, 중앙승가대에서 젊은 후학들에게 법문하실 때 '일만 하는 승려는 일꾼이지 수행자가 아니다. 하루에 한두 시간이라도 반드시 수행을 해야 한다.'는 것을 강조하셨더군요."

"자기를 정화하는 시간을 꼭 가져야 합니다. 기름이 채워지지 않은 자동차가 앞으로 나아갈 수 없는 것처럼, 승려도 수행을 통해 지혜와 자비를 양식으로 해서 아무 조건 없이 밖을 향해서 분출해야 돼요. 안팎이 잘 다듬어지지 않고 의욕만 앞세운 포교는 해독이 될 수 있습니다.

무엇보다 출가 정신이 살아 있어야 합니다. 출가 정신이 결여된 사람들이 어떤 지위를 가지게 되면 결국 국민들로부터 존경과 신뢰가 깨지고 식상해져요. 불교 자체는 어떤 종교나 사상과 견주어도 나무랄 데 없이 완벽합니다. 거기에 몸담고 있는 구성원들이 제자리를 분명하게 지키고 있을 때, 제 소리를 낼 수 있고 그 소리에 의해 중생들이 교화될 수가 있어요.

지금 각자 알게 모르게 포교를 하고 있으니까 불교가 그래도 이만큼 가고 있어요. 그러나 제일 급선무는 스님들이 제자리로 가는 것입니다. 먼저 스님들의 삶이 청정하고 향기로워야 해요. 상록수처럼 파릇파릇하고 신선해야 합니다. 여기 정혜사 앞마당 보리수가 5월이면 꽃을 피워 아름다운데 그 향기가 도량을 진동합니다. 향기를 찾아 수많은 벌 나비가 날아듭니다. 스님이 스님다우면 다들 찾아와 법을 묻고 교화를 받습니다. 교육 문제는 거기서부터 출발해야 합니다. 청정하고 생기나는 모습에서 은연중에 감화를 받게 되는 것이 참교육이라고 생각해요. 언행일치를 보이지 않는 사람이 이렇게 해라, 저렇게 해라 하면 맞지 않는 일입니다.

세속에서 추구하는 오욕을 멀리하는 것이 수행자들입니다. 요즘 스님네들은 오욕이라는 거울에 자신을 비춰 보면 대부분 다 걸리게 되어 있어요.(웃음) 출가 정신에 100프로는 못 간다고 하더라도 거기에 접근하려고 충실히 노력했을 때 수행자의 모습이 드러납니다. 출가 정신을 견고히 하고 진리와 자비에 대한 얘기를 했을 때 사람들이 믿고 따르고, 또한 진리를 실천하는 거예요. 그게 안 되면 진수성찬을 차려놓고 재를 뿌리는 것과 마찬가지입니다."

"가정에서도 부모가 모범을 보이지 않으면 자식들이 따라오질 않습니다.(웃음) 지금 방장스님께선 결제 땐 정진에 몰두하시고 해제하고 나머지 시간엔 중생 교화에 여념이 없으신데, 스님들의 수행 정진이 사회에 끼치는 영향은 뭘까요?"

"정진은 나 자신을 위해 더 공부해야겠다는 것이고 또 가장 승려답게 사는 방식입니다. 승려답지 않은 삶은 다른 사람에게 좋지 않은 영향을 끼치게 되니까 당연히 수행을 해야지요. 스님들뿐만 아니라 어느 분야든 사람은 모두 자기답게 살아야 합니다. 정치인은 국가와 민족을 위해서 자기의 지혜와 용기 등 모든 역량을 다 발휘하고 살 때 자기다운 겁니다. 자신의 이익이나 명예를 위해서 정치를 한다면 그건 정치인이 아니라 모리배입니다. 세상엔 모리배가 너무 많습니다. 또 선생은 제자들에게 꿈을 심어 주고 사회와 국가를 위해서 역량을 발휘할 수 있는 재목으로 제자를 키우겠다는 확고한 신념과 사명감이 있을 때 선생다운 겁니다. 월급이나 받는 선생은 선생이 아닙니다. 또 학생은 최선을 다해 열심히 공부하는 것이 학생다운 겁니다. 이렇게 자기답게 사는 것이 사회에 영향을 끼치는 거겠지요.

절 집안도 그렇습니다. 역사적으로 많은 위기와 수난의 시기를 거쳐 오는 동안, 교육이나 수행이 철저하지 않은 스님들로 인해 사회의 지탄도 많이 받았어요. 지금은 좋은 자질을 가진 스님들이 나오고 있습니다. 이 사람들을 어떻게 보살심과 사명감을 가진 스님으로 만들 것인가, 또 그들로 하여금 어떻게 수행과 포교를 펴 나가도록 할 것인가, 그런 대안이 나와 실현되다 보면 불교의 미래가 괜찮을 것으로 생각됩니다. 불교는 그런 자질을 가진 사람들이 나타나면 날수록 빛을 발할 수밖에 없어요. 퍼 주고 퍼 주어도 다함이 없는 보물을 가지고 있습니다. 인류 역사의 흐름 속에 종교가 어떻게 흘러갈지 모르지만, 불교는 인류를 구원하는 대안으로서 충분한 자양분을 가진 보물을 가지고 있어요. 그 보물단지를 꺼내서 요리할 수 있는 인재들을 만들어서 나아가는 것이 선결 과제입니다."

승려가 가져야 할 세 가지 생명줄

"포교도 수행 정진을 바탕으로 구축된 뒷심이 있어야 할 것 같습니다."

"수행이 전제되지 않는 포교는 있을 수 없어요. 역대 조사나 선지식들이 거짓말을 하지 않았다고 확신해요. 그러나 그분들의 수도 과정은 우리가 상상하는 것보다 훨씬 어려웠습니다. 구멍가게를 해도 첫새벽부터 일어나서 열심히 일해야 이윤을 얻습니다. 세속에서도 성공한 사람들을 보면 몇 시간 자지 않고 그 일에 온몸을 던져 일했습니다. 하물며 생사를 마음대로 해야겠다, 그리고 어떤 것에도 구속받지 않고 자유로워야겠다, 일체에 걸림이 없어야겠다, 생사에 무관한 생명이 되어야겠다고 하는 그 큰 목표를 지향하는 사람들이 남들 하는 대로 먹을 것 다 먹고, 놀 것 다 놀고, 잠 잘 것 다 잔다면 도에 접근할 수 있겠습니까? 목표가 분명하면 모든 걸 버려야 해요. 수행자는 기본적으로 세 가지가 부족해야 됩니다.

첫 번째, 먹을 것이 부족해야 합니다. 수행할 만큼만 먹으면 돼요. 음식에 대한 욕심도 일종의 탐욕입니다. 찾아다니면서 먹지 말아야 합니다.

두 번째, 옷이 부족해야 합니다. 몸을 가릴 정도만 검소하게 입으면 됩니다. 부처님 당시에는 수행자들이 분소의를 입었어요. 사람을 매장할 때 싸서 입혔던 옷을 분소의라고 하죠. 백골이 다 떨어져 나가고 흙이 묻어 있는 보잘 것 없는 옷을 말합니다.

세 번째, 잠이 부족해야 합니다. 도를 가장 방해하는 것이 잠이라고 해요. 예전에 수덕사에 계시던 노스님이 어려서 우리들이 잠을 많이 자니까 이런 말씀을 하셨던 게 기억이 나요. '애들아! 잠이라는 게 자다 보면 계속 늘어난단다. 잠을 조금만 자도록 해라. 저 태평양 바다 속에 사는 조개가 하나 있단다. 그 조개는 삼천 년을 자고 일어나서 하는 소리가, '아이고 파도 소리 때문에 시끄러워서 한숨도 못 잤네. 이렇게 얘기한단다.' 모든 것이 습관에서 오는 겁니다. 요즘 여섯 시간 이상 자야 오래 산다고 매스컴에서 떠들어 대니까 그렇게 믿고 야단들인데, 불교에서는 그런 정보를 인정하지 않습니다. 경허 선사 같은 분들은 잠을 극복하기 위해서 말뚝을 하나 깎아서 가운데에 못을 총총 박아서 턱밑에 괴고 수행을 했습니다. 졸다가 고개를 떨어뜨리면 못에 턱이 찔려 피가 줄줄 흐르죠. 그렇게 잠을 극복하려고 얼마나 노력을 했는지 나중엔 잠이 없어져 버렸어요. 그렇게 수행자는 잠과의 싸움을 합니다. 경허 스님의 제자였던 수월 스님은 공부를 해서 마음이 열린 이후, 가장 먼저 잠이 없어졌어요. 돌아가실 때까지 밤낮으로 활동해도 아무 관계가 없었어요.

그리고 승려가 가지고 있어야 할 세 가지 생명줄이 있습니다. 신심信心과 원력願力, 공심公心이 그것인데, 이것은 솥의 세 발처럼 하나만 잘못되어도 제 역할을 하지 못해요. 스님들의 생활은 저 세 가지를 중심으로 이뤄져야 합니다. 부처님의 가르침에 대한 철석 같은 믿음과 의지를 가지는 게 신심입니다. 연약한 의지로는 목적지에 도달할 수가 없어요. 정진하는 것은 산을 올라가는 것과 같아서 누가 대신 가 줄 수가 없습니다. 그리고 정진하지 않고 승려 생활을 하는 것은 낙타 없이 사막의 오아시스를 찾아가는 것과 같아요. 정상의 목표를 향해서 홀로 뚜벅뚜벅 외롭고 고통스럽게 가는 것이 수행자의 길입니다.

또, 원력이 없는 수행은 힘이 없습니다. '상구보리 하화중생'이라는 승려로서의 목적의식이 뚜렷해야 합니다. 목적의식이 분명해야 활발발하고 당당하게, 그리고 거리낌 없이 나아갈 수 있어요. 위로는 깨달음을 얻고 아래로는 중생을 교화하겠다는 그 원력이 마음속에서 한순간도 쉬지 않고 활화산처럼 솟아오르고 있지 않으면 제 역할을 할 수가 없습니다.

그 다음이 공심입니다. 지금 한국 불교의 갈등은 공심이 결여된 것에 있습니다. 이미 스님이 된 순간 개인이 아니고 부처님 제자로서 사명감을 가진 공인으로서 살아야 합니다. 부처님의 제자는 어떻게 살아야 한다는 것은 이미 율장에 다 나와 있어요. 공인으로서의 사명감이 있어야 생활이 활발해지고, 힘이 있고, 열정이 쏟아져 나오고, 모든 것에 공평무사합니다. 이 세 가지를 완전히 갖춘 사람이 수행자로서의 자격이 있는 겁니다."

스님께선 한국 불교의 문제점과 앞으로 나아갈 방향 등을 간곡하게 말씀하셨다. 그러나 저 말씀이 어찌 스님들에게만 해당하겠는가. 정치를 하는 사람들, 기업을 경영하는 사람들, 각 분야에서 일하는 모든 사람들에게 필요한 말씀이 아닐까 싶다. '나'라는 일인기업을 경영하며 살고 있는 우리 각자에게도 절실히 필요한 말씀 같았다.

청정성을 담보하라

"아까 잠깐 100인 대중공사에 대한 말씀을 드렸는데, '수행자들이 번뇌에 얽매어 범부가 되었다.'는 제목으로 종단의 대중공사를 보도한 일간지도 있었어요. 다 그런 것은 아니지만 밖에서 승가를 바라보는 시각일 수도 있겠다는 생각이 들었습니다."

"무엇보다 승려들이 담보하고 있어야 할 것이 청정성입니다. 청정성을 담보해야 재정 투명화가 되고 정당성이 보장됩니다. 수덕사에서 십 년 동안 주지 소임을 보면서 경험한 건데 투명하게 절을 경영하면 재정은 그만큼 늘어납니다.

주지가 어떻게 절을 운영하느냐에 따라 절의 경제가 달라집니다. 내가 삼 년 만에 수덕사 채무를 다 갚으니까 우리 스님께서 '네가 복이 참 많다.'고 하시기에 '알뜰한 것뿐입니다.'라고 말씀드렸죠. 그래서 지금도 강조하는 것은 절약하고 재정을 투명하게 하면 절은 무너지지 않아요. 사심을 가지고 사사로이 쓰지만 않으면 다 운영됩니다. 주지를 할 때 서울에 다녀올 일이 있으면 종무소에서 삼만 원을 받아서 기름 값과 고속도로 통행비로 2만7천5백 원을 쓰고, 영수증하고 나머지 남은 돈을 도로 가져다주었어요.

그리고 밖에 나가 법문을 하고 법문비를 받아 오면 사중(절)에 내놓았습니다. 그 시간은 공적인 시간이지 내 개인의 시간이 아니니까요. 사중이 넉넉지 않으니 그렇게 하지 않으면 절이 돌아가질 않았어요. 주지가 사심 없이 투명하게 하니까 소임을 보는 사람들도 함부로 돈을 다룰 수가 없죠. 장부 정리한 것을 보면 한 번에 잘못된 것을 알아내니까 다들 겁을 냈죠. 그때 소임을 보았던 스님들이 지금 절 살림을 하고 있으니까 본 그대로 하리라고 봐요."

"지금도 장부를 보시면 어디가 잘못 되었는지 한눈에 알아보신다고 하니, 특별한 방장스님이신 것만은 틀림없는 것 같습니다.(웃음) 출세간을 막론하고 모두 스님 말씀을 귀담아 들었으면 좋겠어요."

"절을 운영하는 주지는 아무나 하는 게 아닙니다. 의욕도 있어야 하지만 사찰을 운영할 수 있는 행정능력이 있어야 합니다. 신심과 공심이 기본이 되어야 하고, 세상을 바라보는 시야도 넓어야 합니다. 그렇지 않으면 어려운 일들이 많이 생겨요."

"스님께서는 어떤 분야에서 일을 하셨든 아주 유능한 분이셨을 거란 생각이 듭니다.(웃음) 무엇이든 철저하게 잘하는 그 힘은 어디서 나오는 걸까요?"

"진실함이 중요한 것 같습니다. 그리고 절에 일찍 들어와 살아서 행정능력이 없었을 수도 있는데 군대에서의 행정 경험을 통해 딱 보면 어디가 잘못되었는지 금방 알아요. 총무원의 국장급 이상 되는 스님들도 문서 기안을 할 줄 알아야 문제가 안 생깁니다. 장부의 돈과 금고의 돈을 일치시키는 일은 참 어려운 겁니다. 그리고 또 하나 용병술이라고 할까,

누가 잘못하고 있으면 그걸 금방 압니다. 내가 주지로 있을 때 절 식구들이 결재 받을 때가 제일 겁난다는 얘기들을 했어요."(웃음)

"요즘은 더러 재정 공개를 하는 절들도 있던데, 대부분 왜 그렇게 재정을 투명하게 하지 못할까요?"
"도무지 이해가 안 갑니다. 더 챙기려고 해서 그런 건지…. 할 일이 참 태산인데, 이제 나 같은 사람은 너무 늙었고! 좀 젊었더라면 국내보다는 국외로 가서 포교를 할 것 같아요."

"뜻밖의 말씀인데요?"

대도의 큰 그물을 법계에 던져 인천人天의 고기를 낚는다

"미국에 잠시 있을 때, 수덕사와 관련된 사찰을 가 봤어요. 외국 사람들이 많이 오는데, 그 사람들은 상당히 단순하고 순박한데, 책임감도 강하고 한 번 '이거다' 하고 확신하면 철저하게 신행 생활을 하더군요. 어려서부터 교육을 그렇게 받은 것 같습니다. 무얼 어떻게 하라고 일러 주면 변함없이 열심히 하는 걸 봤어요. 한국 불교가 미국에서 뿌리를 못 내리고 있는데, 전부 그런 것은 아니지만 너무 먹고사는 데 집착을 했어요. 그러다 보니까 외국 사람들보다는 한국 사람들을 상대하는 경우가 많아요. 외국 사람들을 상대하는 곳은 활발한데 한국 사람들을 상대하는 곳은 상당히 침체되어 있더군요."

"캐나다에서 오래 포교 활동을 하셨던 한 비구니 스님의 이야기를 들어보니까, 스님들의 역량만 확보되면 포교당에 와서 공부할 외국인은 많다고 하더군요. 홍보를 하면 많은 사람들이 몰려온다고 합니다. 그만큼 정신세계에 목말라 있는 거겠지요?"

"역량을 확보하지 않으면 국내건 국외건 나서지 말아야 됩니다. 학문적인 역량도 중요하지만 정진의 힘을 키우는 데 더 노력을 기울여야 합니다."

"부처님께선 여든한 살에 돌아가실 때까지 길 위에서 교화를 하셨잖아요. 스님께서도 아주 늦은 것은 아니지 않을까요?"(웃음)

"그건 나 스스로 판단해도 상당히 늦었습니다. 그렇다고 지금 하지 않는 건 아니에요. 숭산 스님께서 하시던 포교를 해야 하니까 세계일화대회에도 나가고 국내에서도 계속합니다. 몸이 열 개였으면 좋겠어요. 국내에서 하는 것도 지금 다 소화를 시키지 못할 만큼 바빠요.

만약 젊었다면 산중에 와 있는 것 다 그만두고 외국에 나가서 외국 사람들을 상대로 포교를 하면 상당히 재미있고 보람도 있을 것 같습니다. 가능성이 충분히 보입니다.

'대도의 큰 그물을 법계에 던져 인천人天의 고기들을 모두 낚는다.'는 말이 있어요. 그처럼, 부처님의 대법의 그물을 넓게 던져서 많은 중생들을 건져 낼 수 있다면 얼마나 근사하겠어요? 교화의 장소가 따로 있는 것은 아니지만 충분한 가능성을 본 미국 같은 곳에서 한다면 더 잘할 수 있을 것 같았어요. 열심히 하고 있는 사람들이 있으니까 잘되겠지요."

"수덕사 출신의 숭산 스님께서 미국에 계시면서 한국 불교의 세계화에 큰 역할을 하셨죠?"

"큰 역할을 하셨는데 맥이 끊어질까 걱정입니다. 숭산 스님 제자들이 열심히 하고 있는데 그들이 역할을 잘할 수 있도록 환경을 만들어 주려고 애쓰고는 있는데, 여의치는 못해요. 여기 정혜사 능인선원에도 항상 숭산 스님의 제자들이 와서 정진을 합니다."

"예전에 만공 스님께서 온 세상, 온 세계가 한 송이 꽃이라는 뜻의 '세계일화世界一花'라는 표현을 하셨죠? 글로벌한 포교를 수덕사에서 시작한 셈인데, 미국에서 법문하실 때 그곳 사람들의 반응이 어떠했을지 궁금합니다."

"수계식을 하는데 미국 사람들이 많이 우는 걸 봤어요. 한국 사람들과 다르구나 생각했는데 나중에 들으니 내가 말한 인과의 법문을 듣고 너무 잘못 살아온 것에 대한 부끄러움과 회한의 눈물을 흘리지 않을 수 없었다고 하더군요. 그들만이 가지고 있는 순수성이 있더군요. 미국이라는 나라는 자기네들한테 이익이 있다고 판단되면 정신적인 것이든 물질적인 것이든 받아들입니다. 우리가 선禪이라는 삶의 주제를 가지고 가자 상당히 기대를 했죠. 지금도 뒷사람들이 어떻게 하느냐가 중요합니다."

"인간에게 중요한 것이 진정성인데, 마지못해 던지듯 살아가는 사람, 사명감과 책임감 없는 사람이 너무 많아요."

잠깐 쉬는 사이 나에게 깐 밤 몇 알을 주시면서 한 저 말씀이, 마치 나에게 하시는 말씀 같아 가슴이 쿵, 내려앉았다. '마지못해 던지듯 살아가는 사람', '사명감과 책임감이 없는 사람'이라는 이 말씀은 오래 머릿속을 맴돌며, 부모로, 자식으로, 사회의 한 사람으로 살아가는 나의 정체성을 돌아보게 했다.

2

사찰의 역할

사찰의 창조 경제

인터뷰를 시작한 지 어느덧 두 시간이 지났지만, 스님의 낯빛에 피로의 기색이 보이지 않는다. 처음 인터뷰를 시작할 때 메모지를 들고 나오셨기에 어떤 내용을 써 놓은 건지 궁금해서 여쭈어 보았다.

"어제 누가 와서 한 얘기를 듣고 나서 그 사람에게 얘기해 줄 것을 적어 봤어요. 우리 한국 사회가 극도로 물질적 발전을 하면서 문화정체현상이 일어났잖아요. 외형적인 변화와 발전에 내면이 따라가지 못하다 보니, 우울증 같은 정신적인 병을 앓는 사람이 너무 많이 나오고 있어요.

과대망상, 피해망상, 감시 망상 등 다양한 망상들도 다 조현병〔정신분열증〕에서 나온 것인데, 동서양을 막론하고 이런 현상이 많아졌어요. 특히 우리나라가 갑작스러운 사회 변화를 겪으면서 이런 현상이 급격히 늘어나고 있습니다. 앞으로 이러한 것이 더 큰 사회문제가 될 거예요. 그래서 이러한 정신 질환자들을 어떻게 안정시키고 변화시켜야 할지 생각해 봤어요.

한 40년 전, 정신 질환자들을 데려다가 고치던 노스님 한 분이 계셨어요. 금강산의 어느 한 절에 있다 나와서는 결혼해서 자식을 낳고 살던 분이었는데, 어떠한 방법으로 치료를 하는지 궁금해서 가 본 적이 있어요. 정신이 안정되지 않아 어수선한 애들도 그 노스님 앞에 데려다 놓으면 며칠 안 가서 순해지는 걸 보았어요. 방 안의 사방 벽에 '관세음보살'을 써서 붙여 놓고 벽을 향해 앉아서 그걸 보면서 염불을 하게 하더군요. 한눈을 팔거나 딴 짓을 하면 스님이 '염불해야지!' 하고 말하면 얌전해지면서 '관세음보살'을 부르는 거예요. 침을 맞는 것 말고는 그렇게 하는 것이 전부였는데, 저렇게 단순한 방법으로 정신 질환자를 다스릴 수가 있구나 생각하면서, '다른 스님들도 저런 방법을 눈여겨보면 좋겠다.'고 생각했던 기억이 납니다. 노스님이 치료하는 분들은 정신 질환 초기에서부터 중증인 사람들, 그리고 행려병자들까지 많은 사람들이 있었는데, 중증인 사람들도 다 낫는 걸 보고, 초기인 사람들은 쉽게 안정시킬 수 있겠구나 생각했죠. 나 개인적으로도 정신적으로 갈등하며 불안할 때, 얼마 동안 열심히 기도를 해서 마음을 가라앉히고 자신감과 용기를 가지고 다시 일어선 경험도 있고 해서, 사회를 위해서 절에서 할 수 있는 것은 다 해 봤으면 좋겠다고 생각해요."

기도란 무엇인가. 자신이 풀어야 할 문제를 집중적으로 생각하며 마음을 모으는 일이다. 세상사를 떠나 산사에 머물며 자신과 마주하는 시간을 가지면 마음이 훨씬 안정될 것이다. 그런 장을 사찰에서 마련해 대중에게 적극적으로 다가간다면 건강한 사회로 만드는 데 큰 역할을 하게 될 것 같다.

"사찰의 창조 경제를 말씀하고 계시는 것 같아요."(웃음)

"스님네들도 출가해서 대학을 갈 때도 평생 공부하게 될 불교학과에만 보내지 말고 복지학이나 법학, 경제, 교육, 의학, 철학 등 다양한 교육을 시키자는 생각은 오래전부터 해 왔습니다. 농사도 전문적으로 짓는 사람이 나왔으면 좋겠어요. 절에서 약초나 화훼 농사도 지으면 좋겠다는 생각을 많이 했어요. 절에서 농사를 전문적으로 지으면 노동하는 시간이 좀 길어지겠지만, 노동을 하면 육체는 물론 정신도 건강해지고, 절 운영비도 줄어들어요. 또 바깥사람들에게 줄 수 있는 일도 생기고 해서 많은 구상을 해 봤는데, 이런 이상들을 실천하지 못하고 있으니까 가슴이 답답해요.

농민조합 같은 것도 나왔으면 좋겠고, 화훼 농사를 짓는 사람, 약초 농사를 짓는 사람, 정신과 의사 등 다양한 직종을 가진 사람들이 나왔으면 좋겠어요. 지금 사회에 얼마나 청춘 실업이 많습니까? 절에서 그들을 끌어들여 일할 수 있는 창구를 마련해 주면 좋겠다는 생각을 합니다.

살아가면서 가장 중요한 것은 생명이에요. 종교가 할 일은 이 생명의 문제를 어떻게 할 것인가가 첫 번째 과제이고, 다음이 사람들이 보람 있게 살 수 있도록 해 주는 일입니다. 젊은 사람들을 사찰로 끌어들여서 사찰에서 실업을 해소시킬 수 있는 구체적인 시스템을 만들면 아주 좋을 것 같습니다.

나는 40년 전에 수덕사 주지할 때부터 스님들에 대한 복지 개념으로 절에 사는 모든 스님들에게 매달 용돈을 지급하는 대중보시를 실천했어요. 조계종에서 아마 내가 처음으로 행했을 거예요. 언제든지 공평하게 나누는 거예요. 옛날에 절에 돈이 없어 쩔쩔맬 때 그렇게 했는데도, 재정이 그냥 돌아가는 거예요. 그래서 돈은 한 창구로 들어와서 한 창구로 나가야 원활하게 사찰이 운영된다는 걸 확신했습니다. 전국적으로 스님들의 복지를 확대해야 한다는 생각을 가지고 있는데 이 모든 것은 재정을 투명하게 하면 가능합니다.

재정의 투명화만 잘되면 머리를 깎는 순간부터 입적할 때까지 절에서 복지가 다 가능하다고 확신해요. 그러면 출가해서 평생 자기 공부를 하면서 중생들을 교육시키고 봉사하며 보람 있는 일을 할 수 있는 거죠. 지금 조계종에서 승려들에 대한 복지를 실천하려고 노력하는데 이는 내가 예전에 종회의장 할 때부터 하려고 했던 거예요. 재정의 투명성만 보장되면 재원은 충분히 확보가 가능합니다.

이러한 것들을 일반 사람들에게 홍보해서, 재가자들에게도 그런 혜택을 줄 수 있는 창구를 만들어 주자는 것인데, 이렇게 하면 여러 가지 길이 만들어질 것 같아요. 한 가지 일이 만들어지면 그 일로 해서 얼마든지 다른 일로 확대해 나갈 수 있으니까요.

경제 논리로 봐서 1백 원을 넣어서 2백 원을 만들 수 있다면 하는 겁니다. 예를 들어 여기서 농민 조합을 만들어 잘된다고 했을 때, 하나를 더 만들면 열 명이 스무 명이 되고 또 그것이 발전하면 사, 오십 명이 되어서 많은 사람들이 이 분야에 종사할 수 있지 않겠는가 하는 생각을 해 봅니다.

대학을 나와서도 일자리가 없어 일을 못하는 젊은 사람들이 출가해 절에 와서 이와 같은 일들을 하면서 살면 최상의 조건이 아닐까 하는 생각을 합니다. 나는 일찍 절에 와 살면서 출가를 한 번도 후회해 본 적이 없고, 언제나 늘 절이 너무 좋았으니까, 스님네들의 자리는 정말 근사한 자리다, 누구보다 당당하고 자신 있는 사람들이 스님네들이라는 생각을 하고 삽니다. 그런데 출가의 길보다는 속세의 길이 더 맞겠다 싶어서 밖으로 나가려는 사람이 있으면 결혼하게 해서 절에서 활동하게 하면 되지 않을까 하는 생각도 합니다. 일을 창출한 사람에게 이익을 돌려주고, 또 나머지는 재투자하고, 이런 경제 논리만 확신하고 있는 사람이 있으면 충분히 승산이 있다고 봅니다. 그런데 사실, 그것보다는 조용히 지내며 먹고살자 하니까 이렇게 절들의 사정이 펴지질 못하는 거예요."(웃음)

"저러한 일들이 실현되려면 무엇보다 전에 말씀하신 승려가 가지고 있어야 할 세 가지 생명줄인 신심과 원력, 공심이 철저해야 흔들리지 않고 일을 할 수 있을 것 같습니다."

"그렇습니다. 공감하면서 같이 가야 합니다. 절에 땅이 많으니 수련원, 교육원도 많이 지어서 일반 사람에게 교육을 시켜야 한다는 생각을 합니다. 절들이 물 좋고 경치 좋은 곳에 있으니까 얼마나 좋겠는가 하는 생각이 들어요.

지금 정부뿐만 아니라 과거 정부 때에도 문화재 사찰들은 정부에 구걸하다시피해서 보수비를 가져다가 보수를 합니다. 스님네들이 그렇게 하지 않더라도 정부에서 예산을 세워서 당연히 그렇게 하도록 해야 해요. 예산이 낭비되지 않도록 효율적인 방법을 취하면 충분한데, 쓰기 위한 예산이지 실제로 일하기 위한 예산이 잘 안 되고 있어요.

스님네들로 구성된 문화재위원회가 만들어지면 좋겠어요. 그래서 스님네들이 설계하고, 감독하고, 결정도 해야 합니다. 물론 일을 잘못하는 사람들도 있을 수 있으나 그것은 빙산의 일각입니다. 국가를 위해서, 국민의 세금을 유효적절하게 쓰려면 그런 시스템을 만들어야 한다고 생각해요."

오계운동, 청정운동을 해야 한다

"절에서 할 수 있는 일들은 다 해 봐야 한다는 말씀은 절의 사회적 역할을 말씀하신 걸 텐데요. 지난번에 사회가 점점 거칠고 이기적으로 흘러가는 것을 염려하시면서 무엇보다 불성을 회복하는 일이 중요하다는 말씀을 하셨는데, 불성을 회복하는 데 절에서 할 수 있는 역할은 무엇일까요?"

"청정운동, 광명운동을 해야 합니다. 이것이 불교에 대한 시대적 요청입니다. 진정 절의 수행자들이 해야 할 일은 중생들의 심성을 정화시켜 주고 희망을 주는 것입니다. 용기만 가진다면 무엇이든 할 수 있습니다. 희망이 없기 때문에 용기가 없고 용기가 없기 때문에 희망이 없어요. 용기와 희망을 가지고 살아가는 사람으로 변화시켜야 합니다. 물질적으로 도와주는 것도 중요하지만 우선 그 사람이 자생할 수 있는 내면의 힘을 길러 주는 것이 더 중요해요. 정신적인 힘이 축적되지 않은 사람에게 물질적인 힘을 주면 그 사람은 일어나지 못합니다.

"불성을 회복하는 방법으로 청정운동, 광명운동을 말씀하셨는데, 구체적으로 어떻게 전개해야 할까요?"

"우선 템플스테이에 오는 중고등학교 학생들과 대학생들, 또는 교육자 집단이 올 때 적극적인 불교 운동으로 해 나가야 됩니다. 가치관을 변화시켜 주는 노력들을 해야죠. 지식을 넓혀 주는 것이 아니라 인생관을 바

ⓒ 하지권

덕숭산 전월사 가는 길

르게 만들도록 도와줘야 합니다."

"그러니까 인생에서 어떤 것이 중요한 것인가, 어떻게 살아야 하는가, 이런 인문학적인 장을 마련해 주어야 한다는 말씀이시지요? 여기 수덕사는 어떤가요?"

"수덕사도 불교교양대학을 운영하고 있습니다. 나는 여기 수덕사 불교대학의 강사나 법사들에게 불교의 교리도 중요하지만 오계운동을 해야 한다고 강조합니다. 그것은 청정운동과 같은 거예요. '생명을 죽이지 마라, 도둑질하지 마라, 술 먹지 마라, 거짓말하지 마라. 바른 이성관을 가져라.' 이 다섯 가지 계율만 잘 지키면 사회가 청정해집니다. 나 하나가 청정하면 사회가 청정해지고 국토가 청정해지는 거예요.

오계운동은 인과를 짓지 않아야 좋은 삶을 살 수 있다는 교육을 함으로써 그간의 잘못된 행동을 바로잡아 변화할 수 있게 만들어 주는 것입니다. 자연스레 청정운동이 되는 겁니다. 그래서 불교 교육을 받은 사람들에게 수계를 하도록 해야 합니다. 이런 기본적인 것만 숙지가 되더라도 사회가 금세 청정해질 겁니다. 팔만사천법문을 하고 있는 불교를 어려운 종교라고 하지만 저 다섯 가지만 실천하면 포교를 따로 할 거 없어요.

그런데 절에서 청정운동을 해 나가려면 먼저 스님네들의 기본 자질이 잘되어 있어야 해요. 배우는 사람들은 결국 선생을 따라가잖아요. 선생이 지식만 가지고 있으면 힘이 없습니다. 정진을 해서 그 힘이 푹 익은 것이 몸과 마음과 언어에서 살아 나와야 사람들이 따르고 존경합니다. 스님네들이 우습게 살면 불신이 확산되어서 누가 따라오나요? 우선 스님네들, 그리고 재가 불자들이 가정에서나 사회에서 모범이 되어야 포교가 됩니다. 우선 믿음을 갖도록 행동해야 합니다. 스님과 법사를 믿을 수 있을 때 사람들이 따라오고, 부모를 믿을 수 있을 때 자식이 따르고 존경하지 않겠어요?"

인터뷰가 끝날 무렵 새로 부임한 수덕사 주지스님이 인사를 오셨다. 잠시 두 분이 앉아 수덕사 불사에 대해 담소를 나누었다.

"내가 주지할 때 잣나무를 많이 심었지. 나무를 많이 심어. 남 시키려고 하지 말고 대중울력으로 해. 중들이 제가 사는 산을 돌보아야지 그런 의지가 없다면 자격이 없는 거지. 인정을 가지고 일하지 말고 공과 사를 분명히 해."

주지스님이 일어서면서 "정혜사에 자주 올라오겠습니다.", 인사차 이렇게 말씀드렸다.

'그래, 자주 올라오너라'고 하실 줄 알았더니 덕숭총림 방장스님의 화답은 이러했다.

"정혜사는 근사하게 할 테니 염려 마라!"

두 분이 인사를 나눈 시간은 아주 잠깐이었지만, 나에게는 '수행자는 어떻게 살아야 하는가'에 대한 말씀을 들은 긴 시간의 법석으로 느껴졌다.

4부

수덕사의 경허 선사

(鏡虛禪師, 1849~1912)

1

천재를 넘어선 도인

한국 불교 근대 이전의 사상사를 대표하는 인물을 원효 스님이라고 한다면 경허 스님은 서산 대사 이래로 한국 근현대 불교의 선맥을 살린 조계종의 실질적 중흥조라 일컬어진다.

불교학자 고익진과 김지견은 경허 선사를 '한국 최근세 선을 중흥시킨 대선장', '조선 근대의 거인'으로 칭했다. 수월, 혜월, 만공, 한암 스님 등 한국 선을 대표하는 기라성 같은 선승들이 경허 스님의 제자이고, 만공 스님의 문하에서도 춘성, 금오, 전강 스님 등 수많은 선지식들이 인가를 받아 나가 한국 불교의 선맥이 뿌리를 내리는 큰 역할을 했다.

경허 선사의 법손들에 의해 법등이 이어지고 경허 스님의 세 제자 가운데 한 분인 만공 스님의 법손들이 덕숭문중을 일군 수덕사가 덕숭총림으로 한국 현대 불교의 한 축을 이끌고 있으니, 경허 선사의 법맥이 한국 불교사에 면면히 흐르고 있는 셈이다.

수덕사에서는 2012년 경허 스님의 열반 100주년을 맞아 한국 현대선의 세계화를 위해 경허 선사의 삶과 사상을 재조명하기 위해 기념 사업회를 발족시켜 활발한 활동을 벌이고 있다.

오늘날 경허 선사에 뿌리를 둔 수덕사의 가장 큰 어른으로 있는 방장 스님 눈에 비친 경허 선사를 만나고 싶었다. 스님께서는 기다리고 있었다는 듯 경허 스님의 삶과 존경하는 마음을 마치 폭포수처럼 쏟아 내셨다. 조용히 보살행을 행했던 수월 선사를 존경한다고 들었지만, 경허 스님을 존경하는 마음은 타의 추종을 불허할 만큼 넓고 깊었다.

일체 상을 갖지 않은 위대한 스승

"제가 오늘 내려오면서 불교는 지혜와 자비의 종교라고 하는데 왜 이렇게 자비로운 어른이 드물까, 그런 생각을 했습니다. 스님들도 저희들의 삶과는 동떨어진 거리에서 살아가는 것 같아 위로가 되지 않을 때가 많습니다. 예전에 경허 선사께서 문둥병에 걸린 여자를 데려다가 씻기고 먹이고 재웠다는 얘기가 전설처럼 내려오는데, 그 경지는 어떤 걸까 생각하면서 여기 왔습니다. 그건 정말 경지를 가늠할 수 없는 자비로운 마음이겠죠?"

"그 경지는 더럽다, 깨끗하다 하는 염정染淨을 떠난 경지입니다. 걸림이 없는 평등한 경지죠."

"스님께서 경허 선사의 삶에서 배운 것이 있다면 무엇일까요?"
"일체 상을 갖지 않은 거예요. 그분은 스님이라는 상, 나라는 상이 전혀 없어요. 불교는 무아사상이 핵심인데, 말이 무아이지 그게 잘 안 돼요. 그분은 철저한 무아의 길을 갔어요. 나이 들수록 대접받으면서 편하게 살고 싶은 심리를 가진 게 인간인데, 선사께선 그걸 포기했어요. 절에 계시면 대접과 존경을 한 몸에 받을 수 있는데 그 모든 걸 다 내려놓을 수 있었던 것은 진정한 사捨, 버림이에요. 그분이 가지고 있는 학문이나 도의 경지는 모든 것을 초월하면서도 초월하지 않고, 지혜로우면서도 지혜롭지 않고, 무지하면서도 지혜롭다는 것에 딱 들어맞는 경지죠. 그런 수행은 흉내를 낼 수도, 상상할 수조차 없어요. 정말 위대한 스승입니다."

스님께선 경허 선사에 대해 말씀을 하시면서 위대하다는 표현을 여러 번 쓰셨고, 얼굴에 홍조까지 띠면서 열변을 토하셨다. 그 후로도 경허 선사에 대한 말씀을 하실 때면 그 열정이 한결같았다.

"신라 때 원효 스님도 그런 삶을 살았지만 그분은 고급스럽기나 했죠. 이분은 모든 것을 한 순간에 놓아 버린 거예요. 누군들 대접받고 편하고 싶지 않겠어요? 선사께서 말년에 지은 시를 보면 아련한 외로움 같은 게 묻어나요.

낙엽은 져서 바람에 굴러다니고
땅 위에 구르다가 또 날아가네
아, 스산한 마음 가눌 길 없어
떠도는 나그네 돌아갈 줄 모르네

시구 하나하나가 인간의 어떤 처절한 정의가 숨어 있으면서도 그것을 스스로 떨쳐 버리고 관망하는 내용이 참 절묘합니다. 그건 누구도 흉내를 못 내는 경지입니다."

"경허 선사께서 살았던 19세기 중반부터 20세기 초는 세계열강들의 각축으로 우리나라는 풍전등화와도 같은 위기에 있었고 결국 일본에 의해 주권마저 빼앗기게 된 시기였어요. 거기다가 불교는 조선왕조의 숭유억불정책으로 인해 암흑기를 지나오고 있던 상황이었고요. 그런 와중에 꺼져 가는 선의 불씨를 살려 전국 곳곳에 수많은 선원을 개설하고 선풍을 일으켜 세웠던 분이잖아요. 그럼에도 불구하고 경허 선사의 삶은 한국 불교에서 많이 폄하된 감이 없지 않습니다."
"모르고 하는 소리죠. 정말 그분은 한국 불교의 큰 별입니다. 조선조 오백 년 동안 불교가 탄압된 상황에서 선지를 밝히고, 깨달음 이후에도 20년을 스스로 갈고 닦은 분이죠. 오십대에 해인사에서 선원을 개설하고,

범어사에서도 영남 최초의 선원을 개설해서 『선문촬요』를 개편하셨어요. 수선사를 창설해 정혜결사운동을 주창하면서, 모든 걸 버리고 떠나기까지 승려로서의 할 일을 다했습니다. 그렇게 오랜 시간이 아닌데 그 기간 가라앉았던 한국 불교의 선을 중흥시키고 끌끌한 제자들을 만들어 놓았잖아요. 당시 그분의 영향을 받지 않은 사람이 어디 있습니까? 그분에 의해서 오늘날의 선이 중흥되었는데, 그 역할을 다하면서도 상을 하나도 드러내지 않았어요. 만공 스님이 누구이며 혜월, 수월, 한암 스님이 어떤 선사이셨습니까? 해인사 주지를 했던 남전, 제산 스님들이 선사를 얼마나 흠모하고 존경했습니까?

그런데 그 모든 기득권을 다 버리고 단장 하나 짚고 훌훌 북녘으로 떠나 민초들의 삶 속으로 들어가셨습니다. 보통 사람들의 의식으로는 이해하질 못해요. 대접받고 존경받는 데 뭐가 부족해서 떠났겠어요?"

스님께선 경허 선사의 주색을 다룬 재야 불교학자의 글이 불교계 잡지에 실렸다가 경허 스님 열반 100주년 기념 사업회의 문제 제기로 잡지 폐간이 결정된 일을 염두에 두고 계신 듯, 안타까움과 열정이 함께한 모습으로 선사의 일생과 세간의 왜곡된 시선에 대해 이야기를 시작하셨다. 먼저, 경허 선사에 대한 백과사전식 소개를 하면 이렇다.

1849년에 출생한 경허 스님의 성은 송씨. 속명은 동욱東旭, 법명은 성우惺牛, 법호는 경허鏡虛. 전주 출신. 아버지는 두옥斗玉. 어릴 때 아버지가 돌아갔으며, 아홉 살 때 과천의 청계사로 출가했다. 계허桂虛 스님의 밑에서 물 긷고 나무하는 일로 오 년을 보냈다. 열네 살 때 절에 머물던 거사에게 글을 배워 문맹을 거두었고, 그 뒤 계룡산 동학사의 강백講伯인 만화萬化 스님 밑에서 불교 경론을 배웠으며, 구 년 동안 불교의 일대시교一代時教뿐 아니라 유학과 노장 등 제자백가를 모두 섭렵했다. 스물세 살에 동학사에서 강백이 되어 전국에서 스님의 강론을 듣고자 학승들이 구름처럼 모여들었다.

서른한 살에 옛 스승인 계허 스님을 찾아 한양으로 향하던 중, 심한 폭풍우를 만나 가까운 인가에서 비를 피하려고 하였지만, 마을에 돌림병이 유행하여 집집마다 문을 굳게 닫고 있었다. 비를 피하지 못하고 마을 밖 큰 나무 밑에 앉아 밤새도록 죽음의 위협에 시달리다가 이제까지 생사불이生死不二의 이치를 문자 속에서만 터득하였음을 깨닫고 새롭게 발심했다.

이튿날, 동학사로 돌아와 학인들을 모두 돌려보낸 뒤 조실방에 들어가 용맹정진을 시작했다. 창문 밑으로 주먹밥이 들어올 만큼의 구멍을 뚫어 놓고, 한 손에는 칼을 쥐고, 턱 밑에는 송곳을 꽂은 널판자를 놓아 졸음이 오면 송곳에 다치게 장치하여 잠을 자지 않고 정진했다.

석 달째 되던 날, 사미승 원규元奎가 동학사 밑에 살고 있던 이처사李處士로부터 '소가 되더라도 콧구멍 없는 소가 되어야지.'라는 말을 듣고 의심이 생겨 그 뜻을 물어왔는데, 그 말을 듣자 모든 의심이 풀리면서 오도悟道했다. 그 뒤 서산 천장암天藏庵으로 옮겨 깨달은 뒤의 수행인 보임保

任을 했다. 그때에도 얼굴에 탈을 만들어 쓰고, 송곳을 턱 밑에 받쳐 놓고 좌선을 계속했다. 서른여덟에 육 년 동안의 보임 공부를 끝내고 옷과 탈바가지, 주장자 등을 모두 불태운 뒤 그 무엇에도 장애받지 않고 걸림 없이 사는 무애행無碍行에 나섰다. 천장암에서 수행하고 있을 때 수월, 혜월, 만공 스님을 제자로 받아들였다.

해인사의 법주(1890)가 되어 팔만대장경 불사와 수선사修禪社를 창설해 결사운동을 주창했다. 이후 범어사, 금강암, 마하사 불사 때 증명법사를 했고, 개심사, 부석사, 수덕사, 정혜사, 마곡사 등 호서 지방과 송광사, 화엄사, 천은사 등 호남 일대에 선원을 창설해 선풍을 되살렸다.

강원도 월정사, 안변 석왕사에서도 법을 설하며 여러 지방을 주유하다가 자취를 감추고 머리를 기르고 유관을 쓴 모습으로 박난주朴蘭州로 이름을 바꾸고 살았다. 함경도 갑산 웅이방 도하동에 서당을 개설해 아이들을 가르치다 1912년 4월 25일 입적했다. 현대의 여명기인 구한말의 한반도를 남에서 북으로 떠돌아다니며 광풍과도 같은 생애를 보낸 선의 초인으로 불린다. 뛰어난 학승이자 한국의 달마로도 불리며 깊고 격렬한 선을 체험한 인물로도 알려져 있다. 유고집으로 『경허집』이 있다. 율봉 청고栗峰青杲–금허 법첨錦虛法添–용암 혜언龍岩慧彦–영월 봉율永月奉律–만화 보선萬化普善–경허 성우鏡虛惺牛로 법맥이 이어졌다.

그 당시 일상적인 안목에서 보면 괴이하게 여겨질 정도의 일화를 많이 남겼다. 술과 고기를 먹고, 문둥병에 걸린 여자를 데려다 밥을 주고 잠을 재우기도 했다. 그로 인해 많은 억측을 남겼다. 술을 마시고 법당에 오르는 등 윤리의 틀로서는 파악할 수 없는 행적들을 남겼다.

혜성처럼 나타난 대력보살

"그동안 사람들이 경허 선사에 대해 겉만 이해해 왔지 내면을 제대로 이해한 분들은 많지 않습니다. 나는 그분을 한마디로 우리 불교 역사상 혜성처럼 나타났던, 큰 원력을 지닌 대력보살이라고 생각합니다. 그분이 태어난 시기는 국운이 풍전등화와도 같은 위태로운 때였어요. 민생이 도탄에 빠져 동학농민운동이 일어나는 등 사회적인 어려움이 많을 때였죠. 양반 가문에서 태어났지만 아버지가 일찍 돌아가셔서 형은 마곡사로 출가를 하고, 어머니가 아홉 살 난 자식을 데리고 청계사로 가게 됩니다. 거기서 수계를 하고 계허 스님 밑에서 있는데 그분이 퇴속을 하자, 열다섯 살에 동학사의 유명한 강백 만화 스님에게로 갑니다.

경허 스님은 천재적인 두뇌를 지녀서 경전을 한 번 들으면 다 외웠다고 해요. 다른 사람보다 특별히 더 공부를 하는 것도 아닌데 만화 스님이 경전의 내용을 물어보면 무엇이든 척척 대답을 했다고 합니다. 거기 있는 동안 불교만 공부한 게 아니라 유불선 삼교를 다 보았다고 하는데, 『장자』를 천 번 읽었다는 말도 있습니다. 『장자』를 천 번 읽은 분이라면 중국의 제자백가의 모든 철학이나 사상을 안 본 게 있겠습니까? 스물세 살에 강사를 하는데 제방에서 소문을 듣고 구름처럼 몰려옵니다. 천재가 아니었나 묻는 사람이 있는데, 천재를 넘어선 분이었죠. 시문이나 글 속에 그게 묻어 나오고 있어요."

"서른 살에 강사를 그만두고 참선만 하시게 된 계기가 있었지요?"

"청계사에 있을 때 모셨던 계허 스님을 만나러 가다가 폭우를 만나서 마을에 들어갔는데, 그 마을에 돌림병이 유행해서 집집마다 마루 밑, 방 안 등 사방에 송장이 가득한 것을 본 거예요. 모두 호열자로 죽어 가는 것을 보면서 공포를 느낍니다. '부처님 법이 생사를 면하는 법인데 나는 생사를 면하는 노정의 지도나 보고 앉았지 생사를 면하는 길을 조금도 알지 못했구나.' 하는 것을 깨닫고, 동학사로 되돌아와서 강원의 학인들을 헤쳐 다른 곳으로 보냅니다. 보통 사람들은 그냥 안전한 길로 가지 그렇게 못합니다. 그러고 난 다음 조실방에서 식음을 전폐하고 참선을 합니다.

화두를 들고 공부하던 석 달째 되던 날, 경허 스님을 모시고 있던 원규 스님이 동학사 밑에 살고 있던 한 처사로부터 '중노릇을 잘못하면 소가 되는데 스님은 어떻게 할 것인가?'라는 말을 들었어요. 원규 스님이 대답을 못하자, 그 처사가 '그것도 모르면서 무슨 수행자라고 하는가? 소가 되어도 코뚜레가 없는 소가 되면 되지!' 하는 겁니다. 전부 코뚜레에 묶인 소가 되어 끌려 다니잖아요. 인생도 마찬가지입니다. 명예, 돈, 사랑 등 오욕의 코뚜레에 묶여 사는데, 그것에 묶여 있지 않으면 자유스러운 사람입니다.

원규 스님에게 이 말을 전해 듣고 선사께서 깨달음을 성취했죠. 그리고 깨달음이 이런 시구로 나옵니다.

홀연히 콧구멍 없는 소라는 말을 듣고
삼천대천세계가 내 집인 걸 알았다
유월 연암산 아랫길에서
나 일 없이 태평가를 부르네

그동안은 우주와 내가 별개요, 너와 나, 여자와 남자가 다 별개였는데 깨치고 나니 온 세계가 전부 내 몸인 겁니다. 남녀가 따로 있을 수 없고, 시와 비, 선과 악, 염과 정이 따로 있을 수가 없는 거예요. 거기선 태평가밖에 나올 게 없습니다."

"깨달음을 얻고 나서 수덕사의 말사인 서산 천장암으로 옮겨 깨달은 후의 수행인 보임을 하셨다고 들었어요."
"깨달음이 왔다고 다 되는 게 아닙니다. 습이 나오는 거예요. 그래서 천장암으로 가셔서 피나는 노력을 합니다. 그냥 경허 선사가 된 것이 아닙니다. 밤낮을 가리지 않고 장좌불와長坐不臥를 하셨죠. 모기가 온몸을 물든 뱀이 지나가든 아랑곳하지 않으셨어요. 세수도 목욕도 하지 않아 수백 마리의 이가 떼로 돌아다녀도 부처님처럼 가만히 앉아서 애씁니다. 그건 정말 어려운 거예요. 확신을 얻을 때까지 보임하고 정진하는 것은 아무나 할 수 있는 게 아닙니다. 그 경지에 가 보지 않고 '경허가 어떻다.'고 얘기하는 것은 죄악을 저지르는 겁니다.

그렇게 계속 보임의 시간을 갖고 나서 무애행을 떠나죠. 그게 뭐냐 하면 사람은 순경계에서는 얼마든지 참을 수 있고 잘 나갈 수 있어요. 그런데 역경계에서는 어렵습니다. 그런데 사실은, 역경계보다 순경계에서 공부하기가 더 어렵다고 해요. 모든 것이 내 뜻대로 되는데 공부를 더 하는 것은 쉬운 일이 아니기 때문이죠. 사람의 심리가 보통 환경이 어려울 때 그걸 이겨 내려고 노력하잖아요.

역경계는 모든 상황이 내 뜻과는 반대로 흘러가서 어렵고 힘든 일이 닥쳐오는 거예요. 도둑이 들었다든가, 질병이 들었다든가, 먹을 것이 없다든가 하는 것이 모두 역경계죠. 역경계나 순경계를 당했을 때 나의 경계가 순일한가, 차별이 있는가, 그것을 그분은 끝없이 실험하면서(강조!) 호서 지방에서 20년을 그렇게 자신을 달달 볶으면서 정진합니다. 순경계와 역경계 속에서 자기가 얼마만큼 분명하고 확실하게 동하지 않는가, 이걸 실험한 시기였어요.

그러다가 쉰 살이 넘어 범어사에 가서 조실로 있으면서 선원을 개원하고, 해인사에서 조실로 계시면서 국가에서 간행하는 『간경도감』의 증명법사를 합니다. 거기서 『방함록』「서」를 쓰고, 곳곳에 다니면서 시문을 남기는데, 지금 남은 것은 몇 백분의 일도 안 될 거예요. 그 걸 다 모았다면 엄청난 양이 될 겁니다.

거기서 문둥병에 걸린 여자를 데리고 와서 밥도 함께 먹고 조실방에서 재우니까 시봉하던 만공 스님이 죽을 지경인 거예요. 조실스님이 어떻게 코도 날아가고 눈도 짓물러 온몸에 부스럼이 난 여자를 데리고 잔단 말인가 하고, 문구멍으로 들여다보면 팔베개를 해 주고 끌어안고 자는 거예요. 문둥병을 천형이라고 합니다. 누구도 돌보지 않는 사람을 데려다가 며칠 동안 먹이고 재우더니 먹을 것을 싸서 보냅니다. 이러한 분을 어떻게 광인으로 볼 수 있습니까? 그건 인간의 보통 상식이나 감정으로는 이해할 수 없는 경지예요. 어떤 이성을 가지고도 이해할 수 없죠. 그것은 더럽고 깨끗한 것을 초월하고 일체 시비에서 떠난 사람만이 할 수 있는 보살행인 거예요. 그리고 선사께서 가끔 술을 드셨다고 시비를 합니다. 물론 절에서 술을 마시면 안 됩니다."

"그러니까 스님께서는 사람들의 시빗거리가 되고 있는 경허 스님의 무애행을 순경계와 역경계 속에서 자신이 얼마나 부동한가 하는 공부의 경계를 실험한 것으로 보시는 거군요. 경허 선사께서 술을 드신 것에 대해서도 의견이 분분한데, 술을 드신 것도 깨치고 나서 보임의 과정을 거친 이후인가요?"

"그전에도 드셨습니다. 보임할 때도 드시긴 했는데, 그것도 나는 이렇게 생각합니다. 지리산 화엄사에서 대강사로 유명하던 진응震應 스님이 경허 선사께 좋은 안주와 술을 올리면서, '스님께서 왜 이런 것들을 즐기시는지'에 대해 묻자 경허 스님께서 이렇게 답합니다.

'내가 깨달은 부처이긴 하나 다생에 습기가 남아 있어서 그래. 바람은 고요해졌으나 먼저 불어온 바람 때문에 물결이 일듯 아직도 그런 생각

이 침노한다네.'

경허 선사의 이런 시가 있어요.

이치는 단박에 깨치나 망상이 여전히 일어나도다
단박에 깨달아 내 본성이 부처님과 동일한 줄은 알았으나
수많은 생애를 살면서 익힌 습기는 오히려 생생하구나.
바람은 고요해졌으나 파도는 여전히 솟구치듯
이치는 훤히 드러났으나 망상이 여전히 일어나는구나.

그런데 그것도 부득이 해서 이렇게 표현했다고 봅니다. 술을 마시고 행패를 부린다면 술 마실 자격이 없는 사람입니다. 술에 취한 사람과 취하지 않은 사람은 그 경계가 다릅니다. 술을 마시건 밥을 먹건 고추장, 된장을 먹건 관계가 없어요. 중생의 경계로 보면 이상할지 몰라도 그분의 분상에서는 동요가 없습니다. 그러니 할 수 없이 그렇게 표현한 거예요."

"자비로우시기에 상대방의 근기에 맞추어서 겸손하게 표현한 거군요?"
"그럼요. 당신의 경계가 특출했기 때문에 대중들에게 특별하게 대한 것도 많습니다. 해인사에 가면 사천왕문 못미처에 커다란 죽은 괴목 한 그루가 있는데 거기에 벌집이 있었어요. 짓궂은 사미 한 사람이 가만히 숨어 있다가 스님이나 신도들이 오면 벌집을 두드려 지나가는 사람들이

벌에 쏘이곤 했죠. 한번은 용성 스님이 선사에게 가서 시자를 좀 조심히 시키라고 말씀드렸죠. 그때 선사는 쉰 살이 넘었고 용성 스님은 스물두 살이었어요. 그러자 선사께서 '벌을 쏘이게 한 놈은 천상에 날 것이고, 벌에 쏘인 놈은 지옥에 떨어질 것이다.'라고 하셨어요. 완전히 격외의 언어죠.

그분처럼 처절하도록 치열하게 산 분이 없어요. 그냥 놀러 다니면서 사신 게 아닙니다. 속인을 만나면 법문도 하고, 다니면서 기행문도 쓰고, 초상화를 보고 영찬문도 써 주었어요. 점안식 등 불사 증명도 해 주었어요. 경허 선사께서 78개의 사찰에 선원을 개설했다고 하니 초인의 지경을 넘어 보살의 위력이라 생각합니다. 팔 척이나 되는 큰 키에 짚신을 신고 동서남북을 그렇게 걸어 다니면서 그 모든 일을 했습니다. 당시 교통수단이라고는 걸어 다니는 것뿐이었잖아요. 힘이 장사니까 그걸 견디었겠죠. 그분을 한 번 보면 모두 형형한 눈빛과 엄숙한 모습에 감복을 했다고 합니다. 보지 않은 사람들이 뒤에서 다른 소릴 하는 거죠.

선사께서 선암사 조실을 하셨는데, 처음 선암사에 가셨던 날, 선암사 대강사이자 조실스님인 박한영 스님이 문밖이 시끄러워 밖을 내다보니, 큰 키에 허름하게 차린 분이 술병을 들고 시자와 들어오니 마느니 실랑이를 하는 거예요. 바로 경허 스님이었죠. 그 대강사스님이 급히 조실방으로 모시고 들어가서 인사를 하고 『화엄경』에 대해 물으니 경허 스님이 물 흐르듯 막힘없이 대답을 하시자 '여기 이곳 조실은 스님이십니다.' 하고 자리를 넘겨줍니다. 그러나 경허 스님은 다음 날 간다 온다 소리도 없이 떠나 버렸어요. 얼마나 자신만만하고 당당하셨으면 그 대학자인 박한영 스님께서 조실을 하시라고 했겠습니까."

화광동진의 삶

"그런데 『조선불교통사』(1918년 간행)를 저술한 이능화가 단 한 번도 선사를 보지 못한 채 세간의 소문만을 듣고, 그의 책에서 경허 스님을 음행과 투도를 끊임없이 자행한 무법자이며, 선종총림에서 마땅하게 배척되어야 할 마설魔說을 설한 기인으로 묘사해 놓고 있어요. 불교가 다 무너져 내릴 때 경허 선사를 중심으로 많은 스님들이 일어나고 선사를 존경하는 사람들이 늘어나니까 일제가 선사를 끌어내리려고 하는 데 동의하다 보니 그렇게 쓰지 않았나 싶습니다."

참고로 이에 대해서 불교학자 김지견은 다음과 같은 말을 했다.

"만일 이능화가 『경허집』을 읽고 경허당의 제자들인 침운, 혜월, 만공, 한암 등 네 종사들이 지닌 인품과 종지에 대해서 조금이라도 알아보려는 노력을 기울였다면 통사의 경허상은 전혀 다른 모습으로 기술되었을 것이다. 경허당을 위해서는 물론 본방 초유의 대저인 『불교사서』를 집필한 이능화 자신을 위해서도 이처럼 불행한 일은 다시없을 것이다. 『경허

집』을 통해 본 경허의 상에는 투철한 본분 종사의 안목과 고구정녕한 법어의 숨결에 접할지언정 그 어느 곳에도 음행 음주식용을 골자로 한 이른바 대중선을 표방하고 고취하였다고 탄핵할 어떤 근거도 찾아볼 수 없다. 경허 왜곡의 책임에 대한 일단에는 경허 입적 후 『경허집』이 출간되기까지 30년간 침묵한 채 적극적인 변호와 단속을 하지 않았던 덕숭산 수덕사 문중과 오대산 월정사 문중에도 있다."

"그분을 비방하는 사람들은 경허 선사의 치열한 구도와 중생을 생각하는 간절함을 모르는 거예요. 그분은 범어사에서 결사문을 만들면서 '계율을 지켜야 한다.'고 분명히 말씀하셨어요. 그 짧은 시간 속에서 『선문촬요』를 간행하는 등 할 일을 다하십니다. 그리고 자기 길을 갑니다. 이것이 더 위대한 겁니다. 그 정도 되면 편안하게 '조실스님, 큰스님' 소리를 들어가며 대접받고 싶은 게 사람의 심리죠. 그런데 그걸 한순간에 다 놓아 버렸잖아요! 아무나 할 수 있는 일이 아닙니다. 괜히 속한이들이 이러쿵저러쿵해서는 안 됩니다."

"말년에는 북쪽으로 가시어 박난주라고 개명하고 유관을 쓴 채 서당 훈장을 하다가 입적하셨다고 들었습니다. 왜 승복을 벗고 속복을 입은 채 돌아가셨는지 궁금했습니다."

"사람들은 구차하게 그걸 환채還債라고 표현합니다. 세상에 진 빚을 갚아야 한다는 생각 때문에 환채의 삶을 살았다고 하지요. 환채의 삶을 살았든 그렇지 않았든 대접받을 수 있는 자리를 내놓고 그렇게 가기란 어려운 일입니다. 이런 것을 불교에서는 화광동진和光同塵이라고 합니다. 진리의 빛으로 중생에 나투어서 하는 행위예요. 그러나 그것보다는 경허 선사의 경지에서 보면 승과 속이 둘이 아닌 중도불이中道不二의 경지에서 나오는 삶입니다. 그 대도인이자 대문장가가 '나'라는 상이 조금도 없었어요. 그분의 진정한 면목을 안다면 어떤 말을 붙여서도 안 돼요. 요즘 모습들을 보세요. 무엇을 조금 알면 자기를 드러내려고 야단들을 하는데, 선사께선 모든 걸 갖추었기 때문에 어디를 가든지 많은 것을 부탁받았고 조실스님으로 존경받았어요. 한암 스님이 오대산 월정사에서 경허 선사를 모시고 『화엄경』 법회를 열었는데, 그때 하신 경허 스님의 법문을 두고 표현하길, '마치 대종으로 치는 것과 같고, 폭포수가 내리치는 것 같았다.'고 했습니다. 그런 능력과 철학, 대도를 가진 사람이 없습니다. 그 위대한 그릇은 측량이 안 돼요. 괜히 중생들이 시비를 가려서 이러쿵저러쿵하는 것은 스스로 모순에 빠지는 일입니다. 그분의 경계는 꿈에도 생각 못하는 사람들이죠. 그분의 삶은 중생들이 사는 것과 같은 껍데기 삶이 아닙니다. 편하게 살면서 소리를 지른 분하고, 정말 현실과 부딪치면서 적극적으로 사부대중을 향해서 사자후를 하신 분과는 다릅니다.

『경허집』의 「참선곡」 하나만 해도 그렇습니다. 그때는 한글을 쓰면 별 수 없는 사람으로 취급을 받았어요. 그런데 그 대문장가가 글을 모르는 사람들이 공부할 수 있게 「참선곡」을 한글로 썼다는 것 하나만으로도 엄청난 사건입니다. 「참선곡」을 보면 문장이 말할 수 없이 깊어요. 그것도 애써 지은 게 아니고, 해인사 주지였던 남전 스님이 변설호 스님이라는 유명한 강백이 사미였을 때 '큰스님께 가서 어떻게 하면 공부를 잘할 수 있는가 가르쳐 달라고 하거라.' 하셨어요. 그래서 선사에게 가서 공부 방법을 물으니까 그 자리에서 '적어라.' 하시곤 구술하신 거예요. 생각해 놓은 것이 아니라 '적어라.' 하시곤 바로 나왔으니 그 역량은 상상이 안 되죠."

"많은 절에서 아침 예불 때마다 읽는 「참선곡」이 그렇게 탄생한 거군요. 스님께선 언제 「참선곡」을 대하셨나요? 수덕사에 출가해서인가요?"
"여기 수덕사에 와서도 보았지만 외우지는 않았고, 해인사에 가서 공부할 때 외워 가지고 그걸로 도량석을 했어요. 세월을 더할수록 그렇게 속에 와 닿을 수가 없죠. 공부하는 내용이 그 하나에 다 포함되어 있어요. 그런 내용이 그냥 나오질 않아요."

공부를 독려하는 「참선곡」

스님께서 존경심이 가득한 눈빛으로 그렇게 칭송한, 그리고 불자라면 누구나 여러 번 읽었을 경허 선사의 「참선곡」의 내용은 이렇다.

> 홀연히 생각하니 도시몽중都是夢中이로다

천만고 영웅호걸 북망산 무덤이요

부귀 문장 쓸데없다 황천객을 면할쏘냐

오호라 나의 몸이 풀끝의 이슬이요 바람 속의 등불이라

삼계대사 부처님이 정녕히 이르사대

마음 깨쳐 성불하여 생사윤회 영단永斷하고

불생불멸 저 국토에 상락아정常樂我淨 무위도無爲道를

사람마다 다할 줄로 팔만장교八萬藏敎 유전이라.

사람 되어 못 닦으면 다시 공부 어려우니 나도 어서 닦아 보세

닦는 길을 말하려면 허다히 많건마는 대강 추려 적어 보세

앉고 서고 보고 듣고 착의끽반着衣喫飯

대인접화對人接話 일체 처 일체 시에

소소영령昭昭靈靈 지각하는 이것이 무엇인고

몸뚱이는 송장이요 망상번뇌 본공本空하고

천진면목天眞面目 나의 부처

보고 듣고 앉고 서고 잠도 자고 일도 하고

눈 한번 깜짝할 새 천리만리 다녀오고

허다한 신통묘용神通妙用 분명한 나의 마음 어떻게 생겼는고

의심하고 의심하여 고양이가 쥐 잡듯이 주린 사람 밥 찾듯이
목마른 이 물 찾듯이 육칠십 늙은 과부 외자식을 잃은 후에
자식 생각 간절하듯
생각생각 잊지 말고 깊이 궁구하여 가되 일념만년一念萬年 되게 하여
폐침망찬廢寢忘饌할 지경에 대오大悟하기 가깝도다

홀연히 깨달으면 본래 생긴 나의 부처 천진면목 절묘하다
아미타불 이 아니며 석가여래 이 아닌가
젊도 않고 늙도 않고 크도 않고 작도 않고
본래 생긴 나의 면목 개천개지蓋天蓋地 이러하고
열반진락涅槃眞樂 가이 없다
지옥천당 본공本空하고 생사윤회 본래 없다

선지식을 찾아가서 요연了然히 인가 맞아
다시 의심 없앤 후에 세상만사 망각하고
수연방광隨緣放曠 지내가되 빈 배같이 떠 놀면서
유연중생有緣衆生 제도하면 보불은덕報佛恩德 이 아닌가

일체계행 지켜 가면 천상인간 복수福壽하고
대원력을 발하여서 항수불학恒隨佛學 생각하고
동체대비 마음먹어 빈병걸인貧病乞人 괄시 말고

오온색신五蘊色身 생각하되 거품같이 관觀을 하고
바깥으로 역순경계逆順境界 몽중으로 생각하여 해태심을 내지 말고
허령虛靈한 나의 마음 허공과 같은 줄로 진실히 생각하여
팔풍오욕八風五慾 일체경계 부동한 이 마음을 태산같이 써 나가세

허튼소리 우스개로 이날저날 보내다가
늙은 줄을 망각하니 무슨 공부 하여 볼까
죽을 제 고통 중에 후회한들 무엇 하리
사지백절四肢百節 오려 내고 머릿골을 쪼개는 듯
오장육부 타는 중에 앞길이 캄캄하니
한심참혹寒心慘酷 내 노릇이 이럴 줄을 뉘가 알꼬.
저 지옥과 저 축생에 나의 신세 참혹하다
백천만겁 차타蹉跎하여 다시 인신人身 망연茫然하다
참선 잘한 저 도인은 앉아 죽고 서서 죽고 앓도 않고 선탈蟬脫하며
오래 살고 곧 죽기를 제 맘대로 자재하며
항하사수恒河沙數 신통묘용 임의쾌락 소요逍遙하니
아무쪼록 이 세상에 눈코를 쥐어뜯고 부지런히 하여 보세

오늘 내일 가는 것이 죽을 날에 당도하니
푸줏간에 가는 소가 자욱자욱 사지로세
이전 사람 참선할 제 마디 그늘 아꼈거늘

나는 어이 방일하며

이전 사람 참선할 제 잠 오는 것 성화하여 송곳으로 찔렀거늘

나는 어이 방일하며

이전 사람 참선할 제 하루해가 가게 되면 다리 뻗고 울었거늘

나는 어이 방일한고

무명업식無明業識 독한 술에 혼혼불각昏昏不覺 지내가니

오호라 슬프도다

타일러도 아니 듣고 꾸짖어도 조심 않고 심상히 지내가니

혼미한 이 마음을 어이하여 인도할꼬

쓸데없는 탐심진심貪心嗔心 공연히 일으키고

쓸데없는 허다분별許多分別 날마다 분요紛擾하니

우습도다 나의 지혜 누구를 한탄할꼬

지각없는 저 나비가 불빛을 탐하여서 제 죽을 줄 모르도다

내 마음을 못 닦으면 여간계행如干戒行 소분복덕小分福德 도무지 허사로세

오호라 한심하다 이 글을 자세仔細 보아

하루도 열두 때며 밤으로도 조금 자고 부지런히 공부하소

이 노래를 깊이 믿어 책상 위에 펴놓고 시시때때 경책하소

할 말을 다하려면 해묵서이부진海墨書以不盡이라

이만 적고 그치오니 부디부디 깊이 아소
다시 할 말 있사오나 돌장승이 아이 나면 그때에 말하리라

"「참선곡」을 가만히 읽어 보면 구구절절 얼마나 간곡한지 공부를 하지 않을 수 없게끔 말씀하셨어요. 그런데 저렇게 한꺼번에 공부를 독려하고 경책하는 말씀을 하시고도, 끝에 '할 말이 많아 바닷물을 먹물 삼아 글을 써도 바닷물이 부족하지만(해묵서이부진海墨書以不盡) 이만 그치겠다.'고 하신 것이 놀랍기만 합니다.(웃음)"

"굉장히 세밀한 분이셨어요. 내가 수덕사 주지 소임을 볼 때 아주 작은 글씨로 하루하루 계문을 썼던 두루마리 공책을 그때 돈 3천만 원을 주고 구해 놨는데, 누가 가져가 버렸어요. 그것만으로도 책이 한 권 나올 겁니다."

"안타깝네요. 어떤 내용이었을까요?"

"일기처럼 적은 시구예요. 경상도며 전라도 등지의 절을 다니면서 하신 일을 얘기한 거예요. 후손들이 잘 관리해야 합니다. 경허 선사나 만공 스님 자료들이 별로 없습니다. 법좌에 오르셔서 법문한 상당법문上堂法門의 내용을 그대로 자료로 가지고 있어도, 아니 조금이라도 기록해 놓았으면 산 법문 아니겠습니까? 조금밖에 남지 않아 너무 안타까워요."

"한암 스님께서 표현하셨던 '마치 대종으로 치는 것 같고, 폭포수가 내리

치는 것 같았다.'는 그런 법문을 지금 들을 수 있다면 얼마나 좋을까요?"
"『대방광불화엄경』의 그 일곱 제자題字만 법문하는 데 일주일 걸렸다는데, 책을 보고 그렇게 하셨겠어요? 마음에서 나오는 대로 하셨을 것 아닙니까? 국가가 위기에 빠지고, 백성이 도탄에 빠진 그 모습을 보기가 얼마나 서럽고 안타깝고 괴로우셨겠어요. 혼자 잘 먹고 잘살려고 한 게 아니라, 조실 자리를 내려놓고 가장 살기 어려운 간도 지방이나 삼수갑산 그 골짜기에 가서 누구 하나 눈길을 주지 않는 소외된 사람들과 시간을 보냈다는 것은 쉬운 일이 아닙니다. 공연히 막걸리 한 잔 드신 것 가지고 논할 그런 세계가 아닙니다. 이런 큰 원력을 가지고 오신 대력보살은 몇 백 년에 한 번 나오기 어렵다고 봅니다."

"수덕사 덕숭총림의 현 방장으로 계시면서 자긍심이나 책임감이 막중하실 것 같습니다."
"너무 왜소하지요. 선사의 그러한 위대한 뜻을 잘 전수하지 못하는 아쉬움, 저 자신이 부족한 데서 오는 안타까움이 많습니다."

스님께서 경허 선사를 말씀하시면서 보여 준 존경의 모습은 어떻게 말로 표현할 수 없을 만큼 절절하고 진지했다. 스님께서 경허 선사에 대해 얼마나 열과 성의, 애정을 가지고 말씀을 하시는지 나도 모르게 정말 위대한 선각자라는 생각이 들었다. '사자전승師資傳承'이라는 단어가 저절로 떠오른 자리였다.

2

스승의 뜻을 잇는 제자들

지혜와 복으로 대중을 지도한 만공 선사(1871~1946)

경허 선사의 수제자로 흔히 '세 달[三月]'로 불리는 수월水月(1855~1928), 혜월慧月(1861~1937), 만공滿空 월면月面(1871~1946) 선사가 있다. 경허 선사는 세 사람의 제자를 가리켜 '정진력은 수월을 능가할 자가 없고, 지혜는 혜월을 당할 자가 없으며, 만공은 지혜와 복이 많아 대중을 많이 거느릴 것이다.'라고 했다고 한다. 세 분 역시 근현대 한국 불교계를 대표하는 선승들로 알려져 있다.

수덕사에서 발행한 「경허 문파도」를 보면, 만공 스님의 직계 법제자가 47분이다. 한국 불교사에 남을 선지식들인 춘성, 전강, 고봉, 금봉, 보월, 혜암 스님 등이 만공 스님의 제자들이고, 우리가 익히 알고 있는 세계 3대 생불로 불리며 한국 불교를 세계에 알렸던 숭산 스님도 만공 스님의 법손이다.

"수덕사는 수행 전통을 대표하는 절로 회자되고 있습니다. 경허 선사, 만공 선사 등 선지식께서 남긴 가풍 때문이겠죠? 어떻게 보면 경허 선사보다 만공 스님이 저희들에게 더 친숙하게 다가오는데, 만공 스님을 모셨던 스님들을 뵈었기 때문이 아닌가 싶습니다. 스님께서 지난번에 스승이 잘하면 제자는 따라오게 되어 있다는 말씀을 하셨는데, 경허 선사와 만공 스님에 대한 일화는 많이 알려진 편인데, 각별했던 두 분의 사제지간은 어떠했을까 궁금합니다."

"다생의 인연일 거예요. 이곳 수덕사 가풍을 보면 경허 스님은 아홉 살, 만공 스님께서는 열네 살, 벽초 스님은 아홉 살, 혜암 노스님과 원담 스님은 열두 살에 동진 출가했다는 공통점이 있습니다. 만공 스님은 경허 선사를 곁에서 모시며 스승의 위대한 행적을 접하고 도와 인생관의 틀이 잡힌 것 같아요. 만공 스님이 출가했던 때가 일제에 침략을 당해 나라가 풍전등화와 같은 어려운 현실 속에 있을 때였어요. 일제의 만행이 극에 달했던 아픈 역사의 격동기에 사셨던 거죠.

경허 스님께서 사셨던 조선조 때는 불교를 탄압하면서 스님들의 도성 출입을 금했는데 일제가 들어오면서 도성 출입을 텄어요. 그러자 스님들이 도성에 많이 들어갔던가 봐요. 그걸 보고 경허 선사께서 개탄하시

정혜사 능인선원에서 만공 스님과 수행 대중들

길, '도성의 문을 열었다고 중들이 그 아픈 역사를 생각지 않고 유람이나 다니는가?' 하시며 개탄했죠. 그러면서 '내가 원이 있다면 도성에 들어가지 않는 것이다.'라고 하셨습니다. 쓸데없이 유람이나 하고 허송세월하는 모습이 싫었던 거예요. 그런 스승 밑에서 교육을 받았으니까 만공 스님도 철저한 출가 정신으로 생활을 하셨겠죠.

지난번에도 얘기했지만 경허 선사는 조선조의 불교 탄압으로 인해 선禪이 다 소멸되어 가는 상황에서 등불을 밝혀 선원을 개설하고 해인사, 범어사, 송광사, 화엄사, 선암사, 월정사 등지를 다니면서 한순간도 편하게 지내지 않으셨던 분입니다. 충분히 대접을 받을 만한 처지에 계시면서도 인연 있는 사찰을 다니면서 끝없이 교화를 했습니다.

그런 스승을 모셨던 만공 선사께서는 그 법화와 감화를 고스란히 받을 수밖에 없었겠죠. 수덕사에 와서 금선대를 짓고 사시면서 김좌진 장군, 한용운 선사, 그리고 의친왕과 교유를 하고 지내셨어요. 1920년도에 총독부에서 스님들에게 취처를 장려합니다. 사찰령을 만들어서 절을 장악하죠. 일제의 만행에 의해 절을 빼앗기고 하니까 그들의 만행에 고개를 숙이는 스님들도 많았겠죠. 만공 스님이 보니 큰일 났거든요. 그래서 선학원을 설립해서 독신 수좌들을 규합해요. 대처를 장려하는 일제하에서 독신승들이 얼마나 고초를 겪고 소외받으며 살았겠어요? 한국불교의 정체성을 지키기 위해 선학원을 만들고 수좌들을 지키기 위해 수좌공제회를 만들었습니다.

창씨개명도 제자들과 함께하지 않았으니 얼마나 탄압을 받았겠습니까? 일제는 조선의 모든 사찰을 31본산으로 나누고 식민지사업에 참여하게 했어요. 서울 총독부에서 31본산 주지회의를 할 때, 마곡사 주지 자격으로 참석해서 당시 일본 총독 데라우찌가 전임 사이또 총독이 조선 불교를 위해서 큰일을 했다고 칭찬하자, 이렇게 사자후를 했어요. '총독, 조선 불교를 망쳐 버린 사이또 총독은 죽어서 무간지옥에 가야 할 사람인데, 어찌 본산 주지회의에서 그 같은 망발을 하시오?' 그때 총독의 비서실장이 칼을 빼자 총독이 이를 저지했어요. 만공 선사가 소리를 지르는 모습에 두려움과 존경심을 함께 느낀 겁니다. 회의가 끝나고 식사를 하자는 총독의 제의를 일언지하에 거절합니다.

이 소식을 들은 한용운 선사가 회의가 끝나고 서울로 올라온 만공 선사를 반갑게 맞으면서 '소리로만 사자후를 할 게 아니라 주장자를 내리치지 그랬느냐?'고 하자, 만공 선사가 이렇게 대답합니다. '사자의 포효소리 하나로 숲속 여우들의 간이 터집니다.'

그렇게 의기투합했고 무언중에 한민족의 기개와 불교 전통을 지키자는 강한 의지가 생긴 거죠. 의친왕이 그런 이야기를 듣고 얼마나 좋았겠어요? 그래 의친왕이 보자고 해서 만났더니, '그림 한 장이 있는데 화제畵題가 없습니다. 큰스님께서 좀 지어 주시지요.' 하는 거예요. 그래서 만공 선사께서 '명월이 뜨지도 않았는데 갈대꽃이 하얗게 피어서 희더라. 기러기는 맑고 큰 호수에 백 년이나 서 있는 것 같다.'는 글을 지었죠. 이에 의친왕이 감동해서 거문고를 선물한 것인데, 공민왕의 거문고가 수덕사에 온 사연이 이렇습니다.

광복이 되었을 때 만공 선사가 조직했던 수좌공제회에 소속된 스님들의 수가 450명밖에 안 되었어요. 그분들에 의해 불교정화운동이 시작되었죠. 선학원은 만공 선사에 의해 만들어졌어요. 서정희徐正熙·여운형呂運亨·신명균申明均·김법린金法麟 등 수많은 애국지사들의 독립운동의 요람이 되기도 했죠. 그분들에 의해 나라가 지켜지고 전통이 지켜진 겁니다.

그렇게 한국 불교의 정통성을 회복하려고 노력하셨던 분이 여기 수덕사에 오셔서 살면서 경허 선사가 제창한 선법을 대중화시켜야겠다고 하셨죠. 그게 참생명운동 아닙니까? 지금 모두 오염되어 살고 있잖아요. 욕심과 분노, 우치만 가지고 사니까 나라의 형국이 지금 어떻습니까. 지식과 기술만 있으면 뭐합니까. 사회 갈등이 계속되고 효의 정신이나 도덕이 다 무너져 버리고, 인륜이 가라앉아 버렸잖아요. 모두 참생명의 본질과 가치를 저버린 사람들이 하는 행위입니다.

불교의 참생명운동은 인륜의 정상화, 도덕성의 회복입니다. 더 나아가서는 우리 자신의 참생명의 발로예요. 이것이 경허 선사와 만공 선사가 주창했던 겁니다."

"참생명운동을 말씀하시니 만공 선사가 쓴 '세계일화世界一花'라는 글자가 생각납니다. 무엇보다 그 네 글자에 세상 만물, 우주의 모든 생명이 한 뿌리라는 참생명운동의 정신이 담겨 있지 않나 싶습니다."

광복이 되자 덕숭산에 있던 만공 스님과 그의 제자들이 모여 기쁨을 함께했다. 만공 스님이 상좌에게 먹과 무궁화 꽃 한 송이를 가져오라고 했다. 스님은 무궁화 꽃으로 붓을 만들어 단정하고도 힘 있는 필체로 '세계일화'라고 쓰고는 대중들에게 이렇게 말했다.

"세계일화는 온 세상이 한 송이 꽃이라는 말이다. 너와 내가 하나요, 만물중생이 다 한 몸이요, 세계만방 모든 나라가 하나다. 이 세상 삼라만상이 한 송이 꽃이니라. 미망에 빠져 어리석은 사람들은 온 세상이 한 송이 꽃인 줄을 모른다. 너와 나를 나누고 네 것 내 것을 가린다. 사람을 적이다 동지다 나누며 서로 다투고 빼앗고 죽인다. 그러나 지혜로운 눈으로 세상을 보면 모두 한 몸이다. 흙이 있어야 풀이 살고 아내가 있어야 남편이 있는 법이다. 부모가 있기에 자식이 태어나며 내가 있어야 네가 있다. 만물중생이 이렇게 홀로 떨어져서는 살 수 없으니 모두 한 몸이다. 남편도 아내도 한 송이 꽃이요, 부모 자식도 한 송이 꽃이며, 이웃과 이웃도 한 송이 꽃이다. 이 생각 하나만 바로 하면 온 세상이 평화롭게 된다. 그렇지 않으면 시비와 다툼과 살육이 끊임없이 생긴다. 이것이 아비지옥이니라."

숙연히 듣고 있던 한 제자가 물었다.

"저희들이 어찌하면 세계일화의 큰 뜻을 펼 수 있겠습니까?"

"어려운 일이 아니다. 지렁이도 부처님으로 보고 참새도 부처님 받들듯 섬기면 된다. 구더기도 걸인도 문둥이도 다 부처님으로 보아라. 왜인들도 부처님으로 볼 것이요, 불교를 욕하는 사람들도 부처님으로 섬겨야 하느니라. 이리하면 온 세상이 한 송이 꽃으로 피어날 것이다."

선의 진수를 드러낸 이 '세계일화'를 화두로 삼아 살아가면 스님께서 말씀하신 참생명운동이 저절로 되어 불국토를 이루게 될 것 같다는 생각이 든다. 너와 내가 둘이 아니어서 온 세상이 한 송이 꽃이라는데 무슨 시비 다툼이 있을까 싶다.

성자의 삶을 산 수월 스님(1855~1928)

"스님께서는 경허 선사의 제자이신 수월水月 스님을 가장 존경하고 그분이 말년에 사셨던 간도까지 다녀오셨다는 얘기를 들었습니다. 경허 선사께서도 '정진은 수월을 당할 자가 없다.'는 말씀을 하셨다고 하지요."

"수월 스님은 성자의 삶을 산 분입니다. 경허 선사의 제자로 수월, 혜월, 만공, 한암, 침운 이렇게 다섯 분이 계신데, 이분들 가운데 가장 연세가 많은 맏상좌입니다.

천수주력千手呪力(『천수경』에 나오는 다라니, 진언)으로 심성을 밝혀 참생명을 드러낸 분이죠. 대중들과 함께 생활하면서 후학들을 지도하기보다는 천성대로 보살행을 하면서 사신 분이에요.

그런데 이분은 요샛말로 낫 놓고 기역자도 모르는 분이었습니다. 경허 선사는 어지간해서 누구한테 화두를 잘 안 주는데, 수월 스님이 공부하게 화두를 달라고 하니까 '천수주력'을 하라고 그래요. 순진한 분이니까 스승이 하라는 대로 사력을 다해 천수주력을 했는데, 얼마나 진실하게 했던지 방광을 보이셨다고 합니다. 수월 스님이 천수주력을 했던 천장암이 있던 장요리라는 데가 저희 외갓집이 있던 동네예요. 외할머니께서도 천장암에 불이 난 줄 알고 쫓아가 보면 불이 난 게 아니라 수월 스님에게서 나오는 방광이었다는 이야기를 하셨어요. 한두 번 일어난 게 아니었답니다.

건봉사 불사의 증명법사로 있던 기록도 있고, 마곡사에 계신 만공 스님을 찾아가서 법거량을 한 기록도 있습니다. 만공 스님이 항상 칭찬하기를, '우리 형님의 저 드넓은 복을 어떻게 수용할 수 있을까?'라고 하셨다고 해요. 나무를 해 나르고, 짚신을 삼아서 처마 밑에 달아 놓고 지나가는 사람들이 신을 수 있게 하고, 옷을 기워 주는 등 궂은일은 당신이 모두 했어요.

수월 스님은 천수주력으로 득력을 하고 나서 세 가지 능력이 생겼어요.

첫 번째가 불망념지不忘念智인데, 한 번 들으면 잊어버리지 않는 거예요. 이삼십 년 전에 들었던 이름들도 다 기억하는 겁니다. 보통 사람들은 어려운 일이죠. 이 경지에 이르면 그걸 천성의 지혜, 참지혜라고 해요.

두 번째, 잠이 없어져 버렸어요. 요새 사람들은 잠을 자지 못하면 견디지 못하잖아요. 그런데 그분은 밤낮이 없어요.

세 번째, 치유 능력이 생겼어요. 사람을 보면 '아이고 위가 헐었네, 가슴이 나빠졌구먼.' 하고 관을 하면 다 나았어요. 자기 광명으로 투시가 된 겁니다. 수월 선사께서 '내일 어느 집을 갈 것이다.' 하면 그날 저녁에 방문할 집 사람에게 현몽을 해서 '내일 수월 스님이 오실 것이다.'라고 했다는 겁니다."

"경허 스님께서 자나 깨나 『천수경』을 외워서 깨달음을 이룬 제자를 보고 흐뭇해하시곤 『천수경』에 나오는 수월관음水月觀音의 이름을 따서 '수월'이라는 법호를 내리셨다고 들었어요. 수월 스님의 사제인 만공 스님도 훗날 '수월 형님은 절에 손님이 오면 감발(발싸개)을 벗겨 손수 빨아 불에 말렸다가는 아침에 신도록 하고, 밤새 몸소 삼은 짚신 서너 켤레를 바랑 위에 걸어 주었다.'고 회상하셨다고 하더군요. 저도 김진태 검사가 수월 스님의 일생에 대해 쓴 『달을 듣는 강물』이라는 책을 보고, 수월 스님의 그 무심함에서 나왔던 정진력과 겸손함에 감동한 적이 있습니다."

"그분은 그런 상태에서 자기를 조금도 내세우지 않고 중생들을 위해 헌신하셨죠. 국경을 넘어 이역만리에서 고생하고 사는 우리 민족들을 위해 짚신을 삼아 주고 옷을 빨아 주는 등 오로지 중생을 위한 삶을 사셨습니다. 살아 있는 부처님이 아니면 그렇게 할 수 없어요.

만주에는 마적대가 들끓어서 집집마다 사나운 개를 길렀는데, 밤마다 마을에 풀어놓았다고 해요. 얼마나 사나운지 사람을 물으면 살점이 뜯겨 나갔다고 하는데, 수월 스님만 가면 얌전히 꼬리를 흔들며 반겼다고 합니다. 그게 무슨 도리이겠어요? 불교의 마음공부는 습을 녹이는 위대한 수행입니다. 부처님 당시에도 제바달다가 부처님을 살해하기 위해서 살인 코끼리를 풀었는데 부처님 앞에 가자 고개를 숙였다고 하잖아요.

무시겁래無始劫來로 쌓인 살기의 업장이 떨어지면 그렇게 됩니다. 경허 선사도 공부할 때 구렁이가 와서 몸을 감아도 가만히 공부만 하셨던 것도 다 같은 이치입니다. 수행자라면 그 정도로 생사가 끊어진 자리에서 살아야죠.

돌아가실 때는 당신이 해 놓은 장작으로 나뭇단을 쌓고 그 위에 올라가서 불을 붙였죠. 혼자 다비식을 한 거예요. 그런 자신감, 당당함은 아무에게나 있는 게 아닙니다. 그러니까 깊고 넓고 큰 불법은 어떻게 표현할 수 없는 겁니다.

공부를 성취한다는 것은 이론과 실제가 같은 경지에 있는 것입니다. 이론만 가지고는 안 됩니다. 그래서 수행자가 해야 할 일이 있다면 중생을 교화하는 것인데, 그것은 중생이 업을 바꿀 수 있도록 진정성을 가지고 노력하는 것입니다. 물론 개성에 따라서 쓰는 방편이 다르겠으나 그 방편을 가지고 중생의 업력을 어떻게 녹여 갈 것인가에 주안점을 두어야 합니다. 이는 불교를 믿는 사부대중 모두가 해야 할 일이라고 생각합니다."

"수월 스님이 사셨던 간도에 다녀오셨는데, 그곳 분들에게 어떤 얘기를 들으셨어요?"

"수월 선사와 같은 마을 출신이었던 지선 노스님으로부터 수월 선사가 천장암 아래 갈산 분이라는 얘길 들었어요. 1989년에 은사스님과 함께 선사의 흔적을 찾아 간도에 갔는데, 그때만 해도 수월 스님을 친견했던 사람들이 있어서 여러 일화들을 들을 수 있었어요. 흑룡강성 왕청현 태평촌에 살던 방씨 성을 가진 노인에게 들은 얘기인데, 스님은 아침 공양을 하고 나면 산에서 내려와 탁발을 하거나 들판에서 이삭이나 무시래기를 주워 짊어지고 올라가셨다고 해요. 스님이 살던 송림산은 겨울이면 눈이 많이 쌓여 먹이를 구하지 못한 산짐승들이 굶어 죽는 일이 많았다고 하는데, 스님은 겨울이 오기 전 쌓아둔 이삭과 무시래기를 산짐승들에게 나눠주어 아사를 면하게 했다고 합니다. 그리고 사람들이 스님을 축지법을 쓰는 분이라고 생각했다고 하더군요. 송림산에서 블라디보스토크까지 삼백 여리 길을 단숨에 다녀오셨다는 거예요. 스님께서 아픈 사람들에게 손을 대기만 하면 병이 나았기 때문에 그 마을엔 의사가 필요 없었다는 얘기도 들었어요.

아직도 그렇게 수월 스님을 존경하는 모습을 보이더군요. 보통 분이 아니었다고 해요. 팔구십 된 노인들의 얘기가, '잠도 자지 않고 간이 된 음식도 안 드셨고, 자신을 돌보지 않고 오직 중생만을 위해 살았던 자비로운 관세음보살의 화현이었다.'고 하더군요. 말년을 일제의 학정에 못 이겨 간도로 넘어간 백성들에게 밥을 해 주고 짚신을 삼아 주며 보살행을 하시다 간 분입니다."

"경허 선사의 영향이었을까요?"

"그분 나름대로의 행이었을 겁니다. 스승이 삼수갑산에 계시다고 하니까 그곳에 찾아가서 '제가 수월입니다.' 하고 인사드리자, 경허 선사가

'나는 그런 사람 모르오.'라고 했다고 합니다. 보통 사람 같으면 인정에 못 이겨 '수월이 왔느냐.' 하고 반겼을 텐데(이 때 스님의 모습은 꼭 경허 선사의 모습처럼 리얼하다. 톤을 낮추고 실연), 수월 스님은 은사의 뜻을 알고는 되돌아 나와서 간도로 갑니다. 인정에 따라 왔다 갔다 허튼 짓 하지 말고 네 할 일, 교화나 하라는 뜻 아니겠어요? 그런 비수와도 같은 냉철함, 그게 불법입니다.

그래서 수월 스님은 간도에서 수많은 우리 동포뿐만 아니라 중국 사람들을 치료해 주고 돌봐 주었어요.

경허 선사는 그런 제자를 다섯 명이나 두셨습니다. 제산 스님이나 남전 스님도 다 제자였죠. 『경허집』을 만들 때 남전 스님이 제목의 글자를 썼습니다. 지금도 패거리를 지어서 경허 스님이 어떠니 하는 사람이 있는데, 경허 스님의 치열하고 위대한 삶을 조금도 이해하지 못하고 있는 거예요. 명예나 탐하고, 안일이나 쫓던 그런 소인배와는 천지 차이예요. 공부를 하지 않고 형식적인 언어를 쏘아대는 것은 불교를 모르는 사람들입니다."

수처작주 입처개진

"소설가 최인호 씨가 『길 없는 길』을 써서 경허 선사를 세상에 알리는 데 일조를 했는데, 스님께선 어떻게 읽으셨어요?"

"그건 그냥 세속 사회에서 사는 사람의 눈으로 경허 선사를 그려 놓은 거예요."

"옛 스님들에 대한 1차 자료가 필요하다고 생각합니다. 스님께서 간도에 가셔서 직접 들은 이야기도 그렇고, 외할머니께 들은 이야기도 그렇고요. 그런 자료가 사라지기 전에 모아 놓는 작업이 인문학을 발전시키는 기초라고 생각합니다. 미국의 어느 유명한 대학에는 그런 1차 자료를 모으는 작업만 전담하는 연구소가 있다는군요. 세 분에 대한 자료가 충분하지 않아서 아쉬웠는데, 오늘 스님을 통해서 경허 선사의 삶을 들으니까 새롭게 이해되는 게 많고 굉장히 감동적이었습니다. 세월이 흘러서 수덕사 방장스님이 말씀하신 경허 선사의 이야기가 소중한 자료가 될 것 같습니다."

"경허 선사 100주기 기념으로 경허 선사 선양 사업을 시작했어요. 그 일환으로 세미나도 했고 『경허집』도 잘못된 것을 수정해서 편집, 발간하려고 합니다. 흩어져 있는 자료들을 모아서 정본을 만들려고 준비하고 있죠. 그런데 아쉬운 것은 전쟁과 사회적 혼란기를 거치면서 불교 자료가 많이 없어지고 심지어 전쟁 중에 미국이나 프랑스 등지에서 불교 문화재를 실어갔다고 들었어요. 실제 대영박물관이나 프랑스박물관에 우리 불화가 많이 있습니다. 또 임진왜란 때 일본인들이 많이 도적질을 해 갔죠. 어려운 상황이었다고 해도 선대들이 스님들의 유품을 잘 정리해 놓았으면 좋았을 걸 하는 아쉬움이 있어요. 이제 와서 모으기가 쉽지 않지만 하는 데까지 하려고 합니다."

수덕사의 경허 스님, 만공 스님, 원담 스님 등의 글씨는 명필이자 선필로 이름이 나 있다. 최근, 동안거 해제를 며칠 앞두고 스님께서 안거를 함께 나던 후학스님들에게 둘러싸여 붓글씨를 쓰고 계신 것을 보았다. 두 시간 이상을 화선지에서 손을 떼지 않으셨는데, 그때 화제가 된 글들 중에 경허 선사나 만공 선사의 어록이 많았다. 책이 곁에 있는 것도 아니고 머릿속에서 술술 풀려나오는 글귀들을 보면서 경허 선사나 만공 선사의 사상이 그렇게 법손들의 가슴으로 전해 내려오고 있다는 생각을 했다.

그날 훈훈한 웃음과 덕담들이 오고가는데 일필휘지로 거침없이 써 내려가는 스님의 글씨를 보면서, 꿈틀거리며 비상하는 생명의 힘을 느꼈다. 나는 그날 '수처작주 입처개진隨處作主 立處皆眞'이라는 글자를 받았다. '삶의 매순간을 철저히 주인으로 살아가는 것이 곧 진정한 나로 살아가는 것'이라는 여덟 글자의 메시지는, 바로 경허 선사의 삶이자 수덕사 전체 스님들의 삶일 것이라는 생각이 들었다.

이날 스님께서 얼마나 경허 선사에 대해 열정적으로 말씀을 해 주셨는지, 나는 집으로 돌아오는 길에 경허 선사가 보임 수행을 하셨다는 천장암에 들러 참배했다. 선사가 쓰시던 주장자, 좌복이 놓여 있는 한두 평 남짓의 작은 방에 들어가 삼배를 하고 나오는데, 선사가 늘 묵묵히 바라보았을 연암산이 마치 수미산처럼 우뚝 솟아 있었다.

세여청산하자시世與青山何者是

춘광무처불개화春光無處不開花

세상과 청산 어느 것이 옳은가

봄빛에 꽃피지 않은 곳이 없도다

설정 스님이 즐겨 붓으로 쓰는 경허 선사의 시를 떠올리며 천장암을 내려왔다.

스님께선 경허 스님에 대한 강좌를 열 것이라고 하는데, 곧 스님의 법문에서 초인으로 세상에 왔다간 선지식을 다시 만날 수 있을 것 같다.

ⓒ 하지권

어떻게 살 것인가

초판 1쇄 발행 2016년 4월 28일
초판 8쇄 발행 2018년 2월 12일

지은이 | 설정 스님, 박원자
사진 | 하지권
펴낸이 | 이수미
책임편집 | 김연희
북디자인 | 이석운, 김미연
마케팅 | 김영란

출력 | 국제피알
종이 | 세종페이퍼
인쇄 | 두성피앤엘
유통 | 신영북스

펴낸곳 | 나무를 심는 사람들
출판신고 | 2013년 1월 7일 제2013-000004호
주소 | 서울시 마포구 양화로 156 엘지팰리스 1509호
전화 | 02-3141-2233 팩스 | 02-3141-2257
이메일 | nasimsabooks@naver.com
페이스북 www.facebook.com/nasimsabooks
트위터 @nasimsabooks

ISBN 979-11-86361-22-1 03100

이 도서의 국립중앙도서관 출판시도서목록(CIP)은 서지정보유통지원시스템 홈페이지(http://seoji.nl.go.kr)와 국가자료공동목록시스템(http://www.nl.go.kr/cip.php)에서 이용하실 수 있습니다. (CIP제어번호: CIP2016009496)

책값은 뒤표지에 있습니다. 잘못된 책은 바꾸어 드립니다.